高等学校教材

医用物理实验

（第三版）

主　编　贺　兵　周　赟

副主编　罗亚梅　唐碧华　姜云海

参　编（按姓氏笔画排序）

朱　渊　伍　佳　许　标　邹　凯

冯德龙　杨梦婷　陈　涛　周秋霞

郑尚彬　贺　兵　徐　杰　雍康乐

YIYONG WULI SHIYAN

中国教育出版传媒集团

高等教育出版社·北京

内容提要

本书是在作者多年教学实践的基础上，依据《医药类专业大学物理实验课程教学基本要求》（2021年版）编写而成的。全书共编入32个实验，分为4个部分。第1部分为绪论，内容主要包括测量和误差及实验数据处理；第2部分为基本物理实验，介绍了常用的一些测量仪器及基本物理量的测量；第3部分为综合设计性物理实验；第4部分为医用电子学实验，主要包括模拟电子电路实验。

本书可作为高等学校医药类专业的医用物理实验课程的教材，也可供高等学校生命科学相关专业及其他专业的师生作为参考书。

图书在版编目（CIP）数据

医用物理实验 / 贺兵，周赟主编. -- 3版. -- 北京：高等教育出版社，2025. 9. -- ISBN 978-7-04-064875-1

Ⅰ. R312-33

中国国家版本馆CIP数据核字第2025NK3816号

YIYONG WULI SHIYAN

策划编辑 王 硕　　责任编辑 王 硕　　封面设计 于 博　　版式设计 杜微言
责任绘图 邓 超　　责任校对 张 薇　　责任印制 赵 佳

出版发行 高等教育出版社
社 址 北京市西城区德外大街4号
邮政编码 100120
印 刷 大厂回族自治县益利印刷有限公司
开 本 787 mm×1092 mm 1/16
印 张 17.25
字 数 330千字
购书热线 010-58581118
咨询电话 400-810-0598
网 址 http://www.hep.edu.cn
http://www.hep.com.cn
网上订购 http://www.hepmall.com.cn
http://www.hepmall.com
http://www.hepmall.cn
版 次 2014年9月第1版
2025年9月第3版
印 次 2025年9月第1次印刷
定 价 36.00元

物 料 号 64875-00

第三版前言

本书是21世纪高等医药院校医用物理实验课程的配套教材。本书是依据《医药类专业大学物理实验课程教学基本要求》(2021年版),充分考虑医药类专业的特点,借鉴兄弟院校先进的实验教学理念,结合西南医科大学实验仪器具体情况及我们多年的实验教学与改革经验,并考虑到近年来物理学教学内容的新进展,在第二版的基础上充实完善修订而成的。

本书贯彻和体现了素质教育、创新教育、能力培养的教学理念,共编入32个实验项目,分为4个部分。第1部分为绪论,内容主要包括测量误差及实验数据处理。第2部分是基本物理实验,介绍了医用物理实验中常用的一些测量仪器及基本物理量的测量。通过这些实验,学生可以学习基本的医用物理实验方法和测量技术,熟悉基本的医用物理实验仪器的工作原理和使用方法。第3部分是综合设计性物理实验,通过这部分的学习,学生可以培养对物理知识的综合运用能力和创新能力。第4部分是医用电子学实验,通过这部分的学习,学生可以掌握电子技术的实验知识和基本技能,能借助医学仪器说明书看懂电路原理图,为进一步使用现代医学诊疗仪器、分析仪器、检验仪器打好基础。

本书的编写始终围绕着如何提高学生的综合素质而进行。为了加强易读性,加强学生对实验仪器的直观认识,本书对一些共性的实验项目增加了仿真实验。学生登录校园网站便可观看相关的仿真实验和教学视频,由此使得学生做实验前的预习更加有效。

本书适用于高等医药院校临床医学、口腔医学、预防医学、影像医学、药学、医学检验、护理等医药类专业,也可供生物医学工程或与生命科学相关的其他专业师生参考使用。

本书凝聚了近些年物理教研室全体教师和实验技术人员的智慧和劳动,是集体创作的结晶。

由于编者水平有限,书中错误和不妥之处在所难免,恳请读者批评指正。

编者

2024年5月

目 录

第1章　绪　　论

第1节　医用物理实验课的重要性和教学任务

实验是人们认识自然和改造客观世界的基本手段。物理学从本质上说是一门实验科学，物理规律的发现、概念的确立和理论的建立，都必须以严格的科学实验为基础，并且不断受到实验的检验。例如：麦克斯韦的电磁场理论，经赫兹的电磁波实验得到了证实；杨振宁、李政道在1956年提出的“基本粒子在弱相互作用下的宇称不守恒”理论，经实验物理学家吴健雄观测钴-60的衰变实验得到了证实。近代物理学的任何重大发现和发展，都是在复杂和精确的实验基础上取得的。因此，物理实验对学生掌握物理学知识，培养科学思维能力，提高科学素质等都是十分重要的。

医用物理学是现代医学、药学的基础学科之一。在现代医、药科学中，广泛地应用着物理学理论和实验方法。因此，要掌握现代医、药科学知识，就必须具备一定的物理实验理论、方法和技能。高等医学院校的物理实验，是医学生学习实验技术、接受系统实验技能训练的开端，是实践能力培养的重要手段，也是后续实验课程的基础。

医用物理实验课与理论课既相互联系，又相对独立，具有同等重要的地位。医用物理学理论课主要注重对物理概念、物理规律的讨论和学习，训练学生的理论思维方法；实验课则主要通过实践操作，对学生进行全面而系统的实验技能训练。医用物理实验课的教学目的和任务主要有以下几个方面：

1. 通过对物理实验现象的观察、分析和对物理量的测量，学习物理实验知识，加深对物理概念和规律的认识以及对物理学原理的理解。

2. 通过基本的科学实验技能训练，培养和提高学生从事科学实验的能力和素质。学会正确使用基本实验器材，熟悉常用实验器材的原理和性能；掌握一些基本物理量的测量方法和实验操作技能；能正确记录和处理实验数据，分析判断实验结果，写出完整合格的实验报告；以及自行设计和完成某些创新性实验。

3. 培养工作作风，提高实验素养，主要是培养理论联系实际、实事求是的工作作风，一丝不苟、严肃认真的工作态度，积极主动、勇于探索、坚韧不拔的钻研精神，遵守纪律、团结协作、爱护公共财物的优良品德。

第2节 医用物理实验课的教学环节和基本要求

医用物理实验是在教师指导下由学生独立进行的实践活动，就其整个教学过程来说，大致可以划分为以下几个基本环节。

（一）实验课前的准备

为了保证在实验操作中有目的地观察实验现象，减少操作中的忙乱现象，提高学习的主动性，学生应在实验课前仔细阅读实验教程，做好实验前的预习。预习要求做到：

1. 了解实验目的，熟悉实验原理和实验内容。

2. 了解实验所用仪器的构造、性能、操作要点和注意事项。

3. 明确待测物理量和测量方法，草拟出操作步骤，设计好实验数据记录表格。

4. 写好实验预习报告。预习报告内容主要包括实验名称、实验目的、实验器材、实验原理、实验步骤、实验数据记录表格及注意事项。

（二）课堂实验操作

医用物理实验课一般先由指导教师作重点讲解，交代有关注意事项，简明扼要地讲授实验内容，具有指导性和启发性，学生要结合自己的预习情况逐一领会，特别要注意那些在操作中容易引起失误的地方。实验过程中，必须正确操作实验器材，仔细观察实验现象，如实记录实验数据，要求做到：

1. 检查实验器材是否完备、齐全，将主要仪器的名称、型号、规格和编号记录在预习报告上。进一步弄清楚仪器的工作原理、性能、使用方法和操作注意事项。

2. 根据实验场所的环境和实验所需器材，正确地布置、组装和调试仪器，合理选择仪器的量程，不要盲目操作，切忌急躁。

3. 调试准备就绪后，开始进行测量。实验时一定要细致、耐心，先观察实验现象，再进行测量。实验中若发现仪器故障或出现其他不正常情况，应立即停止实验操作，并及时请教指导教师，不要自己随意处理。

4. 读取实验数据。在观察、测量时，要做到正确读数，如实地记录实验条件、实验现象和原始实验数据，同时注意实验数据的有效数字位数，不允许编造、抄袭实验数据。

5. 实验完毕，将测量的实验数据交指导教师检查签字，整理还原仪器后方可离开实验室。

（三）课后写好实验报告

实验报告是对实验工作的总结，是交流实验经验、推广实验成果的媒介。书写实验报告是培养学生实验能力的一个方面。实验报告要用简明的形式将实验结果完整、准确地表达出来，要求文字通顺、字迹端正、图表规范、结果正确、分析讨论认真。实验报告要求在课后独立完成，一份完整实验报告的内容主要包括：

1. 实验名称。

2. 实验目的和要求。

3. 实验器材：在实验时记下主要仪器的名称、型号、规格和精度等。

4. 实验原理：简要阐明实验的理论依据，画出必要的实验原理图或装置图。

5. 实验基本步骤：写出主要的实验操作步骤、实验内容和注意事项。

6. 实验数据记录：将原始数据整理后记录于实验报告的数据表格中，并正确表示有效数字和单位。

7. 实验数据处理：根据实验目的对实验结果进行计算或作图表示，并对测量结果进行评定，计算误差。

8. 实验结果：扼要写出实验结果或结论，要体现出测量数据、误差和单位，绘出相关的图表。

9. 实验结果的分析讨论：讨论实验中观察到的异常现象及其可能的解释，分析实验误差的主要来源，对实验器材的选择和实验方法的改进提出意见和建议，简述通过实验得到的收获和心得体会，回答课后思考题。

第 3 节 测量和误差

（一）测量及其分类

1. 测量的定义

物理实验中不仅要定性地观察物理现象，更重要的是要找出有关物理量之间的定量关系，因此需要进行定量的测量。所谓测量就是借助仪器将待测量与规定的同类标准量相比较，从而确定待测量是同类标准单位量的倍数的过程。选来作为标准的同类量称为单位，其倍数称为测量数值。例如，物体的质量可通过与规定用千克作为标准单位的标准砝码进行比较而得出测量结果，物体的长度可通过与规定用米作为标准单位的标准米尺进行比较而得出测量结果，而物体运动速度的测定则必须通过与两个不同的物理量，即长度和时间的标准单位进行比较而获得测量结果。

在人类发展历史上，不同的时期，不同的国家，乃至不同的地区，同一种物理量有着许多不同的计量单位，如长度单位分别有码、英尺、市尺和米等。以某几个选定的基本单位为基础，推导出一系列导出单位，这一系列基本单位和导出单位的整体就称为单位制。1960 年的国际计量大会确定了七个物理量的单位为基本单位，这七个物理量是长度（m）、时间（s）、质量（kg）、热力学温度（K）、电流（A）、发光强度（cd）和物质的量（mol），其他物理量的单位则是由以上基本单位按一定的计算关系式导出的，称为导出单位。

2. 测量的分类

根据获得测量结果的方法不同，可将测量分为**直接测量**和**间接测量**两类。直接测量是通过测量仪器直接读出待测量值的测量。例如，用米尺测量物体的长度，用天平称量物质的质量，用电流表测量电路中的电流，用秒表测量时间等。在物理实验中，大多数物理量没有直接测量的量具，不能直接获取数据，需要利用几个直接测量的物理量，通过一定的函数关系计算出来，这样的测量称为间接测量。例如，测量圆柱体的体积 V 时，先直接测量圆柱体的底面圆直径 D 和高度 H，再根据公式 $V=\frac{1}{4}\pi D^2 H$ 计算出圆柱体的体积。

根据测量条件的异同，可将测量分为**等精度测量**和**非等精度测量**。等精度测量是指在测量条件（包括测量仪器、测量人员、测量方法及环境条件等）不变的情况下，对某一待测物理量进行的多次测量。等精度测量的每次测量值的可靠程度相同，因此，只有等精度测量才能进行误差计算。如果在同一待测量的多次重复测量中，每次测量时的条件不完全相同，这样进行的一系列测量称为非等精度测量。非等精度测量的结果，其可靠程度不相同。物理实验中大多采用等精度测量。

（二）测量的误差理论

1. 误差的定义

任何一个待测量在一定条件下都存在着确定的客观真实数值，这个值称为该待测量的**真值**；而用实验手段测出来的值称为该物理量的**测量值**。

测量的目的是力求获得待测量的真值,但在测量过程中,由于受到实验理论的近似性、测量方法不够完善、实验器材的灵敏度和分辨能力的局限性、实验环境的不稳定性和测量者水平等因素的影响,真值不可能得到。因此,任何待测量的测量值总是真值的近似值。把测量值与真值之间的差值称为测量误差,简称**误差**。误差存在于一切测量的过程中。

2. 误差的分类

根据误差的性质和误差产生的原因,一般将误差分为**系统误差**和**偶然误差**两类。

(1) 系统误差　也称为规律误差或恒定误差,是指在一定的测量条件下,对同一个被测量进行多次重复测量时,误差值的大小和符号(正值或负值)保持不变,或者在条件变化时,按一定规律变化的误差。系统误差的特征是具有一定规律性、单向性和确定性,即在相同的条件下,重复测量时会重复出现,使测定结果系统性偏高或偏低,其数值大小也有一定的规律。

产生系统误差的原因主要有:① 仪器误差:由于仪器、仪表本身的缺陷或没有按规定条件使用仪器而造成的误差,如仪器的零点不准、仪器未调整好、仪表刻度不准等;② 理论和方法误差:由于测量所依据的理论公式本身的近似性,或实验条件不能达到理论公式所规定的要求,或者是实验方法本身不完善所带来的误差;③ 主观操作误差:由于测量者本人生理或心理特点造成的误差,如测量者个人感官和运动器官的反应或固有习惯不同,读数时总是偏大或偏小等。它因人而异,并与测量者当时的精神状态有关;④ 环境条件:由于环境因素变化引起的误差,如光线、温度、湿度、电磁场等因素。

系统误差可以通过校准仪器、改进实验装置、完善实验方法、纠正实验者不良习惯、防止外界干扰或对测量结果进行理论上的修正加以消除或尽可能减小,但是实验中仅靠增加测量次数并不能减小系统误差。

(2) 偶然误差　也称为随机误差或概率误差,是指即使消除了系统误差后,在相同测量条件下,多次测量同一物理量时,每次测量误差值的大小和符号以不可预计的方式变化的误差。偶然误差的特征是随机性和不确定性。

产生偶然误差的原因主要是由于实验中偶然的或不确定的因素所造成的,如测量时外界温度或湿度微小起伏、杂散电磁场干扰、不规则机械振动、实验装置和测量机构在各次调整操作上的变动、电源电压随机波动以及观测者本人在判断和估计读数上的变动性等。偶然误差是不可避免的,也是无法控制的。偶然误差的出现,就某一次测量值来说是没有规律的,其大小和符号都不能预知,但对一个量进行足够多次的重复测量,则会发现它们的偶然误差是按一定的统计规律分布的,并且正、负误差出现的概率相等。因此,可以通过增加重复测量的次数来减小偶然误差,但是偶然误差是不可能消除的。

必须指出，测量中的错误不是测量误差。测量中的错误是由于实验者粗心大意，使用仪器的方法不正确、记错数据、数据处理过程中计算时算错数据、实验设计错误、违反操作规程等造成的。在测量中，它是可以避免的，而且也必须避免。消除错误的关键，在于实验人员必须养成专心、认真、细致的良好工作习惯，不断提高理论和操作技术水平。若实验中存在由于错误而得到的测量值，应当从测量结果中剔除。

总之，测量结果的误差是由多方面因素引起的，在分析误差时，必须根据具体情况，对误差来源进行全面分析。因此，只有在消除测量中的错误后，综合考虑偶然误差和系统误差对实验结果的影响才是全面的。

3. 直接测量的误差

(1) 单次测量的误差　在物理实验中，对有的待测量进行一次测量即可获得较好的测量结果，或由于条件不许可和测量精度要求不高等原因，只对待测物理量进行一次直接测量，用单次测得值作为测量结果，近似表示被测量的真值。单次测量值的误差，应根据仪器精度（最小刻度和仪器误差）、测量方法、实验条件以及实验者的感官能力、技术水平等实际情况，进行合理估计。在一般情况下，可用仪器出厂鉴定书或仪器上注明的仪器误差作为单次测量的误差。如果没有注明仪器误差，可取仪器最小刻度的一半作为单次测量的误差；也可以根据实际情况，取仪器最小刻度的1/10或1/5。例如，用米尺测量物体的长度，米尺的最小分度值为1 mm时，误差可取0.5 mm。

在单次测量中，如果 x 为待测量，x' 表示测量值，$\Delta_{仪}$ 为仪器误差，则待测量 x 测量结果的标准表达式为

$$x=x'\pm\Delta_{仪}(单位) \tag{1.3-1}$$

式中 $\Delta_{仪}$ 只取一位有效数字，测量值 x' 的末位与 $\Delta_{仪}$ 对齐。

(2) 多次测量的偶然误差　偶然误差是不可避免的，且无法消除，但对被测量进行多次等精度测量，计算出其算术平均值的偶然误差比单次测量的偶然误差小，说明偶然误差具有抵偿性。因此，为了减少偶然误差，在可能的情况下，总是尽量采用多次测量，将各测量值的算术平均值作为测量结果。如果在相同条件下，对某一物理量进行了 n 次测量，测量值分别为 $N_1, N_2, \cdots, N_n$，则其算术平均值为

$$\overline{N}=\frac{N_1+N_2+\cdots+N_n}{n}=\frac{1}{n}\sum_{i=1}^{n}N_i \tag{1.3-2}$$

算术平均值并非真值，但比任一测量值更接近真值，是测量结果的最佳值。当测量次数无限多时，算术平均值就无限接近于真值。因此，可用算术平均值作为近似真值（或称近真值）。

多次等精度测量的误差可以用以下几种方式来表示。

① 平均绝对误差：各次测量值 N_i 与待测物理量真值 N 之差称为**各次**

测量值的绝对误差，用 ΔN_i 表示。由于真值实际上不能测得，所以常用测量值与算术平均值之差来表示，则有

$$\Delta N_i = N_i - \overline{N} \tag{1.3-3}$$

每次测量结果的绝对误差可正可负，不是误差的绝对值，具有与被测量相同的量纲，它表示测量值偏离真值的程度。

把各次测量值的绝对误差分别取绝对值，求出算术平均值为

$$\overline{\Delta N} = \frac{|\Delta N_1| + |\Delta N_2| + \cdots + |\Delta N_n|}{n} = \frac{1}{n}\sum_{i=1}^{n}|\Delta N_i| \tag{1.3-4}$$

式中 $\overline{\Delta N}$ 称为**平均绝对误差**，也称为**算术平均误差**。平均绝对误差的大小可以用来估计测量误差的范围。

② 标准误差：在多次测量中，还常用标准误差来表示偶然误差。**标准误差**又称为**均方根误差**。可以证明，对于 n 次测量的算术平均值 $\overline{N}$ 的标准误差为

$$\sigma_{\overline{N}} = \sqrt{\frac{1}{n(n-1)}\sum_{i=1}^{n}(N_i - \overline{N})^2} \tag{1.3-5}$$

需要注意的是，标准误差不是测量值的实际误差，也不是误差范围，它只是对一组测量数据可靠性的估计。标准误差小，表示各个测量值很密集，偶然误差的分布范围窄，测量的精密度高；反之，标准误差大，表示各个测量值很分散，偶然误差的分布范围宽，测量的精密度低。在误差分析和计算中，标准误差常作为偶然误差大小的量度。

③ 相对误差：绝对误差可以说明测量结果的误差范围，但不能反映测量的准确程度。因此，评价一个测量结果的优劣，不仅要看绝对误差的大小，还要看被测量本身的大小，为此引入相对误差的概念。**相对误差**定义为测量值的平均绝对误差与被测量真值之比，用符号 E 表示。相对误差通常用百分比表示，所以又称为百分比误差。由于真值不能获得，在实际计算中常用约定真值（如算术平均值、公认值），则有

$$E = \frac{\overline{\Delta N}}{\overline{N}} \times 100\% \tag{1.3-6}$$

相对误差反映测量结果的准确程度，相对误差越小，表明测量结果越准确，测量结果越接近真值。相对误差是一个没有单位的纯数。

在求出相对误差的情况下，也可由式（1.3-6）算出平均绝对误差

$$\overline{\Delta N} = \overline{N} \cdot E \tag{1.3-7}$$

在物理实验的数据处理过程中，有的间接测量物理量需要先求出它的相对误差 E，然后由式（1.3-7）计算平均绝对误差 $\overline{\Delta N}$，最后写出测量结果的标准表达式。

（3）测量结果的表示　测量结果的完整表示除测量值以外，还应包

括测量误差，即绝对误差和相对误差，对于只存在偶然误差的多次等精度测量结果的完整表示应该为

标准表达式 $N=\overline{N}\pm\overline{\Delta N}$（或 $\sigma_{\overline{N}}$）（单位） (1.3-8)

相对误差 $E=\dfrac{\overline{\Delta N}}{\overline{N}}\times 100\%$

对于计算结果有效数字位数的确定，考虑到物理实验中测量精确度不高等因素，平均绝对误差$\overline{\Delta N}$和标准误差 $\sigma_{\overline{N}}$ 只保留一位有效数字，相对误差保留 1~2 位有效数字，误差的尾数只进不舍，算术平均值 $\overline{N}$ 有效数字的最末一位应与绝对误差所在位置对齐。

综上所述，多次等精度直接测量数据处理过程可归纳为以下几个主要步骤：① 以有效数字将各测量值记录于数据表格中；② 计算测量值的算术平均值；③ 计算各次测量值的绝对误差；④ 计算平均绝对误差或标准误差；⑤ 写出测量结果的标准表达式；⑥ 计算相对误差。

4. 间接测量的误差

在实际测量中，大多数测量是间接测量，间接测量结果是由直接测量结果通过一定的函数关系式计算出来的。由于直接测量值存在误差，而由直接测量值运算得到的间接测量值也必然存在误差，这就是**误差的传递**。表达直接测量结果的误差与间接测量结果的误差之间的关系式，称为**误差传递公式**。

设间接测量物理量 N 与彼此独立的直接测量物理量 X、Y、Z、…之间的函数关系为

$$N=f(X,Y,Z,\cdots) \tag{1.3-9}$$

若各直接测量物理量用平均绝对误差估算误差，测量结果的表达式分别为 $X=\overline{X}\pm\overline{\Delta X}$，$Y=\overline{Y}\pm\overline{\Delta Y}$，$Z=\overline{Z}\pm\overline{\Delta Z}$，…，将这些表达式代入式(1.3-9)中，则间接测量物理量 N 的测量结果可表示为

$$N=\overline{N}\pm\overline{\Delta N}（单位）,\quad E=\frac{\overline{\Delta N}}{\overline{N}}\times 100\%$$

式中，$\overline{N}=f(\overline{X},\overline{Y},\overline{Z},\cdots)$为间接测量物理量的算术平均值，$\overline{\Delta N}$是间接测量物理量的平均绝对误差，$E$ 是间接测量物理量的相对误差。在此略去误差传递公式的推导过程，在表 1.3-1 中直接给出了几种常用函数的间接测量物理量的误差传递公式。

值得注意的是，若间接测量值的计算公式中只含有加、减运算时，通常先计算平均绝对误差，再计算相对误差；若间接测量值的计算公式中含有乘、除、乘方和开方等运算时，则一般先计算相对误差，再计算平均绝对误差。由此归纳出间接测量结果的数据处理步骤为：① 计算各直接测得量的算术平均值、平均绝对误差，并写出各直接测得量测量结果的标准表达式；

表 1.3-1　常用函数的算术平均值及误差计算公式

函数关系 $N=f(X,Y,Z,\cdots)$	算术平均值 $\overline{N}$	平均绝对误差 $\overline{\Delta N}$	相对误差 $E=\dfrac{\overline{\Delta N}}{\overline{N}}$
$N=X+Y$	$\overline{N}=\overline{X}+\overline{Y}$	$\overline{\Delta X}+\overline{\Delta Y}$	$\dfrac{\overline{\Delta X}+\overline{\Delta Y}}{\overline{X}+\overline{Y}}$
$N=X-Y$	$\overline{N}=\overline{X}-\overline{Y}$	$\overline{\Delta X}+\overline{\Delta Y}$	$\dfrac{\overline{\Delta X}+\overline{\Delta Y}}{\overline{X}-\overline{Y}}$
$N=X\cdot Y$	$\overline{N}=\overline{X}\cdot\overline{Y}$	$\overline{X}\cdot\overline{\Delta Y}+\overline{Y}\cdot\overline{\Delta X}$	$\dfrac{\overline{\Delta X}}{\overline{X}}+\dfrac{\overline{\Delta Y}}{\overline{Y}}$
$N=\dfrac{X}{Y}$	$\overline{N}=\dfrac{\overline{X}}{\overline{Y}}$	$\dfrac{\overline{X}\cdot\overline{\Delta Y}+\overline{Y}\cdot\overline{\Delta X}}{\overline{Y}^2}$	$\dfrac{\overline{\Delta X}}{\overline{X}}+\dfrac{\overline{\Delta Y}}{\overline{Y}}$
$N=kX$	$\overline{N}=k\overline{X}$	$k\cdot\overline{\Delta X}$	$\dfrac{\overline{\Delta X}}{\overline{X}}$
$N=X^k$	$\overline{N}=\overline{X}^k$	$k\cdot\overline{X}^{k-1}\cdot\overline{\Delta X}$	$k\cdot\dfrac{\overline{\Delta X}}{\overline{X}}$
$N=X^{\frac{1}{k}}$	$\overline{N}=\overline{X}^{\frac{1}{k}}$	$\dfrac{1}{k}\cdot\overline{X}^{\frac{1}{k}-1}\cdot\overline{\Delta X}$	$\dfrac{1}{k}\cdot\dfrac{\overline{\Delta X}}{\overline{X}}$
$N=\sin X$	$\overline{N}=\sin\overline{X}$	$\lvert\cos\overline{X}\rvert\cdot\overline{\Delta X}$	$\lvert\cot\overline{X}\rvert\cdot\overline{\Delta X}$
$N=\cos X$	$\overline{N}=\cos\overline{X}$	$\lvert\sin\overline{X}\rvert\cdot\overline{\Delta X}$	$\lvert\tan\overline{X}\rvert\cdot\overline{\Delta X}$
$N=\ln X$	$\overline{N}=\ln\overline{X}$	$\dfrac{\overline{\Delta X}}{\overline{X}}$	$\dfrac{\overline{\Delta X}}{\overline{X}\ln\overline{X}}$

② 按间接待测量函数计算公式，计算间接待测量的算术平均值；③ 用函数误差计算公式，计算间接待测量的平均绝对误差和相对误差（加、减运算先计算平均绝对误差，乘、除等运算先计算相对误差）；④ 写出间接待测量测量结果的标准表达式：$N=\overline{N}\pm\overline{\Delta N}$（单位）。

例 1　用精度为 0.01 mm 的螺旋测微器测量某圆柱体的高度 H 和直径 D，测量结果分别为：$H_1=13.671$ mm，$H_2=13.674$ mm，$H_3=13.673$ mm；$D_1=2.823$ mm，$D_2=2.825$ mm，$D_3=2.824$ mm。求圆柱体的体积，并写出测量结果的表达式。

解：（1）计算圆柱体的高度和直径的算术平均值和平均绝对误差。

$$\overline{H}=\frac{13.671+13.674+13.673}{3}\text{ mm}=13.673\text{ mm}$$

$$\overline{D}=\frac{2.823+2.825+2.824}{3}\text{ mm}=2.824\text{ mm}$$

$$\overline{\Delta H}=\frac{|13.671-13.673|+|13.674-13.673|+|13.673-13.673|}{3}\text{ mm}$$

$$=0.001\text{ mm}$$

$$\overline{\Delta D}=\frac{|2.823-2.824|+|2.825-2.824|+|2.824-2.824|}{3}\text{ mm}$$

$$=0.001\text{ mm}$$

直接测量的高度和直径的标准表达式为

$$H=\overline{H}\pm\overline{\Delta H}=(13.673\pm0.001)\text{ mm}$$

$$D=\overline{D}\pm\overline{\Delta D}=(2.824\pm0.001)\text{ mm}$$

（2） 计算圆柱体体积的算术平均值。

$$\overline{V}=\frac{1}{4}\pi\overline{D}^2\overline{H}=\frac{1}{4}\times3.142\times2.824^2\times13.673\text{ mm}^3=85.65\text{ mm}^3$$

（3） 计算圆柱体体积的误差。

根据常用函数的误差传递公式，可得体积 V 的相对误差为

$$E=\frac{\overline{\Delta V}}{\overline{V}}=2\frac{\overline{\Delta D}}{\overline{D}}+\frac{\overline{\Delta H}}{\overline{H}}=2\times\frac{0.001}{2.824}+\frac{0.001}{13.673}=0.078\%$$

则体积 V 的平均绝对误差为

$$\overline{\Delta V}=\overline{V}\cdot E=85.65\times0.000\,78\text{ mm}^3=0.07\text{ mm}^3$$

（4） 体积 V 的测量结果为

$$V=\overline{V}\pm\overline{\Delta V}=(86.65\pm0.07)\text{ mm}^3$$

（三） 测量的精密度、准确度和精确度

反映测量结果与真值接近程度的量称为**测量的精度**。测量精度的高低是用误差大小来衡量的，误差小则测量的精度高。测量的精度可细分为：精密度、准确度和精确度。① **精密度**：指在一定条件下，对同一被测量进行多次重复测量时，所得各个测量值彼此间的接近程度，或称为测量结果彼此之间的分散性。偶然误差波动范围越大，各个测量值就越离散，测量的精密度就越低。因此，精密度反映偶然误差的大小和分布情况。② **准确度**：有时也称正确度，是指重复测量结果的平均值与真值之间的偏离程度，反映系统误差的大小。③ **精确度**：是测量结果的精密度和准确度的综合描述，反映偶然误差和系统误差合成后的大小。只有系统误差和偶然误差都小时才能认为精确度高。

以打靶时子弹击中靶点的分布情况来形象地说明精密度、准确度和精确度三者之间的关系。如图 1.3-1 所示，图中靶心为射击目标，相当于被测量的真值，某次的测量值相当于该次射击子弹的着靶点。图中（a）反映偶然误差大，系统误差小，表示精密度低，准确度高；（b）反映偶然误差小，系统误差大，表示精密度高，准确度低；（c）反映偶然误差和系统误差均

大,表示精密度和准确度都低;(d)反映偶然误差和系统误差均小,表示精密度和准确度都高,精确度高。

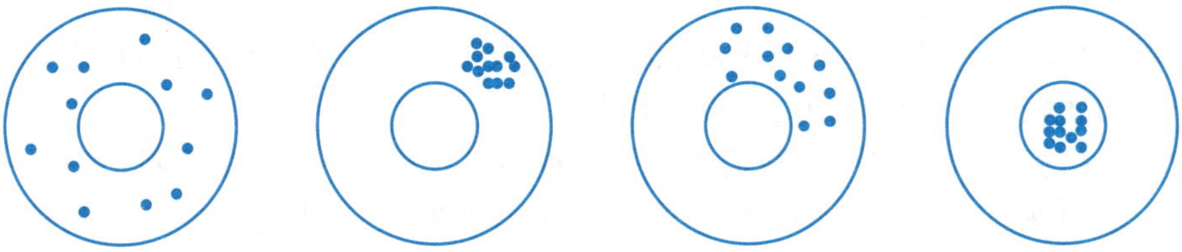

图 1.3-1　精密度、准确度和精确度三者关系的形象描述

在实际测量中,系统误差和偶然误差均可能(分别或者同时)影响精确度。但精密度高的,准确度不一定高,准确度高的,精密度不一定高,只有精密度和准确度都高,精确度才高,即系统误差和偶然误差都小。

第 4 节　有效数字及其运算法则

(一) 有效数字

1. 有效数字的基本概念

对任一个物理量进行测量时,由于测量仪器精密度(即仪器上的最小分度)的限制和读数无法完全准确等原因,所得的直接测量数据只能是一近似值,由这些近似值通过一定的函数关系计算出的间接测量值也必然是近似值。因此,表示一个物理量测量结果的数字取值是有限的。把测量结果中可靠的几位数字,加上最末一位可疑数字,统称为测量结果的**有效数字**。例如,用最小分度值为1 mm的米尺测量某一物体的长度,观察到测量值在 35 mm 和 36 mm 之间,但在1 mm以下还可估读一位数字,可得测量值为 35.4 mm,“35”是从米尺上直接读出的准确数字,最后一位数字“4”是**可疑数字**,它是实验者用自己的眼睛估测的读数,显然是欠准确的,不同的实验者估计的数值也不一定相同。这一位数字虽然是可疑的,但它在一定程度上反映了客观实际,因此它也是有效的。这一位常称为**可疑位**,或称**欠准确位**,低于可疑位的数字是无意义的。直接测量数据的可疑位就是仪器最小分度的下一位。

一个物理量的测量值和数学上的一个数有着不同的意义,在数学上一个单纯意义的数 24.3=24.30,但对一个物理量的测量值来说,24.3 mm≠24.30 mm,因为它们有着不同的误差,所用测量仪器的精密度不同。24.3 mm 为 3 位有效数字,所用仪器的精密度为 1 mm;而 24.30 mm 为 4

位有效数字,所用仪器的精密度为 0.1 mm。这说明在相同条件下,用不同精密度的仪器测量同一对象时,仪器的精密度越高,测量值有效数字的位数就越多。因此,用有效数字表示测量值时,不仅反映了测量值的大小,同时还反映出测量仪器的精密度,这就是有效数字的双重性质。所以,在记录和处理实验数据时应注意以下几点:

(1) 有效数字与仪器的关系。有效数字位数的多少,是由被测量的大小和测量仪器的精密度所决定的,不能随意增减。例如,用最小分度值为 1 mm 的米尺测量某一物体的长度时,测量值为 6.50 cm。若记录成 6.5 cm 或 6.500 cm 都是错误的,因为它们表示所用仪器的精密度分别是 1 cm 和 0.01 cm。

(2) 有效数字的位数,不因十进制的单位变换而增减,即与小数点的位置无关。例如,6.50 cm 换算成 65.0 mm 或 0.065 0 m 时,有效数字的位数都是三位。其中小数点前面的"0"和紧接数字前面的"0"用于表示小数点位置,不是有效数字。因此,在记录实验数据的时候,要切记有效数字的位数是从第一个不为零的数字算起的。

(3) 当"0"在数字中间或末尾,不是用作表示小数点位置时,"0"是有效数字。例如,10.50 中的 2 个"0",虽然其中一个处在数字中间,一个处在数字末尾,但因它们都反映了被测量的大小和测量仪器的精密度,故都属于有效数字。

(4) 有效数字的科学计数法。在实验中,对于过大或过小的数据,常采用×10的幂指数来表示有效数字。例如,某电阻值为 20 000 Ω,保留三位有效数字,使用科学计数法写成 2.00×10^{4} Ω;钠光波长为 0.000 058 90 cm,可以写成 5.890×10^{-5} cm 或 5.890×10^{-7} m。

(5) 有效数字的舍入法则。在实验数据处理过程中,通过函数关系计算出的间接测量值,通常存在大量的可疑尾数。但有效数字最末只有一位是可疑数字,则需按照国家计量技术规范 JJG 1027—91 规定的"四舍六入五凑偶"的舍入法则处理:① 在拟舍去的数字中,其左面第一位数字若小于 5 则舍去,大于 5 则进 1。② 在拟舍去的数字中,其左面第一位数字是 5,而后面的数字并非全部为 0 时则进 1;如果 5 后面的数字全部为 0 时,5 的前面一位是奇数则进 1,5 的前面一位是偶数(包括 0)则舍去,使其保留数字的末位数凑成偶数。③ 只对拟舍去的数字中最左面一位数字按上述法则进行修约,不得进行连续修约。

2. 直接测量的有效数字读数原则

直接测量的读数应反映出有效数字,测量结果的读数中只有最末一位是可疑数字。对于非数字显示仪器,在所用仪器最小分度值为 1 时,一般应估读到测量仪器最小分度值的十分之一。但由于某些仪表的分度较窄、指针较粗或测量基准较不可靠等,可估读到测量仪表最小分度值的二分之一或五分之一分度。在所用仪器最小分度值为 2 和 5 等大于 1 的值时,则应估读到所用仪器最小分度值所表示的那一位，如 50 分度游标卡尺。

数字显示仪器和步进读数器所显示的末位数字就是可疑数字，误差一般出现在最末一位。因此，数字显示仪器和步进读数器所显示的数字均为有效数字，无需估读。

（二）有效数字的运算法则

对于间接测量物理量，测量结果的有效数字位数由参与运算的各直接测量物理量的有效数字位数和运算方式来确定。为了不因计算而引进误差，影响测量结果，同时又尽量简洁，不作徒劳的运算，因此，有效数字的运算约定如下的基本原则：① 准确数字与准确数字进行运算的结果仍然是准确数字；② 可疑数字与准确数字或可疑数字与可疑数字相运算的结果为可疑数字（为了与准确数字相区别，通常在可疑数字下面加一横线）。运算的结果只保留一位可疑数字，其后面的数字按“四舍六入五凑偶”的舍入法则取舍。下面介绍常用有效数字运算法则。

1. 有效数字的加减运算

对诸数进行加减运算时，所得和或差的有效数字位数，应该以各数中可疑位最高者为准，其后一位按舍入法则处理。例如

$$\begin{array}{r} 198.\underline{8} \\ +58\underline{4} \\ \hline 78\underline{2}.\underline{8} \end{array} \qquad\qquad \begin{array}{r} 19.82\underline{8} \\ -\ 4.5\underline{2} \\ \hline 15.\underline{308} \end{array}$$

$$198.\underline{8}+58\underline{4}=78\underline{3} \qquad 19.82\underline{8}-4.5\underline{2}=15.3\underline{1}$$

2. 有效数字的乘除运算

对诸数进行乘除运算时，所得积或商的有效数字位数，应以各数中有效数字位数最少的为准，其后一位按舍入法则处理。例如

$$\begin{array}{r} 3.1\underline{2} \\ \times 2.\underline{1} \\ \hline \underline{3}\,\underline{1}\,\underline{2} \\ 6\,2\,\underline{4} \\ \hline 6.\underline{5}\,\underline{5}\,\underline{2} \end{array} \qquad\qquad \begin{array}{r} 2.\underline{31} \\ 1.\underline{2}\overline{)2.77\underline{2}} \\ \hline 2.\underline{4} \\ \hline \underline{37} \\ \underline{36} \\ \hline \underline{12} \\ \underline{\underline{12}} \\ \hline \underline{0} \end{array}$$

$$3.1\underline{2}\times2.\underline{1}=6.\underline{6} \qquad 2.77\underline{2}\div1.\underline{2}=2.\underline{3}$$

3. 有效数字的其他运算

（1）乘方与开方的有效数字　乘方与开方运算时，所得结果的有效数字位数与底数的有效数字位数相同。例如，$\sqrt{39.\underline{2}}=6.2\underline{6}$；$3.2\underline{5}^2=10.\underline{6}$。

（2）三角函数的有效数字　三角函数的有效数字位数与角度的有效

数字位数相同。例如，$\sin 39.\underline{2}^{\circ}=0.63\underline{2}$。

（3）对数的有效数字　对数的有效数字位数与真数的有效数字位数相同。例如，$\lg 18.2\underline{5}=1.26\underline{1}$。

（4）混合运算的有效数字　混合运算结果的有效数字位数比逐次按单一运算法则得出的结果多保留一位。例如，$\dfrac{(11.3\underline{7}-10.5\underline{2})\times 27\underline{5}}{11.3\underline{7}}=\dfrac{0.8\underline{5}\times 27\underline{5}}{11.3\underline{7}}=20.\underline{5}$。

（5）自然数和常数的有效数字　自然数（如 1，2，3，…）不是测量值，不存在误差，故其有效数字可以取任意多位，但在参与运算过程中对结果的有效数字位数无影响。例如，在 $D=2R$ 中，D 的有效数字位数仅由直接测得量 R 的有效数字位数决定。参与运算的无理常数 π、e、$\sqrt{2}$、…的有效数字位数，通常取与运算的各量中有效数字位数最少的相同或多取一位。指定数（如测量次数 n）的有效数字位数不影响结果的有效数字位数。

例 2　在用单摆测定重力加速度 g 的实验中，实验测得摆长 $L=100.2\underline{3}\ \mathrm{cm}$，振动 100 次所需时间 $t=200.\underline{2}\ \mathrm{s}$，求重力加速度 g。

解：根据单摆周期公式 $T=2\pi\sqrt{\dfrac{L}{g}}$，可得 $g=4\pi^2\dfrac{L}{T^2}$。因为

$$T=\frac{t}{n}=\frac{200.\underline{2}}{100}\ \mathrm{s}=2.00\underline{2}\ \mathrm{s}$$

所以

$$g=4\pi^2\frac{L}{T^2}=4\times(3.14\underline{2})^2\times\frac{100.2\underline{3}}{(2.00\underline{2})^2}\ \mathrm{cm\cdot s^{-2}}=987.\underline{5}\ \mathrm{cm\cdot s^{-2}}$$

应当注意：在进行实验数据处理时，按上面的有效数字运算法则确定的有效数字位数，绝大多数情况与误差确定的有效数字位数相一致。对于少数例外者，首先确定平均绝对误差的大小，并保留一位有效数字；对测量结果（算术平均值）的有效数字位数的确定，应按照“任何测量结果（算术平均值）的最末一位应与平均绝对误差所在位对齐”的原则处理。例如，$g=980.12\ \mathrm{cm\cdot s^{-2}}$，$\Delta g=0.3\ \mathrm{cm\cdot s^{-2}}$，则 $g=(980.1\pm0.3)\ \mathrm{cm\cdot s^{-2}}$。

第 5 节　实验数据处理方法

实验数据处理是指从获得实验的原始数据开始到得出最后测量结果

的整个加工过程,包括数据记录、整理、计算、分析和绘制图表等。数据处理是实验工作的重要内容,涉及的内容很多。在实验数据处理过程中,可以根据测量的性质和要求不同,采用不同的数据处理方法。下面介绍物理实验中常用的几种数据处理方法。

(一) 实验数据处理的列表法

对一个物理量进行多次测量或研究几个量之间的关系时,通常是将实验所得的数据,依照一定的形式和顺序制成表格。其优点是,使大量数据表达清晰醒目、条理化,易于检查数据和发现问题,避免差错,同时有助于反映出物理量之间的对应关系。因此,设计一个简明醒目、合理美观的数据表格,是每一个实验者都要掌握的基本技能。

列表没有统一的格式,但应注意以下几点:

(1) 表头上要写上表名,在每行或每列之首均应注明所记录的物理量的名称(或符号)和单位;若某行或某列由几个量计算而得,还应列出计算公式。

(2) 栏目的顺序应充分注意数据间的联系和计算顺序,力求简明、齐全、有条理。

(3) 表格中的原始测量数据应正确反映有效数字,数据不能随便涂改,若确实要修改数据时,应将原来的数据用一定的符号(如红色横线或红色圆圈)标明,以备随时查验。

(4) 对于函数关系的数据表格,应按自变量由小到大或由大到小的顺序排列,以便于判断和处理。

(5) 表首应标明实验时间、实验者、引用的常量以及进行实验时的环境条件(如温度、气压等),以便参考。

(二) 实验数据处理的图示法

图示法就是根据几何原理,用图线直观地表示一系列实验数据之间的关系或其变化规律的数据处理方法。其优点是,能够形象、直观、简便地显示出物理量之间的关系,易于显示数据的极值点、拐点、周期性和其他奇异性质,同时还便于研究物理量之间的变化规律、找出对应的函数关系、求得经验公式等。

用图示法处理实验数据,应注意以下几点:

1. 选择坐标纸

作图一定要用坐标纸,最常用的是直角坐标纸,此外还有单对数坐标纸、双对数坐标纸、极坐标纸等。当决定了作图的参量以后,应根据物理量的函数关系选择合适的坐标纸。

2. 标明坐标轴

对直角坐标系,一般是自变量为横轴,因变量为纵轴,采用粗实线描出坐标轴，并用箭头表示出方向，注明所示物理量的名称和单位。坐标轴上要表明所用测量仪器的最小分度值，并要注意有效数字位数。

3. 选择合适的坐标分度值

坐标分度值要反映出测量值的有效数字。坐标纸的大小及坐标轴的比例应当根据实验所得数据的有效数字和结果的需要来确定。要适当选择 x 轴和 y 轴的比例和坐标比例，使所绘制的图形充分占用图纸空间，不要缩在一边或一角；坐标轴比例的选取一般间隔 1、2、5、10 等，这便于读数或计算。除特殊需要外，数值的起点一般不必从零开始，x 轴和 y 轴的比例可以采用不同的比例，使作出的图形大体上能充满整个坐标纸，图形布局美观、合理。

4. 标实验点

根据测量数据，用直尺和削尖的铅笔在坐标纸上进行标点，使函数对应的实验点准确地落在相应的位置。一张图纸上画上几条实验曲线时，每条图线应用不同的标记（如用“+”“×”“⊙”或“○”等）符号描点，以免混淆。但同一条图线上的点必须用同一种符号。

5. 连线

根据不同函数关系对应的实验数据点分布，把点连成直线或光滑的曲线或折线，连线必须用直尺或曲线板。由于每个实验数据都有一定的误差，所以将实验数据点连成直线或光滑曲线时，绘制的图线不一定通过所有的点，而是使数据点均匀分布在图线的两侧，尽可能使直线两侧所有点到直线的距离之和最小并且接近相等，有个别偏离很大的点应当进行分析后决定是否舍去，原始数据点应保留在图中。在确信两物理量之间的关系是线性的，或所绘的实验点都在某一直线附近时，将实验点连成一直线。

6. 写图名

作完图后，在图纸下方或空白的明显位置处，写上图的名称、实验者和作图日期，有时还要附上简单的说明，如实验条件、从图线上得到的某些参量等。写图名时，一般将纵轴代表的物理量写在前面，横轴代表的物理量写在后面，中间用“-”连接。

（三）实验数据处理的逐差法

逐差法就是把测量数据中的因变量进行逐项相减或按顺序分为两组进行对应项相减，然后将所得差值作为因变量的多次测量值进行数据处理的方法。逐差法又称为环差法或逐差计算法，是物理实验中常用的一种数据处理方法。当两物理量成线性关系时，常用逐差法来计算因变量（待测量）变化的平均值；当函数关系为多项式形式时，也可用逐差法来求多项式的系数。

1. 逐差法处理数据的适用条件

使用逐差法处理数据时，应具备以下两个条件：

(1) 两物理量 x、y 之间的关系可表达为多项式的形式。例如，$y=b_0+b_1x$、$y=b_0+b_1x+b_2x^2$ 或 $y=b_0+b_1x+b_2x^2+b_3x^3$。常用的是一次项形式，高次项形式由于误差传递在求低次项系数时使得精度降低，故高次项形式一般不采用逐差法。有些函数可以经过变换写成以上形式，如弹簧振子的周期公式 $T=2\pi\sqrt{\frac{m}{k}}$ 可以写成 $T^2=\frac{4\pi^2}{k}m$，即 T^2 是 m 的线性函数，也可以用逐差法处理。

(2) 自变量 x 必须是等间距变化，即 $x_{i+1}-x_i=$常量。

2. 逐差法在物理实验中的应用

由误差理论知道，算术平均值最接近真值。因此，为了减少偶然误差，在实验中一般都采用多次等精度重复测量。但是在自变量等间距线性变化的测量中，如果简单地取各次测量值的平均值，并不能达到好的效果，无法反映多次测量的特点。例如，在用伏安法测电阻的实验中，如果电压等间距变化，测得一组实验数据如表 1.5-1 所示，计算电流的最佳值（算术平均值）。

表 1.5-1　伏安法测电阻数据表

测量次数 n	1	2	3	4	5	6	7	8	9	10
电压 U/V	0.00	2.00	4.00	6.00	8.00	10.00	12.00	14.00	16.00	18.00
电流 I/mA	I_1	I_2	I_3	I_4	I_5	I_6	I_7	I_8	I_9	I_{10}

(1) 逐项逐差　把因变量（电流）I 的测量值逐项相减，即 $\Delta I_n=I_{n+1}-I_n$。通过逐项逐差，使原来在不同电压下测得的电流值变为在相同电压（$\Delta U=2.00$ V）下等精度多次测量的电流值，则电流的最佳值即算术平均值为

$$\overline{\Delta I}=\frac{(I_2-I_1)+(I_3-I_2)+\cdots+(I_{10}-I_9)}{9}=\frac{\sum_{i=1}^{n-1}\Delta I_i}{n-1}=\frac{I_{10}-I_1}{9} \tag{1.5-1}$$

其结果是，中间各测量值全部抵消，只有始末两次测量值 I_1 和 I_{10} 起作用，与单次测量等价，失去了多次测量的意义和优越性。因此，逐项逐差的方法不宜用来求平均值，通常用来验证物理量间函数表达式的形式。如果一次逐项逐差值趋于某一常量，则说明因变量和自变量之间具有线性关系。例如，表 1.5-1 中电流 I 逐项逐差结果 ΔI_n 值趋于某一常量，则说明 I 与 U 之间成线性关系。如果一次逐项逐差值结果不等于常量，但在一次逐项逐差的基础上再作一次逐项逐差（称为二次逐项逐差），所得值趋于某一常量，则说明因变量和自变量之间具有二次多项式形式。依次类推，还可以进行三次逐差或更高次逐差。

(2) 分组逐差(也称为隔项逐差) 将 n 项测量值按顺序分为 I_1、I_2、I_3、I_4、I_5 和 I_6、I_7、I_8、I_9、I_{10} 两组,并使其对应项相减,即 $\Delta I_n = I_{n+5} - I_n$。它也使原来在不同电压下测得的电流值变为在相同电压下等精度多次测量的电流值,不同的是相同电压是 10.00 V 而不是 2.00 V。电压每次改变 $\Delta U =$ 10.00 V 时,电流改变值的算术平均值为

$$\overline{\Delta I} = \frac{(I_6 - I_1) + (I_7 - I_2) + (I_8 - I_3) + (I_9 - I_4) + (I_{10} - I_5)}{5} \tag{1.5-2}$$

在这种情况下,尽管自变量(电压 U)仍是等间距变化,但在计算电流的平均值时全部测量数据都能用上,保持了多次测量的优点,减少了偶然误差,计算结果比前面的要准确些。因此,可以利用分组逐差法计算因变量的平均值。同时可以证明,分组逐差法还可以用来求多项式的系数。

由欧姆定律可得电阻为

$$R = \frac{U}{I} = \frac{\overline{\Delta U}}{\overline{\Delta I}} = \frac{10.00}{\overline{\Delta I}} \tag{1.5-3}$$

综上所述,逐差法在物理实验中的应用主要是:① 可以用来验证表达式(逐项逐差)或求多项式的系数(分组逐差);② 通过计算线性函数的斜率求物理量;③ 可以用来发现系统误差或实验数据的某些变化规律。逐差法计算简便,特别是在检查具有线性关系的数据时,可随时"逐差验证",及时发现数据规律或错误数据。

从上面的数据处理过程可以看出,逐差法具有以下优点:① 充分利用测量数据,更好地发挥了多次测量取平均值的效果;② 可以绕过一些具有定值的未知量,从而消除一些系统误差,求得所需要的实验结果。例如,用电流表测量电流时,如果电流表存在零点误差,在进行差值运算后,其结果就不受零点误差的影响。

(四) 实验数据处理的最小二乘法(直线拟合)

用作图法处理实验数据获得直线的斜率和截距等重要参量虽然简单明了,但在图线的绘制上存在相当大的主观成分,所得的结果也常常因人而异,而且很难对它作进一步的误差分析。为了克服这些缺点,在数理统计中研究了直线拟合问题(或称一元线性回归问题),常用一种以最小二乘法为基础的实验数据处理方法。下面仅介绍如何用最小二乘法进行直线拟合的问题。

1. 最小二乘原理

德国著名科学家高斯从解决一系列等精度测量最佳值的问题中建立了最小二乘原理,即最佳值就是能使各次测量误差的平方和为最小的那个值。用数学表达式可以写成

$$\sum_{i=1}^{n} (x_i - x_{\text{最佳}})^2 = \min \tag{1.5-4}$$

最小二乘中的“二”指的是平方，因此，最小二乘法又称为最小平方法。

2. 用最小二乘法进行直线拟合(一元线性回归)

假设两物理量之间满足线性关系，其函数形式为

$$y=a+bx \tag{1.5-5}$$

由实验等精度测得一组数据点$(x_i,y_i)(i=1,2,3,\cdots,n)$，假设 x 的测量误差很小可忽略，只有 y 的测量存在测量误差。根据最小二乘原理确定 a 和 b 的最佳值，应满足测量值 y_i 和按$(a+bx_i)$计算出的直线上的对应点值之差的平方和为最小，即

$$\sum_{i=1}^{n}[y_i-(a+bx_i)]^2=\min \tag{1.5-6}$$

式中，y_i、x_i是已经测定的数据点的值，它们不是变量，要使式(1.5-6)达到最小，变量就只能是 a 和 b，如果设法确定这两个参量，那么该直线也就确定了。根据求极值的条件，式(1.5-6)对 a 和 b 的一阶导数应等于 0，即

$$\left.\begin{aligned}\frac{\partial}{\partial a}\sum_{i=1}^{n}[y_i-(a+bx_i)]^2=0\\ \frac{\partial}{\partial b}\sum_{i=1}^{n}[y_i-(a+bx_i)]^2=0\end{aligned}\right\} \tag{1.5-7}$$

于是有

$$\left.\begin{aligned}-2\sum_{i=1}^{n}(y_i-a-bx_i)=0\\ -2\sum_{i=1}^{n}x_i(y_i-a-bx_i)=0\end{aligned}\right\} \tag{1.5-8}$$

整理后可得

$$\begin{cases}\overline{y}-a-b\overline{x}=0\\ \overline{xy}-a\overline{x}-b\,\overline{x^2}=0\end{cases} \tag{1.5-9}$$

式中，$\overline{x}=\dfrac{1}{n}\sum\limits_{i=1}^{n}x_i$，$\overline{y}=\dfrac{1}{n}\sum\limits_{i=1}^{n}y_i$，$\overline{x^2}=\dfrac{1}{n}\sum\limits_{i=1}^{n}x_i^2$，$\overline{xy}=\dfrac{1}{n}\sum\limits_{i=1}^{n}x_iy_i$。

求解式(1.5-9)关于 a、b 的方程组得

$$a=\frac{\overline{x}\cdot\overline{xy}-\overline{y}\cdot\overline{x^2}}{(\overline{x})^2-\overline{x^2}} \tag{1.5-10}$$

$$b=\frac{\overline{x}\cdot\overline{y}-\overline{xy}}{(\overline{x})^2-\overline{x^2}} \tag{1.5-11}$$

式(1.5-10)和式(1.5-11)中 a 和 b 就是用最小二乘法求出的拟合直线的截距和斜率的最佳值，由 a、b 所确定的方程即是最佳直线方程。

3. 拟合直线的验证

求出参量 a、b 之后，拟合的直线也就确定了，但 x 与 y 是否为线性关

系还需验证。可以通过相关系数 γ 来描述两个变量 x、y 的线性关系的明显程度，γ 定义为

$$\gamma=\frac{\overline{xy}-\overline{x}\cdot\overline{y}}{\sqrt{(\overline{x^2}-\overline{x}^2)\cdot(\overline{y^2}-\overline{y}^2)}} \tag{1.5-12}$$

将测量数据代入式(1.5-12)中便可计算出 γ 值。γ 的绝对值总是小于或等于 1，$|\gamma|$ 越大，表示变量 x 和 y 的线性关系越明显。当 $|\gamma|\to1$ 时，表示 x 与 y 的线性关系好，即线性函数形式正确；当 $|\gamma|\to0$ 时，说明实验数据点分散，x 与 y 无线性关系；$\gamma>0$（或 $\gamma<0$）表示 y 随 x 增加而增加（或 y 随 x 增加而减小）。

最小二乘法是一种较准确的数据处理方法，在科学实验中应用很广泛。这种方法计算烦琐，适合于用计算机分析和处理数据。

【思考题】

1. 指出下列情况属于偶然误差还是系统误差？

（1）视差；（2）仪器零点漂移；（3）螺旋测微器零点不准；

（4）照相底板收缩；（5）电表的接入误差；

（6）米尺因低温而收缩；（7）水银温度计毛细管不均匀；

（8）电源电压不稳定引起的测量值起伏。

2. 指出下列数据中各有几位有效数字？

0.050　5.300　5.007　12.00　12.0　12　2.10×10^{-3}

3. 怎样理解“四舍六入五凑偶”的舍入法则？将下列数据保留为四位有效数字。

（1）5.301 58　（2）0.026 786　（3）$5.243\ 56\times10^{4}$

4. 应用有效数字的运算法则计算下列各式。

（1）$27.346-7.35+0.308$　（2）$0.003\ 456\times38\ 000$

（3）$(5.23+0.54-0.048)\div3.002$　（4）$2\pi\times3.026^{2}\times4.01$

5. 将下列两个物理量进行单位换算，并将结果写成科学计数法。

（1）将 $m=(312.670\pm0.002)$ kg 换算成 g 与 mg。

（2）将 $t=(17.9\pm0.1)$ s 换算成 min。

6. 用米尺测量一物体的长度 8 次，其值分别为 63.57 cm、63.58 cm、63.55 cm、63.56 cm、63.55 cm、63.56 cm、63.54 cm、63.58 cm，求物体长度的算术平均值、平均绝对误差和相对误差，写出测量结果的表达式。

7. 测得某金属圆柱体的高度、直径和质量分别为：直径 $D=(2.510\pm0.005)$ cm，高度 $H=(4.010\pm0.005)$ cm，质量 $m=(155.953\pm0.005)$ g，试求金属圆柱体的密度 ρ。

第 2 章　基本物理实验

实验 1　基本测量

【实验目的】

1. 掌握游标卡尺、螺旋测微器的原理。
2. 学会游标卡尺、螺旋测微器的使用方法。
3. 学习运用误差理论和有效数字的运算规则处理实验数据。

【实验器材】

游标卡尺、螺旋测微器、圆柱体和小钢球。

【预习要求】

1. 复习有效数字的理论。
2. 了解游标卡尺和螺旋测微器的结构及分度原理。
3. 了解如何用游标卡尺和螺旋测微器测量长度。

【实验原理】

（一）游标卡尺

1. 结构

游标卡尺由尺身及能在尺身上滑动的尺框组成，如图 2.1-1 所示。

尺身上有类似钢尺一样的主尺刻度，主尺上的最小分度为 1 mm。主尺的长度决定游标卡尺的测量范围。尺框与尺身之间有一弹簧片（图中未

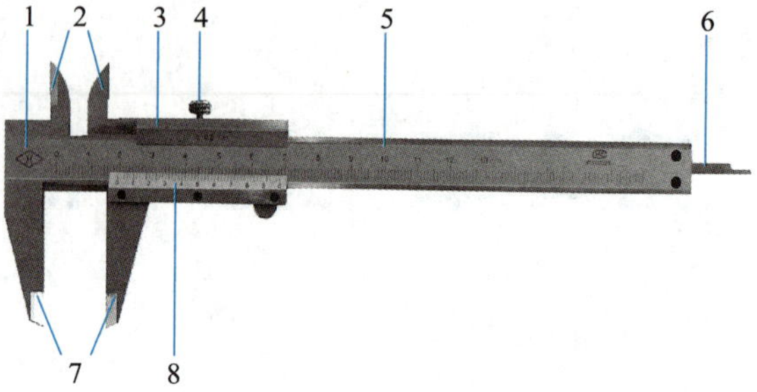

图 2.1-1 游标卡尺

1—尺身;2—内测量爪;3—尺框;4—紧固螺钉;
5—主尺;6—尾尺;7—外测量爪;8—游标

能画出),利用弹簧片的弹力使尺框与尺身靠紧。尺框上部有一紧固螺钉,可将尺框固定在尺身上的任意位置,尺框下部靠近主尺一侧有游标尺。尺身和尺框都有量爪,利用内测量爪可以测量槽的宽度和管的内径,利用外测量爪可以测量零件的厚度和管的外径。尾尺与游标尺连在一起,可以测槽和筒的深度。

2. 分度原理

游标卡尺的精度由游标的分度法决定,常见有 10 分度、20 分度和 50 分度等游标。10 分度游标上刻有 10 个分度,总长为主尺上 9 个最小分度(毫米)的长度,每个游标分度比主尺的最小分度短 0.1 mm,0.1 mm 即为该游标卡尺的精度。同理,在 20 分度和 50 分度的游标中,总长度分别为主尺上 19 个和 49 个最小分度的长度,其精度分别为 0.05 mm 和 0.02 mm。

游标卡尺的精度公式可推导如下:一般来说,游标上有 n 个等分刻度,它们的总长度与主尺上$(n-1)$个最小分度的总长相等,若主尺上最小分度的长度为 a,游标上最小分度的长度为 b,则每一个游标分度的长度为

$$b=\frac{(n-1)a}{n} \tag{2.1-1}$$

这样,主尺最小分度与游标分度的差值为

$$\Delta x=a-b=\frac{na-(n-1)a}{n}=\frac{a}{n} \tag{2.1-2}$$

Δx 称为游标卡尺的精度。因此,游标卡尺的精度等于主尺最小分度长 a 与游标分度数 n 之比。

3. 游标卡尺的使用方法

(1) 零位校准 首先熟悉卡尺精度及刻度情况。轻推尺框,使卡尺两个量爪测量面合并,游标“0”刻度线与主尺“0”刻度线应对齐,如图 2.1-2 所示。否则,应记下零点读数 δ。若游标的“0”刻度线在主尺“0”刻度线的左边,δ 应为游标尺读数减去游标卡尺主尺的最小刻度值;若游标的“0”刻度

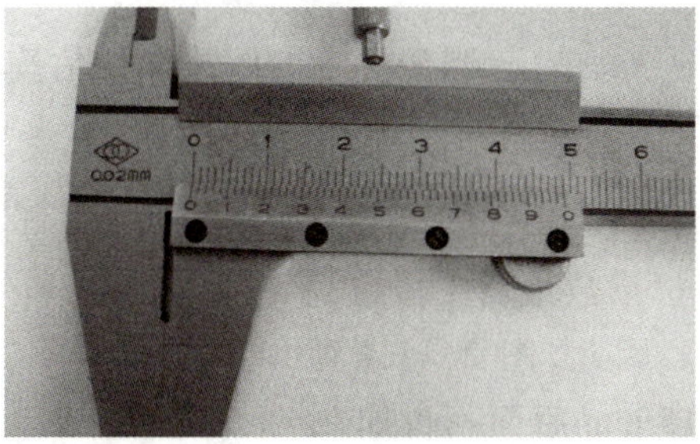

图 2.1-2　零位校准

线在主尺“0”刻度线的右边，δ 就是游标尺的读数。

（2）测量方法　松开游标卡尺的紧固螺钉，向右移动外测量爪，使两个外测量爪之间距离略大于被测物体；一只手拿住游标卡尺的尺身，将被测物置于两个外测量爪之间，另一手向前推动尺框，至外测量爪与被测物紧密接触为止，锁住紧固螺钉。

（3）游标卡尺的读数　游标卡尺的读数是由**主尺**和**游标尺**两部分的读数组成。先读出主尺上在游标“0”刻度线左侧部分的整数读数；再看游标尺上哪条刻度线与主尺上的某一刻度线对齐，将对齐的游标尺刻度线与游标尺 0 刻度线间的格数乘以游标卡尺的精度，就是所测长度的小数部分；以上两部分相加就是游标卡尺的读数。

读数时，若游标卡尺主尺上以毫米为单位的整数部分读数为 m，游标尺上第 k 条刻度线与主尺上的某一刻度线对齐，那么游标尺 0 刻度线与左侧相邻的主尺刻度线的距离为

$$\Delta L=ka-kb=k(a-b)=k\frac{a}{n} \tag{2.1-3}$$

ΔL 就是所测长度以毫米为单位的小数部分，对于任何一种游标，只要弄清它的分度数 n 与主尺最小分度 a 的长度，就可以直接读取游标的读数；则游标卡尺的读数为 $L=m+k\frac{a}{n}$。

如图 2.1-3 所示，游标 0 刻度线左侧主尺的读数为 64 mm，游标 0 刻度线右侧的第 9 条线与主尺的一条刻线对齐，游标读数为 0.02 mm×9＝0.18 mm，所以游标卡尺的读数为（64+0.18）mm＝64.18 mm。

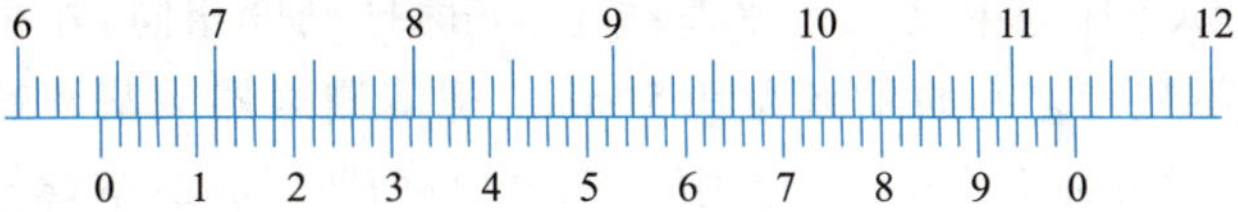

图 2.1-3　0.02 mm 游标卡尺

测量中有时游标上没有刻度线与主尺上的刻度线完全重合，此时只能根据游标上与主尺刻度线最接近的那条刻度线来读数，因此最后 1 位可估

读数的误差不大于$\frac{1}{2}(a-b)$。当游标为 50 分度时，估读误差不大于$\frac{1}{2}(a-b)=\frac{1}{2}\times(1-0.98)\text{ mm}=0.01\text{ mm}$，由误差理论可认为误差在 0.01 位上。同理，对 20 分度的游标读数最后 1 位也只能写到 0.01 位上。因此，图 2.1-4 所示的物体长度 50.15 mm 后面不再加 0。对 10 分度游标，读数后可加一个“0”。

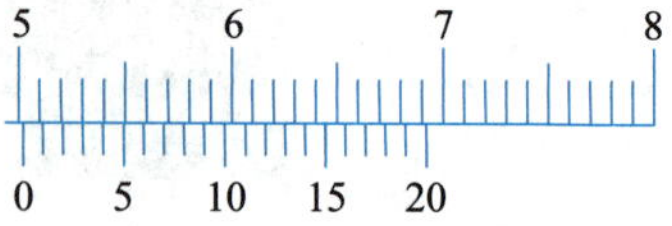

图 2.1-4 游标读数原理

(4) 实际物体长度应等于游标卡尺的读数 L 与零点读数 δ 之差。

(二) 螺旋测微器

1. 结构

螺旋测微器(也称为千分尺)是比游标卡尺更精密的测量仪器，其精度为0.01 mm，量程为 0~25 mm。常见的螺旋测微器结构如图 2.1-5 所示，主要由尺架、测微螺杆、固定套筒和微分筒等组成。

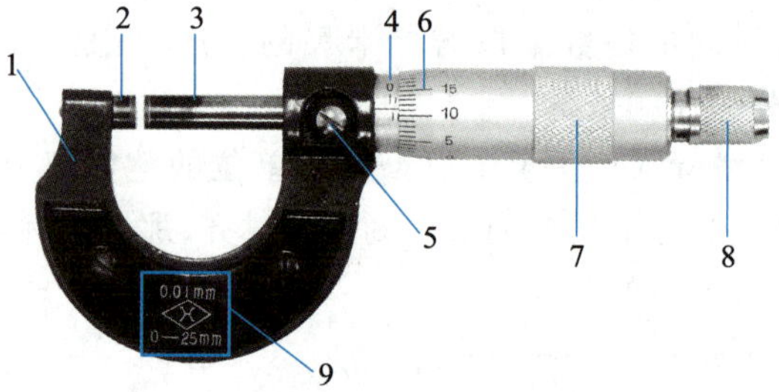

图 2.1-5 螺旋测微器

1—尺架；2—测砧；3—测微螺杆；4—固定套筒；5—锁定装置；
6—微分筒；7—鼓轮；8—棘轮；9—精度和量程标识

2. 螺旋测微器原理

螺旋测微器是依据螺旋放大的原理制成的，即螺杆在螺母中旋转一周，螺杆便沿着旋转轴线方向前进或后退一个螺距的距离。因此，沿轴线方向移动的微小距离，就能用圆周上的读数表示出来。在固定套筒上刻有毫米分度标尺(称为主尺)，水平基线上、下两排刻度相同，并相互均匀错开，相邻上下刻度之间的距离为 0.5 mm。螺旋测微器的精密螺纹的螺距是 0.5 mm，微分筒有 50 个等分刻度，微分筒旋转一周，测微螺杆可前进或后退 0.5 mm，因此，微分筒旋转每一个小分度，相当于测微螺杆前进或后退 0.5/50 mm=0.01 mm。可见，微分筒每一小分度表示 0.01 mm，所以螺旋测微器可准确到 0.01 mm。由于还能再估读一位，可读到毫米的千分位，故又名**千分尺**。

3. 螺旋测微器的使用与读数方法

（1）零点校准　使用前应先检查零点。方法是缓缓转动棘轮，使测微螺杆和测砧接触，到棘轮发出声音为止，此时微分筒锥面的端面应与固定套筒上的“0”刻度线相齐；同时，微分筒上的“0”刻度线也应与固定套筒上的水平基线对齐，这时的读数是 0.000 mm，如图 2.1-6(a)所示。如果微分筒边缘上“0”刻度线在主尺水平基线下方，则零点读数为正值。如图 2.1-6(b)所示，主尺上水平基线与微分筒边缘的第 1 根刻度线重合，则零点读数是+0.010 mm。如果微分筒边缘“0”刻度线在主尺水平基线的上方，则零点读数为负值。如图 2.1-6(c)所示，主尺上的水平基线与微分筒边缘的第 48 根刻度线（即“0”线下方第二根线）重合，则零点读数为 -0.020 mm。

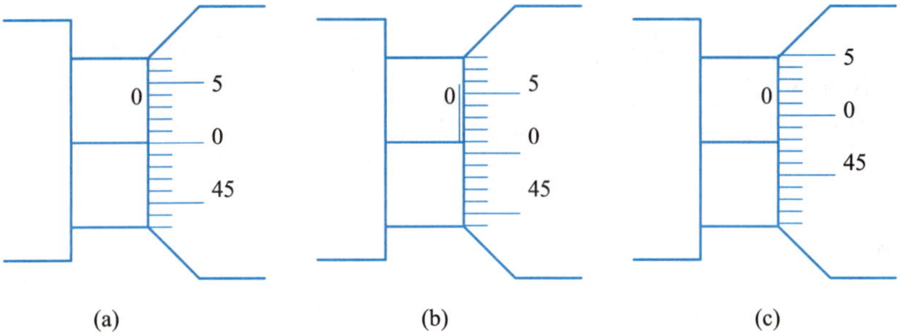

图 2.1-6　螺旋测微器零点读数

（2）测量方法　左手持尺架（U 形框架），右手逆时针转动鼓轮使测微螺杆与测砧间距稍大于被测物，放入被测物，然后轻轻沿顺时针方向转动棘轮，当听到“咔咔”声时即停止。拨动锁定装置使测微螺杆固定。

（3）读数　读数时，先读取主尺上读数（可读到 0.5 mm 以上），然后从微分筒分度上读出小于0.5 mm的部分，两者相加就是螺旋测微器的读数。实际测量时，由于微分筒分度线不一定正好和主尺水平基线对齐，因此必须还要向下估读一位。例如，图 2.1-7 所示，螺旋测微器读数为（1+0.004）mm = 1.004 mm。

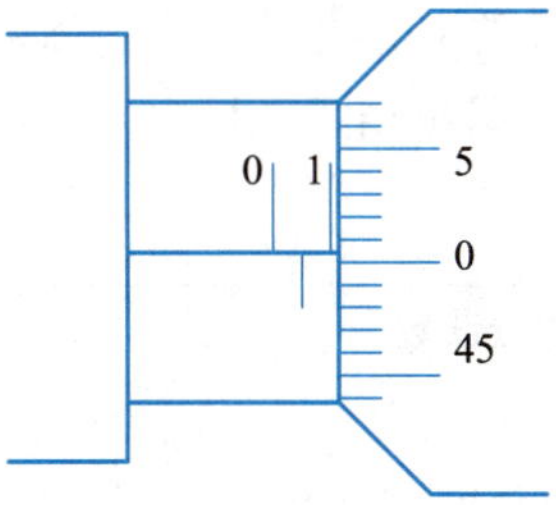

图 2.1-7　螺旋测微器读数

（4）实际物体长度应等于螺旋测微器的读数与零点读数之差。

【实验步骤】

1. 用游标卡尺测量圆柱体的直径和高度，在不同方向测 3 次，将数据记录于表 2.1-1 中,并计算体积。

2. 用螺旋测微器测量小钢球的直径,在不同方位测 3 次,将数据记录于表 2.1-2 中,并计算体积。

【数据记录及处理】

表 2.1-1 游标卡尺测量圆柱体直径和高度

精密度:______mm

零点读数	$\delta=$ mm						
项目	次数	读数值/mm	测量值(读数-δ)/mm	平均值/mm	绝对误差/mm	平均绝对误差/mm	测量结果/mm
圆柱体直径 D	1						
	2						
	3						
圆柱体高 H	1						
	2						
	3						

圆柱体的体积 $\overline{V}=\frac{1}{4}\pi\overline{D}^2\overline{H}=$______;

相对误差 $E=\frac{\overline{\Delta V}}{\overline{V}}\times100\%=\left(2\frac{\overline{\Delta D}}{\overline{D}}+\frac{\overline{\Delta H}}{\overline{H}}\right)\times100\%=$______;

绝对误差 $\Delta V=\overline{V}\times E=$______;

测量结果 $V=\overline{V}\pm\overline{\Delta V}=$______。

表 2.1-2 螺旋测微器测量小钢球直径 精密度:______mm

零点读数	$\delta=$ mm						
项目	次数	读数/mm	测量值(读数-δ)/mm	平均值/mm	绝对误差/mm	平均绝对误差/mm	测量结果/mm
钢球直径 D	1						
	2						
	3						

钢球的体积 $\overline{V}=\frac{1}{6}\pi\overline{D}^3=$______;

相对误差 $E=\frac{\overline{\Delta V}}{\overline{V}}\times100\%=3\frac{\overline{\Delta D}}{\overline{D}}\times100\%=$________;

绝对误差 $\Delta V=\overline{V}\times E=$________;

测量结果 $V=\overline{V}\pm\overline{\Delta V}=$________。

【注意事项】

1. 游标卡尺

(1) 不要用游标卡尺测量运动中的或是过热的物体。

(2) 移动游标尺时,不要用力过大。可用左手拿着被测物体,右手拿着卡尺,并用大拇指轻轻推尺框,使测量爪靠近物体,切记不要夹得过紧或在测量爪处来回擦动,以免损坏爪口。

(3) 读数时要将紧固螺钉固定,移动游标尺时,应松开紧固螺钉。

(4) 使用完毕,必须擦净量面、上油防锈,并放回仪器盒内,切勿受潮,这样才能保持它的准确度,延长使用寿命。

(5) 游标卡尺存放时应避开磁体、热源和有腐蚀性的环境。

2. 螺旋测微器

(1) 测量时手要握住隔热装置,不要接触尺架,以免影响测量精度。

(2) 当测微螺杆的一端靠近并接触被测物或测砧时,不要再直接旋转微分筒,一定要改旋保护棘轮,直至听到"咔咔"的声音为止。

(3) 使用完毕,测微螺杆和测砧间要留有一定缝隙,防止热膨胀时两者过分压紧而损坏螺纹。再将其擦净放入仪器盒中,置于阴凉干燥的环境中,妥善保管。

【思考题】

1. 用游标卡尺、螺旋测微器测长度时,怎样读出毫米以下的数值?

2. 何谓仪器分度值?米尺、20 分度游标卡尺和螺旋测微器的分度值各为多少?如果用它们测量约 7 cm 的长度,问各能读得几位有效数字?

3. 使用螺旋测微器时应注意些什么?

4. 已知一游标卡尺的游标刻度有 50 个,用它测得某物体的长度为 5.428 cm,在主尺上的读数是多少?游标的读数是多少?游标上的哪一刻线与主尺上的某一刻线对齐?

5. 小制作:用硬纸片制作一个精密度为 0.1 mm 的游标卡尺。

实验 2 利用显微镜及测微尺测量微小长度

【实验目的】

1. 熟悉显微镜的构造和原理。
2. 掌握显微镜的正确使用方法。
3. 学会用显微镜与测微尺测量微小长度。

【实验器材】

生物显微镜、目镜测微尺、物测微尺、标本。

【预习要求】

1. 目镜测微尺、物测微尺分别安置在显微镜的什么部位?
2. 微尺值的含义是什么? 它是如何测定的?

【仪器描述】

本实验使用的是普通生物显微镜,其目镜为惠更斯型,它是由两块未经过色差校正的同种玻璃平凸透镜组成,两者都是凸面向着物镜。面向物镜的一块称为**向场透镜**,面向人眼的一块称为**接目透镜**,向场透镜的焦距等于接目透镜焦距的 3 倍,两者的距离等于接目透镜焦距的 2 倍。在两块透镜之间的接目透镜焦平面上装有一光阑,如图 2.2-1 所示,物体经物镜以及向场透镜所成的实像位于光阑所在的平面上。

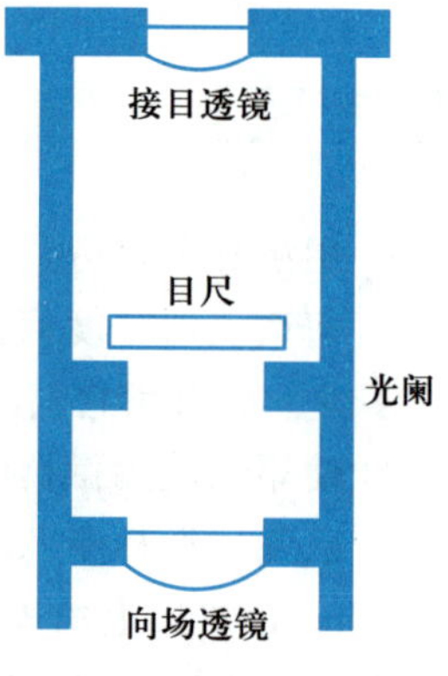

图 2.2-1 目镜

目镜测微尺(简称目尺)刻在直径约为 2 cm 的圆形玻片上,目尺长为10 mm,均分为 100 格,如图 2.2-2 所示。使用时将目尺安装在目镜镜筒内的光阑上,被测物体的实像和目尺处在同一平面上,通过接目透镜观察就不会发生视差。利用目尺可以量出实像相对于微尺分格的长度。

物测微尺(简称物尺)又称为台测微尺,精密地刻在一块长方形玻璃片的中央,尺长 1 mm,均分为 100 格,每分格长度为 1.0×10^{-2} mm,如图 2.2-3 所示。使用时把它放在显微镜载物台上,它是专为显微镜测长度时作校正目尺用的。

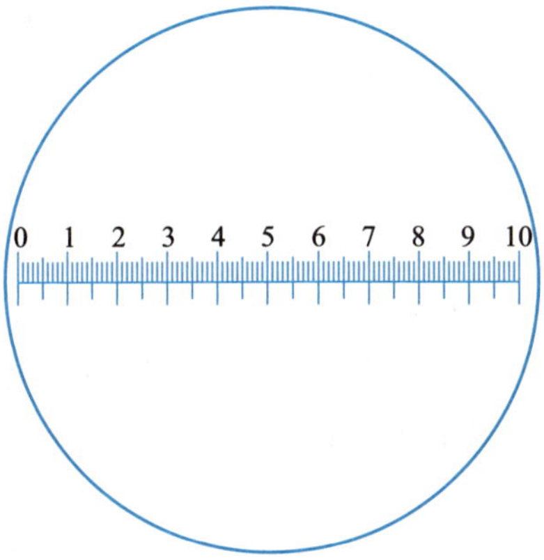

图 2.2-2　目镜测微尺

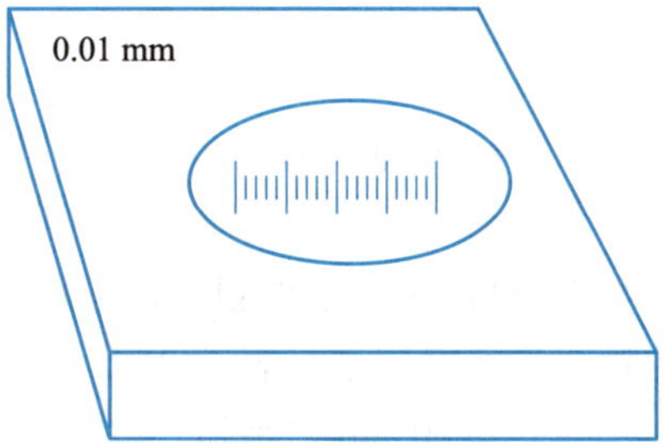

图 2.2-3　物测微尺

若无标准的物尺,可用分格为0.05 mm或 0.10 mm 的目尺代替,但测量结果有效数字位数较少。

【实验原理】

在显微镜下测量微小物体的长度,实际就是用目尺去度量在显微镜中观察到的物体的像。目尺所测量的是实像相对于微尺分格的长度,为了能从这一测量得到镜下物体的长度值,需要对目尺分格值进行校正,即需要确定在显微镜视场中目尺每一个分格所代表的实际长度值,这个长度值称为**微尺值** p。

同一块目尺,当用于不同的物镜、目镜组合时,其微尺值不同,均需要实际的测定,方法如下:

将物尺置于载物台上,使其实像与目尺平行并相互靠近,设在显微镜视场中,目尺上的 m 个分格和物尺上 n 个分格重合,如图 2.2-4 所示。若 d 表示物尺一个分格的长度,则微尺值 p 可由下式计算:

$$p=\frac{nd}{m}\qquad(2.2-1)$$

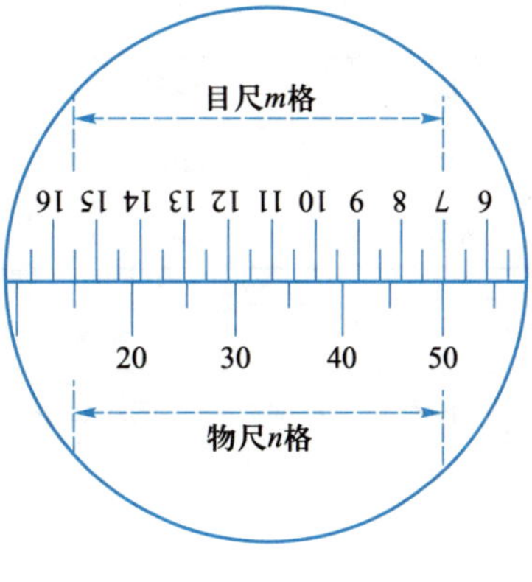

图 2.2-4　校正目尺

对于一定的物镜、目镜组合，其微尺值测定之后，即可直接测定各种微小物体长度。设物体的实像在目尺上为 x 个分格长，则物长 L 为

$$L=xp \tag{2.2-2}$$

值得注意的是，生物显微镜常用的是惠更斯目镜，经由物镜出来的光束，在尚未会聚之前，向场透镜使之略为朝光轴偏转并会聚在离物镜较近的位置上（像距变小），实像大小是按物镜放大率计算所得。因此测微尺不能简单地由放大率来推算，需按上述方法实际地测定。

【实验步骤】

1. 将目镜测微尺安放在惠更斯目镜镜筒光阑上。

2. 使用“10×”目镜，利用一块物测微尺，测定微尺值。为了提高有效数字位数，应当用物测微尺上尽可能长的一段来和目镜测微尺上刻度相比较。将数据记录于表 2.2-1 中。

3. 改用“40×”物镜，测定微尺值。注意：物测微尺不可放反，否则看不到物尺的像，这是因为高倍物镜的工作距离小于物测微尺厚度。调焦时应防止压碎物测微尺。将数据记录于表 2.2-1 中。

4. 移去物测微尺，将其用擦镜纸包好，放进盒内，将待测标本安放在载物台上。测量物体实像相对于目镜测微尺的分格数，由式（2.2-2）算出物体长度。将数据记录于表 2.2-2 中。

【数据记录及处理】

显微镜编号：____________

目镜测微尺：尺长______mm，分格数______，每分格长度____mm

物测微尺：尺长______mm，分格数______，每分格长度______mm

表 2.2-1 微尺值的测定

目镜	物镜	m	n	微尺值 p
10×	10×			
10×	40×			

表 2.2-2 微小长度测量

标本	微尺值 p	x	测量结果

【注意事项】

1. 严格按照显微镜使用规则进行操作。
2. 勿使硬物或手指接触测微尺表面。
3. 测微尺用毕，即时用擦镜纸包装好装入盒内。
4. 若镜头上有污物，必须用专用擦镜纸擦拭，切勿用手指或其他物品擦拭。

【思考题】

1. 有的学生能顺利看到 10×目镜与 10×物镜组合时物测微尺的像，而改用 40×物镜时，无论怎样调节显微镜也看不到物测微尺的像，试分析原因。
2. 试分析本实验误差产生的原因。

实验 3 万用表的使用

一、指针式万用表

【实验目的】

1. 了解指针式万用表的结构和原理。
2. 学会正确使用指针式万用表测量电压、电流和电阻。
3. 学会使用指针式万用表判定二极管的极性及好坏、判别三极管的管脚。

【实验器材】

指针式万用表、直流电源、交流电源、电阻、晶体二极管、三极管、电容、导线等。

【预习要求】

1. 指针式万用表可用于测量哪些物理量？

2. 在使用指针式万用表进行测量时，如果所选的挡位不合适，应如何处理？

3. 指针式万用表使用完毕后，该如何存放？

【实验原理】

万用表是一种多功能、多量程的测量仪表。一般万用表可测量直流电流、直流电压、交流电流、交流电压、电阻和音频电平等，有的还可测量交流电频率、电容量、电感量、温度及半导体元件的一些参量。万用表分为**指针式万用表**和**数字式万用表**两种。

指针式万用表主要由灵敏电流计、选择开关、整流器、电源、电阻元件等组合在一起，利用转换开关变换电路来选择测量项目和量程。

1. 电流表原理

灵敏电流计只能用来测量很微弱的电流，在灵敏电流计上并联不同阻值的低电阻，就成为具有不同量程的直流电流表，如图 2.3-1 所示。

2. 电压表原理

在灵敏电流计上串联不同阻值的高电阻，就成为具有不同量程的直流电压表，如图 2.3-2 所示。若给直流电压表附加一定的整流电路后，就成为能测量交流电压的交流电压表，如图 2.3-3 所示。

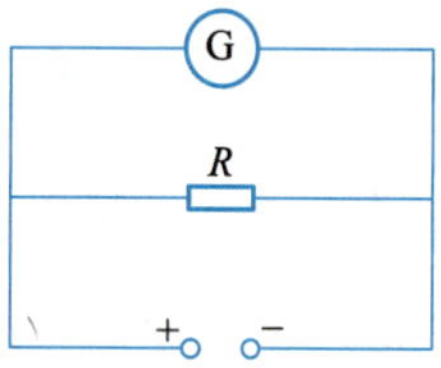

图 2.3-1 直流电流表

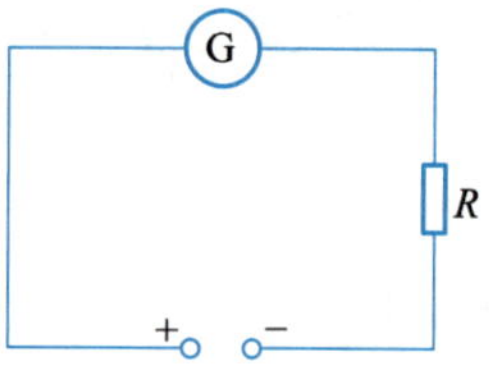

图 2.3-2 直流电压表

3. 电阻表原理

把灵敏电流计（内阻为 R_g）、电池 E、可调电阻 R 等串联在一起，就组成了可以测量电阻 R_x 的电阻表，如图 2.3-4 所示。若在电路中接入待测电阻 R_x，当电源内阻忽略不计时，电路中的电流为

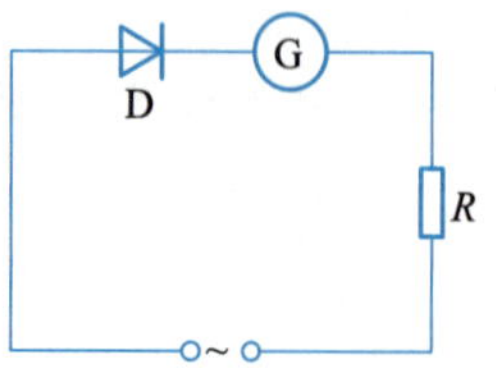

图 2.3-3 交流电压表

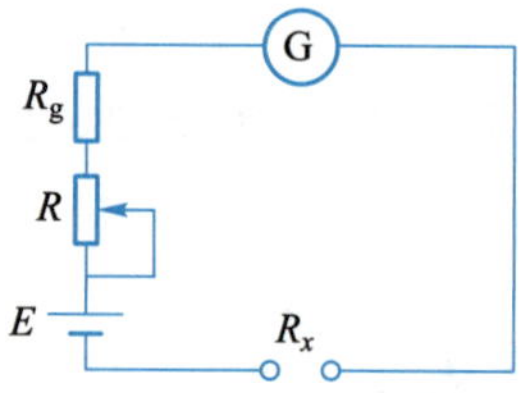

图 2.3-4 电阻表

$$I=\frac{E}{R_g+R+R_x} \tag{2.3-1}$$

电路中的电流 I 在 E、R_g、R 不变的情况下，大小只与 R_x 有关。R_x 越大 I 越小，灵敏电流计指针偏转的角度就小。当 $R_x=0$ 时，电流较大，此时调节可调电阻 R 使电路中的电流 I 达到电流计的满偏电流值，指针偏转角最大。若 R_x 值不同，电路中相应的电流 I 值也就不同，指针偏转的角度也就不同。由于 I 与 R_x 不是线性关系，所以电阻表的刻度是不均匀的。

4. 万用表原理

万用表实际上是由电流表、电压表、电阻表通过选择开关组合而成的一种电子仪表。使用时，只需调节选择开关就可以成为测量不同物理量的多用途电表。当选择开关旋至某种测量项目时，灵敏电流计即和某些元件组成该种项目的测量仪表，这时万用表的使用方法和单一的测量仪表相同。

【仪器描述】

指针式万用表的型号很多，但其面板、旋钮及使用方法基本相同。现以图 2.3-5 所示的 MF47 型指针式万用表为例进行介绍。

图 2.3-5 MF47 型指针式万用表

（一）指针式万用表的基本结构

指针式万用表是以表头为核心部件的多功能测量仪表，从外形上看主要由表头、表盘、转换开关、电阻调零旋钮、测试插孔等部分组成。

1. 表头

表头是万用表的重要组成部分，它决定了万用表的灵敏度。表头是由指针、磁路系统和偏转系统三部分组成。表头是一只高灵敏度的磁电式直流电流表，这种电流表的内阻较大，灵敏度较高，可以提高测量的灵敏度，同时还有利于扩大电流的量程。在表头的下方中间位置上还设有机械调零旋钮，用来调整指针的零位。

2. 表盘

表盘上有多种刻线和符号。MF47 型万用表表盘上第一条刻度线为电阻测量读数用；第二条刻度线为除交流 10 $\underset{\sim}{\mathrm{V}}$ 以外的各电压、电流挡读数用;第三条刻度线为交流 10 $\underset{\sim}{V}$ 挡读数用;第四条刻度线是电容测量读数用;第五条刻度线是三极管放大倍数测量读数用;最后一条刻度线为音频电平刻度线;在第五条刻度线和音频电平刻度线之间还有测量电感、电池电量等的刻度线。

3. 转换开关

转换开关是一个多挡位的旋转开关,主要用来选择测量项目的种类、量程或者倍率,每个项目又划分为多个不同量程以供选择。

4. 电阻调零旋钮

当红、黑表笔短接时,电表指针应指在电阻挡刻度线的右端“0”位置处,否则需调整电阻调零旋钮使其达到“0”位。

5. 测试插孔

MF47 型万用表在面板上有三极管测试插座和测试表笔插孔(有“+”“-COM”“2 500 V”“10 A”四个插孔)。

(二) 使用方法

使用前应先进行机械零点调整。将万用表平放,观察指针是否指零,若指针不指零,可用螺丝刀缓慢旋动面板上指针调零螺丝,使其达到零位。

1. 电阻测量

(1) 测量范围(倍率):×1、×10、×100、×1 k、×10 k。误差:±2.5%。

(2) 测量方法及读数

① 表笔的连接　将红、黑表笔分别插入面板上标有“+”和“-COM”的插孔中。

② 挡位的选择　根据被测电阻值,将选择开关旋至标有“Ω”挡内的合适挡位处,在测量时应使指针处于刻度线中间一段(满度的 20%~80%)。

③ 调零　将红、黑两支表笔直接短接,调节面板上标有“0 Ω”的调零旋钮,使指针偏转到“Ω”刻度线的零位。每变换一次挡位,都要重新进行调零。

④ 测量读数　将两支表笔分别接触待测电阻的两端,从表盘上的第一行“Ω”刻度线上进行读数。待测电阻值 R=指示数值×倍率。

注意:测电阻时,被测电路绝不允许带电,更不允许直接测量电源的内阻。

2. 直流电流的测量

(1) 测量范围:0~0.05 mA~0.5 mA~5 mA~50 mA~500 mA~10 A。引用误差:±2.5%。引用误差是仪表中常用的一种误差表示方法,它是相对于仪表满量程的一种误差,测量的绝对误差与仪表的满量程值之比,称为仪表的引用误差,它常以百分数表示。

(2) 测量方法及读数

① 表笔的连接　测量低于 500 mA 的电流时,将红、黑表笔分别插入

面板上标有“+”和“-COM”的插孔中；测量高于 500 mA 而低于 10 A 的电流时，应将红表笔插入标有“10 A”的插孔中。

② 挡位选择 估计被测电流值，将选择开关旋至标有“DCmA”挡内的适当挡位，使其稍大于被测电流值。开始时，若无法估计被测电流的数值，应先旋至最大量程，然后再调整到合适的挡位。

③ 测量读数 将万用表串联进被测电路，使电流从红表笔流进万用表，从黑表笔流出。保持稳定后，即可从表盘上第二条刻度线读数。被测电流值 $I=指针示数\times\frac{挡位值}{刻度数最大值}$。若某次测量从 0~250 mA 刻度线读得指针示数为 150，挡位值为 50，则被测电流为 $I=150\times\frac{50}{250}\ \text{mA}=30\ \text{mA}$。

注意：不允许用电流挡直接测量电源的电流，否则，会损坏万用表。

3. 直流电压的测量

(1) 测量范围：0~0.25 V~1 V~2.5 V~10 V~50 V~250 V~500 V~1 000 V~2 500 V。引用误差：±2.5%。

(2) 测量方法及读数

① 表笔的连接 测量低于 1 000 V 的电压时，将红、黑表笔分别插入面板上标有“+”和“-COM”的插孔中；测量高于 1 000 V 的电压时，应将红表笔插入标有“2 500 V”的插孔中。

② 挡位选择 估计被测电压值，将选择开关旋至标有“DCV”挡内的适当挡位。选择量程的方法与测直流电流类似。

③ 测量读数 将万用表与被测电路并联，红表笔接高电势端，黑表笔接低电势端。保持稳定后，即可根据表盘上第二条刻度线读数。读数方法与直流电流的测量相同。

4. 交流电压的测量

(1) 测量范围：0~10 V~50 V~250 V~500 V~1 000 V~2 500 V。引用误差：±5%。

(2) 测量方法及读数

① 表笔的连接 表笔的连接方式同直流电压的测量。

② 挡位选择 估计被测电压值，将选择开关旋至标有“ACV~”挡内的适当挡位。选择量程的方法与测直流电流类似。

③ 测量读数 将万用表与被测电路并联，交流电压无正负之分，表笔的连接无需区分极性。保持稳定后，即可进行读数。当选用“10 $\underset{\sim}{\text{V}}$”挡时，应从表盘上的 10 $\underset{\sim}{\text{V}}$ 专用刻度线（表盘上第三条刻度线）读数，其余各挡从表盘上第二条刻度线读数。读数方法与直流电流的测量相同。

5. 晶体二极管极性及好坏判别

(1) 表笔连接 表笔的连接方式与电阻的测量相同。

(2) 选挡 将选择开关旋至标有“Ω”挡内的“×10”或“×100”挡。

(3) 测量 先将红、黑两支表笔直接短接,进行欧姆调零。然后将万用表的红、黑表笔分别接触晶体二极管的两个管脚,从Ω刻度线读出电阻值 R_1;将红、黑表笔接触位置交换后再次测量其电阻值为 R_2。

(4) 好坏判别 比较阻值 R_1 和 R_2 的大小,根据晶体二极管的单向导电性可以确定阻值小的为正向电阻,阻值大的为反向电阻。正、反向电阻的阻值相差越大,说明其单向导电性越好;若测得正、反向电阻都小,表示二极管已经击穿短路;如果正、反向电阻都很大,表示二极管已断路。

(5) 极性判别 使用万用表的电阻挡时,电表的黑表笔与表内电源的正极连接,红表笔与电源的负极连接。对所测量的二极管的阻值为正向电阻时其黑表笔接触的即是二极管的正极,红表笔接触的即是二极管的负极。

注意:测量时不能用"×1"或"×10 k"挡,前者电流太大,后者电压太高都会损坏二极管。

6. 判断晶体三极管管脚、类型及测量直流放大倍数 h_{FE} 值

(1) 表笔连接 表笔的连接方式与电阻的测量相同。

(2) 选挡 将选择开关旋至标有"Ω"挡内的"×100"或"×1 k"挡。

(3) 判别三极管基极 首先假定某一管脚为基极,用红表笔接触假定的基极,黑表笔分别接触其余两个管脚,若测得的两个阻值均较小且接近,则原来假定正确,同时可以判定此三极管为PNP型。若将黑表笔接触假定的基极,红表笔分别接触其余两个管脚,测得的两个阻值均较小且接近,则原来假定正确,同时可以判定此三极管为NPN型。若测得的两个电阻值相差很大,则基极假定错误,应重新假定并进行测试,直到符合上述要求。

(4) 判别发射极和集电极 三极管基极已确定并确认为PNP型管后,再假定余下的管脚之一为集电极。将红表笔接触假定的集电极,黑表笔接触假定的发射极,用两手指捏住基极和集电极(两极不能直接接触),测出其电阻值 R_1;将前述的两管脚的假定对换进行重复测量,测得电阻为 R_2。比较两次测量结果 R_1 和 R_2 的大小,若 R_1 小,说明前者的假定正确。红表笔接触的管脚为集电极,余下的管脚为发射极;若 R_2 小,说明与前者的假定相反,红表笔接触的管脚为发射极,余下的管脚为集电极。对于已确定基极的NPN型三极管的发射极和集电极的判别方法与上述基本相同,测量时只需将红、黑表笔交换即可。

(5) 直流放大倍数 h_{FE} 的测定 将选择开关旋至 h_{FE} 挡(在Ω挡内的"×10"挡),将红黑表笔短接,进行欧姆调零。根据三极管的NPN或PNP型号,将发射极、基极、集电极分别插入面板上三极管测试插座的相应插孔即可。指针指示值即为该三极管的直流放大倍数。

7. 电容容量测量

① 表笔的连接 表笔的连接方式同电阻的测量。

② 挡位选择 估计被测电容值，将选择开关旋至标有“C”挡（在 Ω 挡内）的适当挡位。选择挡位的方法与测电阻类似。

③ 调零 将红、黑两支表笔直接短接，调节面板上标有“0 Ω”的调零旋钮，使指针偏转到“Ω”刻度线的零位。

④ 测量读数 将两支表笔分别接触待测电容的两端，从表盘上的第四行“C（uF）”刻度线进行读数。指针摆动的最大指示值即为该电容的容量。随后指针将逐步退回，指针停止的位置即该电容的品质因数（损耗电阻）值。

注意：每次测量前应将电容彻底放电，再进行测量，否则测量误差将增大；对于有极性的电容，应按正确极性接入（即黑表笔接正极，红表笔接负极）进行测量。

【实验步骤】

1. 使用万用表的电阻挡测量单个电阻及它们串联、并联的总电阻值。将数据记录在表 2.3-1 中。

2. 将两个电阻串联，与直流电源组成电路，使用万用表直流电压挡测量电路中的总电压与每个电阻的分电压。将数据记录在表 2.3-2 中。

3. 将两个电阻并联，与直流电源组成电路，使用万用表直流电流挡测量电路中的总电流与流过各个电阻的分电流。将数据记录在表 2.3-3 中。

4. 将两个电阻串联，与交流电源组成电路，使用万用表交流电压挡测量电路中的总电压与每个电阻的分电压。并将数据记录在表 2.3-4 中。

5. 使用万用表电阻挡测量晶体二极管的正、反向电阻值并判断其正、负极，根据测量结果分析二极管的质量。自行设计表格记录测量结果。

6. 判别晶体三极管的管脚和管型（PNP 或 NPN），并测定其直流放大倍数。自行设计表格记录测量结果。

7. 测定电容的容量。自行设计表格并记录测量结果。

【数据记录及处理】

表 2.3-1 电阻测量数据记录表

测量项目	R_1	R_2	R
电阻测量值/kΩ			

表 2.3-2 直流电压测量数据记录表

测量项目	U_{R1}	U_{R2}	U
直流电压测量值/V			

表 2.3-3 直流电流测量数据记录表

测量项目	I_1	I_2	I
直流电流测量值/A			

表 2.3-4 交流电压测量数据记录表

测量项目	u_{R1}	u_{R2}	u
交流电压测量值/V			

【注意事项】

1. 在使用万用表的过程中,不能用手去接触表笔的金属部分,一方面保证测量的准确,另一方面也可保证人身安全。

2. 测量过程中需更换挡位时,两测试表笔一定要离开被测电路,换挡后再进行测量。

3. 在使用万用表时,要注意避免外界电磁场对万用表的影响,如远离磁体,关闭手机等。

4. 万用表使用完毕,应将转换开关置于交流电压的最大挡。如果长期不使用,应将万用表内部的电池取出来,以免电池搁置时间过长溢液腐蚀表内其他元件。

【思考题】

1. 若要检测某一电路中电容是否已损坏,应如何使用万用表来进行检测?
2. 若要检测某一条导线是否损坏,应如何使用万用表进行检测?

二、数字式万用表

【实验目的】

1. 了解数字式万用表的原理。
2. 学会使用数字式万用表。

【实验器材】

数字式万用表、直流电源、交流电源、电阻、晶体二极管、三极管、电容、导线等。

【预习要求】

1. 概述数字式万用表的原理。
2. 按步骤画出实验电路图，用符号标明待测量，并列出记录表格。

【实验原理】

数字式万用表是根据模拟量与数字量之间的转换来完成测量任务的，它将测量结果用数字显示出来，其原理方框图如图 2.3-6 所示，主要包括直流电压变换器、模/数转换器、计数器、显示器和逻辑控制电路等部件。直流电压变换器的作用是把被测量（如电流、电阻等）变换为电压；模/数转换器则把电压转换为数字量；计数器可对数字量进行运算，再将运算结果经过译码系统送往显示器进行数字显示；逻辑控制电路主要是对整机进行控制及协调部件工作，并使其能自动重复进行测量。

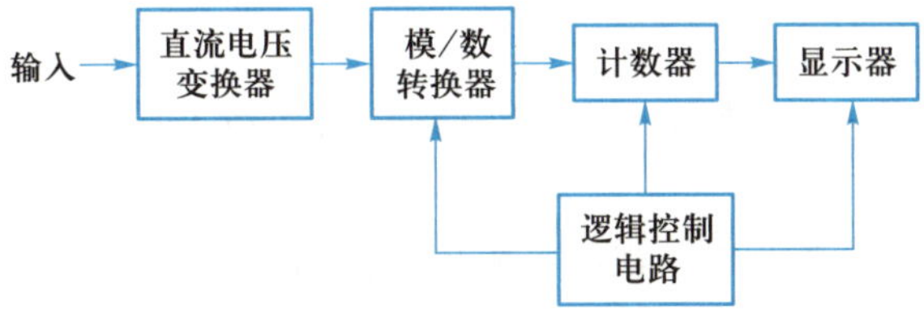

图 2.3-6　数字式万用表框架图

【仪器描述】

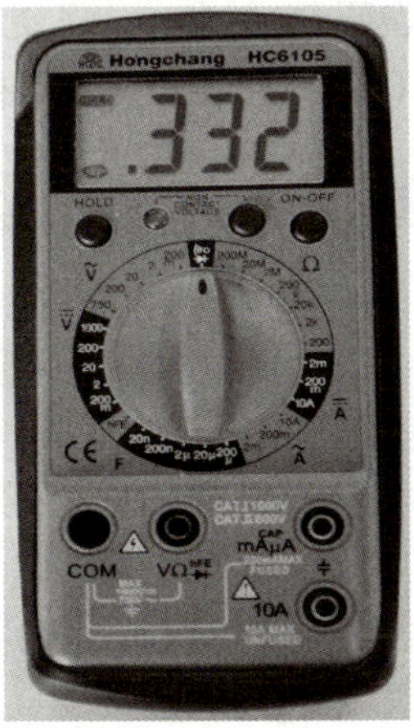

图 2.3-7　HC6105 型数字式万用表

数字式万用表的型号很多，其面板、旋钮及使用方法基本相同。下面以图 2.3-7 所示的 HC6105 型为例，进行介绍。

（一）数字式万用表的基本结构

数字式万用表同指针式万用表类似，也是以表头为核心部件的多功能测量仪表，主要由表头、测量电路、转换开关、表笔插孔等部分组成。

1. 表头

一般由一只 A/D（模拟/数字）转换芯片、外围元件和 LED 显示屏组成。万用表的精度受表头的影响。

2. 测量电路

测量电路是用来把各种被测量转换到适合表头测量的微小直流电流的电路，由电阻、半导体元件及电池组成。它能将各种不同的被测量（如电流、电压、电阻等），经过一系列的处理（如整流、分流、分压等），转换成微小直流电流送入表头进行测量。

3. 转换开关

转换开关是一个多挡位的旋转开关，主要用来选择被测物理量的种类和量程，以满足不同的测量要求。

4. 表笔插孔

HC6105 型数字万用表在面板上有“COM”“VΩ”“mA μA”“10 A”四个插孔。

（二）使用方法

1. 电阻测量

（1）测量范围（倍率）：0.1 Ω～200 Ω～2 kΩ～20 kΩ～200 kΩ～2 MΩ～20 MΩ～200 MΩ。误差：±（0.8%×读数值+3）～±（5%×读数值+10）。

（2）测量方法及读数

① 表笔的连接　将红、黑表笔分别插入面板上标有“VΩ”和“COM”的插孔中。

② 挡位的选择　根据被测电阻值，将选择开关旋至标有“Ω”挡内的合适挡位处。

③ 按下“ON/OFF”键。

④ 测量读数　将两支表笔分别接触被测电阻的两端，从液晶屏上直接读数，读取的数值单位与所选择挡位的单位一致。若屏幕显示为“1.”，则表明挡位太小，需更换较大挡位后再进行测量。读数时，可按下“HOLD”键，锁定屏显数值。

注意：测电阻时，数字式万用表的红表笔是与表内电源的正极相连的，这一点与指针式万用表不同。

2. 直流电流的测量

（1）测量范围：0～2 mA～200 mA～10 A。误差：±（0.8%×读数值+1）～（2%×读数值+5）。

（2）测量方法及读数

① 表笔的连接　测量低于 200 mA 的电流时，将红、黑表笔分别插入面板上标有“mA μA”和“COM”的插孔中；测量高于 200 mA 而低于 10 A 的电流时，应将红表笔插入标有“10 A”的插孔中。

② 挡位选择　估计被测电流值，将选择开关旋至标有“$\overline{\overline{A}}$”挡内的适当挡位。开始时，若无法估计被测电流的数值，应先旋至最大量程，然后再

调整到合适的挡位。

③ 按下“ON/OFF”键。

④ 测量读数　将万用表串联进被测电路中，保持稳定即可读数。在屏幕上显示电流值的同时，将显示红表笔的极性，如果在数值左边出现“—”，则表示电流是从红表笔流出万用表。若屏幕显示为“1.”，则表明挡位太小，需更换较大挡位后再进行测量。

3. 交流电流的测量

（1）测量范围：0~2 mA~200 mA~10 A。误差：±（1%×读数值+3）~（3%×读数值+7）。

（2）测量方法及读数

① 表笔的连接　与直流电流的测量方法相同。

② 挡位选择　估计被测电流值，将选择开关旋至标有“$\tilde{A}$”挡内的适当挡位。开始时，若无法估计被测电流的数值，应先旋至最大量程，然后再调整到合适的挡位。

③ 按下“ON/OFF”键。

④ 测量读数　将万用表串联进被测电路中，保持稳定即可读数。若屏幕显示为“1.”，则表明挡位太小，需更换较大挡位后再进行测量。

4. 直流电压的测量

（1）测量范围：0~0.2 V~2 V~20 V~200 V~1 000 V。误差：±（0.5%×读数值+1）~（0.8%×读数值+2）。

（2）测量方法及读数

① 表笔的连接　与电阻的测量方法相同。

② 挡位选择　估计被测电压值，将选择开关旋至标有“$\overline{V}$”挡内的适当量程。开始时，若无法估计被测电压的数值，应先旋至最大量程，然后再调整到合适的挡位。

③ 按下“ON/OFF”键。

④ 测量读数　将万用表和被测电路并联，保持稳定即可读数。在屏幕上显示电压值的同时，将显示红表笔的极性。若屏幕显示为“1.”，则表明挡位太小，需更换大挡位后再进行测量。

5. 交流电压的测量

（1）测量范围：0~0.2 V~2 V~20 V~200 V~750 V。误差：±（0.8%×读数值+1）~（1.2%×读数值+3）。

（2）测量方法及读数

① 表笔的连接　与电阻的测量方法相同。

② 挡位选择　估计被测电压值，将选择开关旋至标有“$\tilde{V}$”挡内的适当量程。开始时，若无法估计被测电压的数值，应先旋至最大量程，然后再调整到合适的挡位。

③ 按下“ON/OFF”键。

④ 测量读数 将万用表和被测电路并联，保持稳定即可读数。若屏幕显示为“1.”，则表明挡位太小，需更换较大挡位后再进行测量。

6. 晶体二极管极性及好坏判别

（1）表笔连接 与电阻的测量方法相同。

（2）选挡 将数字式万用表的选择开关旋至“—▶|—”挡。

（3）测量 将万用表的红、黑表笔分别接触晶体二极管的两个管脚。

（4）极性判别 二极管导通时屏上显示正向电压降的值，通常为零点几伏特，二极管截止时屏上显示过量状态“1.”。导通时红表笔所接的是二极管的正极。若两次测试均显示“0.00”，则二极管已被击穿；两次测试均显示过量状态“1.”，则二极管内部断路。

7. 判别三极管的管型和极性，测量三极管的直流放大倍数 h_{FE} 值

测试方法同指针式万用表，将选择开关旋至“h_{FE}”挡，判断三极管的 NPN 或 PNP 型号，将发射极、基极、集电极分别插入测试附件上相应的插孔即可测出直流放大倍数。特别要注意的是数字式万用表的红表笔接的是表内电源的正极，这一点与指针式万用表相反。

8. 测试电容器的性能

选择开关旋至标有“F”的挡位，选择合适的量程，按下电源开关，屏显会自动校零。先将被测电容器放电，然后将两极插入测试附件上相应的插孔即可，屏上显示的读数就是被测电容大小。

【实验步骤】

按数字式万用表的测量步骤，分别进行电阻、电压、电流、晶体二极管、三极管和电容的测量，并记录测量结果。

【数据记录及处理】

按数字式万用表“数据记录及处理”的要求，自行设计表格，并将测量数据记录下来。

【注意事项】

除数字式万用表所提及的注意事项外，还应注意：

1. 红表笔一定要插入被测量对应插孔，并注意被测量是否超量程提示符号“1.”。

2. 使用结束后关掉数字式万用表的电源开关。

【思考题】

1. 为什么万用表的电流挡绝对不能用来直接测量电源两端的输出电流？

2. 使用万用表电阻挡测电阻时，两只手捏住表笔的金属部分与电阻两端进行测量对结果有无影响？为什么？

实验 4 人造骨杨氏模量的测量

【实验目的】

1. 掌握米尺、游标卡尺、螺旋测微器、读数显微镜、集成霍尔传感器的使用方法。

2. 掌握用弯曲法测量人造骨杨氏模量的基本原理。

【实验器材】

霍尔位置传感器杨氏模量测量仪、米尺、游标卡尺、螺旋测微器、水准器、人造骨横梁。

【预习要求】

1. 什么是杨氏模量？
2. 本实验测量杨氏模量的原理是什么？
3. 了解霍尔位置传感器杨氏模量测量仪结构。

【实验原理】

研究物体的力学性质，不论在工程技术方面，还是在生物医学材料方面，都是十分重要的。人造骨是骨科、口腔科常用的生物材料，了解人造骨的杨氏模量，对骨科手术效果的评价有一定帮助。

固体材料受力后的形变一般很小，常规测量工具难以准确测出。随着科学技术的不断发展，微小位移测量技术越来越先进。近年来新出现的霍尔位置传感器，可利用集成霍尔元件在线性梯度磁场中输出电压随位置变化的关系，测出微小位移，进而求出杨氏模量。

1. 位移传感器

位移传感器是将霍尔元件置于磁感应强度为 $\boldsymbol{B}$ 的磁场中，在垂直于磁场方向通以电流 I，则与这两者相垂直的方向上将产生**霍尔电势差** U_{H}。

$$U_{\mathrm{H}}=KIB \tag{2.4-1}$$

式中 K 为元件的**霍尔灵敏度**。如果保持霍尔元件的电流 I 不变，而使其在一个均匀梯度的磁场中移动时，则输出的霍尔电势差变化量为

$$\Delta U_{\mathrm{H}}=KI\frac{\mathrm{d}B}{\mathrm{d}z}\Delta z \tag{2.4-2}$$

式中，Δz 为位移量，此式说明当 $\frac{\mathrm{d}B}{\mathrm{d}z}$ 为常量时，ΔU_{H} 与 Δz 成正比。取比例系数为 κ，则

$$\Delta U_{\mathrm{H}}=\kappa\Delta z \tag{2.4-3}$$

如图 2.4-1 所示，为了实现均匀梯度的磁场，将两块相同的磁铁(磁铁截面积及表面磁感应强度相同) 相对放置，即 N 极与 N 极相对(或 S 极与 S 极相对)，两磁铁之间留一等间距间隙，霍尔元件平行于磁铁放在该间隙的中轴上。间隙大小要根据测量范围的测量灵敏度要求而定，间隙越小，磁场梯度就越大，灵敏度就越高。磁铁截面要远大于霍尔元件，尽可能地减小边缘效应的影响，提高测量精确度。

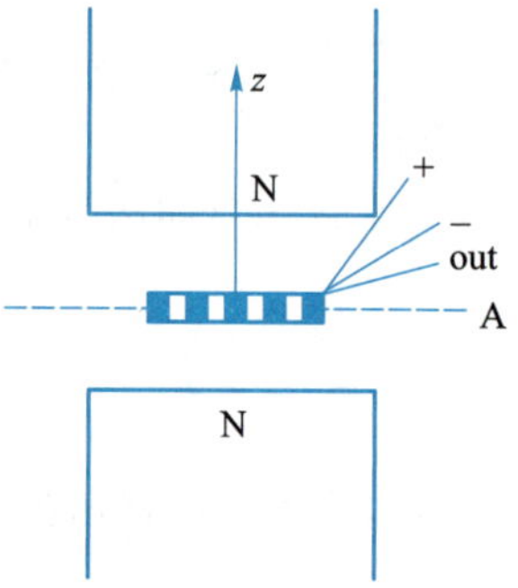

图 2.4-1 霍尔位置传感器

若磁铁间隙内中心截面处的磁感应强度为零，霍尔元件处于该处时，输出的霍尔电势差应该为零；当霍尔元件偏离中心沿 z 轴发生位移时，由于磁感应强度不再为零，霍尔元件也就产生相应的电势差输出，其大小可以用数字电压表测量。由此可以将霍尔电势差为零时元件所处的位置作为位移参考零点。霍尔电势差与位移量之间存在一一对应关系，当位移量较小(<2 mm)时，这一对应关系具有良好的线性。

2. 杨氏模量

固体、液体及气体在受外力作用时，形状与体积会发生或大或小的改变，称为形变。当外力不太大时，引起的形变也不会太大，若撤掉外力，形变随之会消失，这种形变称为**弹性形变**。

如一段固体棒，在其两端沿轴方向施加大小相等、方向相反的外力 F，其长度 l 改变 Δl，以 S 表示横截面面积，F/S 称为应力，相对长度变化 $(\Delta l/l)$ 称为应变，在弹性限度内，根据胡克定律有

$$\frac{F}{S}=E\frac{\Delta l}{l} \tag{2.4-4}$$

式中，E 称为**杨氏模量**，其数值与材料性质有关。如图 2.4-2 所示，在待测样品发生微小弯曲时，横梁中存在一个中性面，中性面以上的部分发生压缩，中性面以下的部分发生拉伸。总体来说，待测样品将产生应变，可用杨氏模量来描述材料的性质，杨氏模量为

$$E=\frac{d^3mg}{4a^3b\Delta z} \tag{2.4-5}$$

式中，d 为两刀口之间的距离，m 为所加砝码的质量，a 为梁的厚度，b 为梁的宽度，Δz 为梁中心由于外力作用而下降的距离，g 为重力加速度。

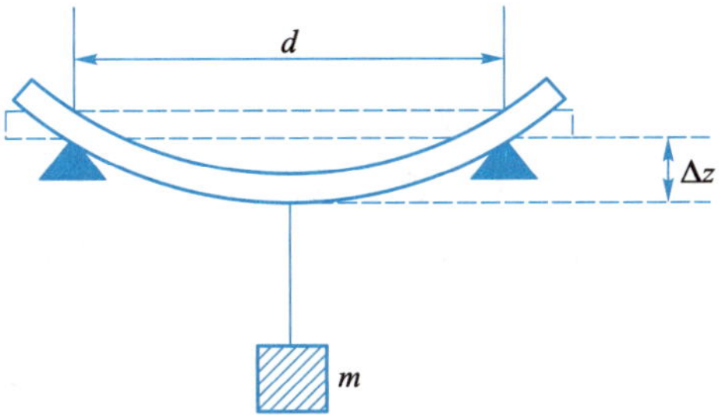

图 2.4-2　用弯曲法测量杨氏模量原理示意图

【仪器描述】

霍尔传感器测杨氏模量实验装置主要组成部分有：磁铁盒、装有霍尔传感器的铜杠杆、刀口支架、读数显微镜、数字电压表等，其结构如图 2.4-3 所示。

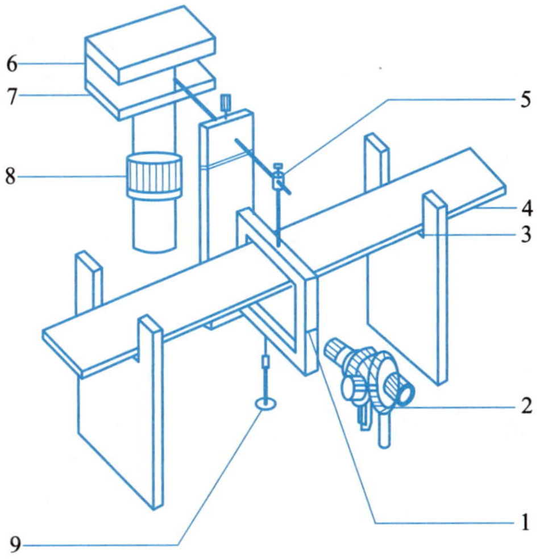

图 2.4-3　霍尔传感器测杨氏模量实验装置简图

1—铜刀口上的基线；2—读数显微镜；3—刀口；4—横梁；5—铜杠杆（顶端装有霍尔传感器）；6—磁铁盒；7—磁铁（N 极相对放置）；8—三维调节架；9—砝码

【实验步骤】

霍尔位置传感器的定标方法如下：

（1）用水准器观察磁铁是否在水平位置，若偏离时可用底座螺丝调节到水平位置。

（2）调节三维调节架的上下前后位置的调节螺丝，使霍尔位置传感器探测元件处于磁铁中间位置。

（3）调节零点　调节磁铁盒使磁铁转动。当数字电压表读数值很小时，停止调节，最后调节零电位器使数字电压表读数为零。

（4）调节读数显微镜　用眼睛观察显微镜中的十字线、分划板刻度线，并使其数字清晰，然后转动读数显微镜，使能清晰地看到铜刀口上的基线。转动读数显微镜的鼓轮，使刀口架的基线与读数显微镜内的十字刻度线吻合，记下初始读数值。

（5）首先将 50 g 的砝码挂在吊钩上，然后逐次增加砝码 m_i（每次增加 50 g 砝码），相应从读数显微镜上读出梁的弯曲位移 z_i 及数字电压表相应的读数值 U_i（单位：mV），将测量数据记录于表 2.4-1 中。

（6）用米尺、游标卡尺和螺旋测微器分别测量横梁两刀口间的长度 d 及不同位置横梁宽度 b 和横梁厚度 a，将测量数据记录于表 2.4-2 中。

【数据记录及处理】

1. 霍尔位置传感器的定标

表 2.4-1　霍尔位置传感器静态特性测量

序号 i	m/g	z/mm	U/mV	$\Delta z_i[=(z_{i+2}-z_i)]$/mm
1	50			
2	100			
3	150			
4	200			
5	250			/
6	300			

（1）利用读数显微镜的读数和位置传感器输出电压 U，用图解法求出霍尔位置传感器的灵敏度 $\dfrac{\Delta U_i}{\Delta z_i}$。

（2）用逐差法求出加砝码质量 m 时，对应的梁中心由于外力作用而下降的距离 Δz。计算平均值及误差。

2. 测量杨氏模量

（1）将测得的刀口间的长度 d、横梁宽度 b 及厚度 a 填入表 2.4-2。

表 2.4-2　人造骨横梁参量

序号 i	1	2	3	4	平均值	误差
梁长 d/mm						
梁宽 b/mm						
梁厚 a/mm						

（2）利用式(2.4-5)，求得人造骨的杨氏模量及总误差。

【注意事项】

1. 用螺旋测微器测量待测样品厚度，必须在不同位置处进行多点测量并取其平均值。

2. 用读数显微镜测量砝码的刀口架基线位置时，铜杠杆不能晃动。

3. 在进行测量之前，要求杠杆水平、刀口垂直、挂砝码的刀口处于横梁中间。要防止风的影响，杠杆安放在磁铁的中间，注意不要与金属外壳接触，一切正常后加砝码，使横梁弯曲产生位移 Δz。

【思考题】

1. 用霍尔位置传感器法测位移有什么优点？弯曲法测杨氏模量实验，主要测量误差有哪些？请估算各测量值的误差。

2. 在本实验中需要保证的实验条件是什么？为什么要有限制地增加砝码？

3. 实验中如何确定支撑横梁的两刀口是否平行？

实验 5　液体黏度的测量

一、用毛细管法测量液体黏度

【实验目的】

1. 掌握用奥氏黏度计测量液体黏度的原理，加深对泊肃叶方程的理解。

2. 学会使用奥氏黏度计测量液体黏度的方法。
3. 熟悉温度计和秒表的使用方法。

【实验器材】

奥氏黏度计、温度计、秒表、黏度计架、橡皮球、量筒、橡皮管、蒸馏水、酒精。

【预习要求】

1. 了解用奥氏黏度计测量液体黏度的方法。
2. 实验中应特别注意哪些问题?

【仪器描述】

用毛细管法测量液体黏度的实验装置如图 2.5-1 所示。奥氏黏度计是带有两个球泡的 U 形玻璃管,A 泡上、下各有一刻痕 a 和 b,其下方为一段毛细管 B。实验时,黏度计和温度计置于盛水的容器中,将液体注入 D 泡内,然后吸入 A 泡中,并使液面达到刻痕 a 以上。由于重力作用,液体经毛细管 B 流入 D 泡,当液面从刻痕 a 降到刻痕 b 时,其间经历的时间为 t,流过毛细管的液体体积为 a、b 刻痕间的体积。

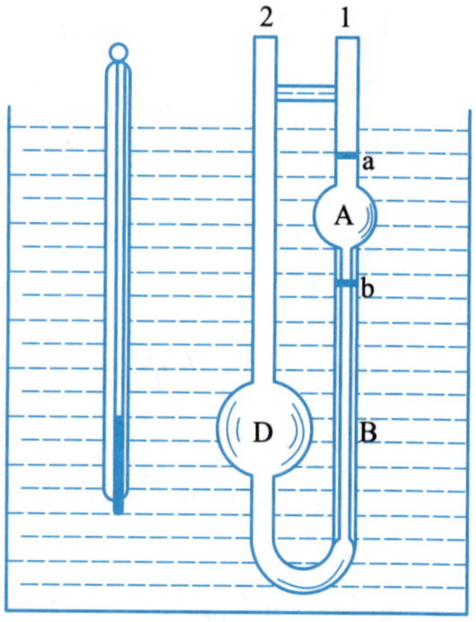

图 2.5-1 毛细管法实验装置示意图

【实验原理】

当液体在毛细管中作稳定流动时,如果管半径为 R,毛细管管长为 L,管两边的压强差为 Δp,在 t 秒内通过液体的体积为 V,则根据泊肃叶方程,可得流经毛细管的流量为

$$Q=\frac{V}{t}=\frac{\pi R^4}{8\eta L}\Delta p \tag{2.5-1}$$

由上式可得液体的黏度 η 为

$$\eta=\frac{\pi \Delta p t R^4}{8VL} \tag{2.5-2}$$

通过式(2.5-2)可以测量液体的黏度 η,但因所测物理量太多,测量过

程复杂烦琐，根据误差传递理论，测量结果会产生很大误差。因此，常用比较法来进行测量。

实验时，常用黏度已知的蒸馏水作为比较的标准。取黏度为 η_1 的蒸馏水和黏度为 η_2 的待测液体分别注入黏度计，并使之上升到 a 刻痕以上，测出两种液体从 a 刻痕降到 b 刻痕的时间 t_1 和 t_2。两次测量中流过毛细管 B 的液体体积相等，毛细管的半径 R、长度 L 相同，则由式（2.5-2）可得

$$\eta_1=\frac{\pi\Delta p_1 t_1 R^4}{8VL} \tag{2.5-3}$$

$$\eta_2=\frac{\pi\Delta p_2 t_2 R^4}{8VL} \tag{2.5-4}$$

用式（2.5-3）除以式（2.5-4）得到

$$\frac{\eta_1}{\eta_2}=\frac{\Delta p_1 t_1}{\Delta p_2 t_2} \tag{2.5-5}$$

毛细管两端的压强差是由于液体的重力作用而产生的。理论可以证明，毛细管两端的压强差 Δp 与 U 形管两侧液面的高度差 h 和液体的密度 ρ 成正比。设两种液体的密度分别为 ρ_1 和 ρ_2，因在两次测量中，两种液面的高度变化 h 相同，则压强差之比为

$$\frac{\Delta p_1}{\Delta p_2}=\frac{\rho_1 gh}{\rho_2 gh}=\frac{\rho_1}{\rho_2} \tag{2.5-6}$$

代入式（2.5-5），得

$$\eta_2=\frac{\rho_2 t_2}{\rho_1 t_1}\cdot\eta_1 \tag{2.5-7}$$

从表 2.5-2 中查出 ρ_1、ρ_2、η_1 值，用秒表测出 t_1 和 t_2，根据式（2.5-7），则可算出待测液体的黏度。

【实验步骤】

1. 用蒸馏水洗涤黏度计，使毛细管畅通。
2. 将黏度计竖直地放在盛水的容器中，并在容器中插入温度计。
3. 用量筒取 10 ml 的蒸馏水自管口 2 缓缓注入黏度计，然后用橡皮球从黏度计管口 1 处通过橡皮管将蒸馏水缓缓吸至 a 刻痕以上，注意不可使液体吸入橡皮球内。
4. 松开橡皮球，使蒸馏水依靠本身重力下降，用秒表测出液面从 a 刻痕降至 b 刻痕的时间 t_1。
5. 重复步骤 3、4，再测 2 次。将时间 t_1 记录在表 2.5-1 中。
6. 记录当时水的温度 T_1。
7. 将蒸馏水倒出，用酒精清洗黏度计，甩干。

8. 将 10 ml 酒精注入黏度计，用与步骤 3、4 相同的方法，测出酒精液面从 a 刻痕降至 b 刻痕的时间 t_2，重复测量 3 次并记下当时的温度 T_2。将时间 t_2 记录在表 2.5-1 中。

9. 将酒精倒出回收，用蒸馏水洗净黏度计并放好。

10. 由表 2.5-2 查出在温度 T_1 下蒸馏水的密度 ρ_1 和黏度 η_1，温度 T_2 下酒精的密度 ρ_2。

【数据记录及处理】

实验温度 T_1 =________℃；T_2 =________℃；

水的密度 ρ_1 =________ $kg \cdot m^{-3}$；酒精的密度 ρ_2 =________ $kg \cdot m^{-3}$；

水的黏度 η_1 =________ Pa · s。

表 2.5-1 测量数据记录表

时间	蒸馏水		酒精	
	t_1/s	Δt_1/s	t_2/s	Δt_2/s
第 1 次				
第 2 次				
第 3 次				
平均	$\bar{t}_1$ =	$\overline{\Delta t_1}$ =	$\bar{t}_2$ =	$\overline{\Delta t_2}$ =

酒精黏度：$\bar{\eta}_2=\dfrac{\rho_2\bar{t}_2}{\rho_1\bar{t}_1}\eta_1$ =__________ Pa · s；

相对误差：$E=\dfrac{\overline{\Delta t_1}}{\bar{t}_1}+\dfrac{\overline{\Delta t_2}}{\bar{t}_2}$ =__________；

平均绝对误差：$\overline{\Delta\eta_2}=\bar{\eta}_2\cdot E$ __________；

测量结果：$\eta_2=\bar{\eta}_2\pm\overline{\Delta\eta_2}$ =__________。

【注意事项】

1. 拿黏度计时，只能一只手握住黏度计较粗的管，以防折断。

2. 测量时，黏度计毛细管中的液体应无气泡。

3. 测量容器中水的温度，宜在实验进行到一半时记录读数，以减小实验误差。

4. 吸液体时要慢慢地吸，尤其快到 a 刻痕时更应注意，不能吸得太猛，以免液体吸入橡皮球内。

【思考题】

1. 为什么要取相同体积的水和酒精进行测量？
2. 实验方法中的比较法有何特点和优点？
3. 引起实验结果误差的主要因素有哪些？

表 2.5-2　水和酒精在不同温度下的密度和黏度

温度/℃	水 $\rho_1/(kg\cdot m^{-3})$	酒精 $\rho_2/(kg\cdot m^{-3})$	水 $\eta_1/(Pa\cdot s)$	酒精 $\eta_2/(Pa\cdot s)$
0	$0.999\ 87\times10^3$	$0.806\ 25\times10^3$	1.794×10^{-3}	1.78×10^{-3}
1	$0.999\ 93\times10^3$	$0.805\ 41\times10^3$	1.732×10^{-3}	1.74×10^{-3}
2	$0.999\ 97\times10^3$	$0.804\ 57\times10^3$	1.674×10^{-3}	1.70×10^{-3}
3	$0.999\ 99\times10^3$	$0.803\ 74\times10^3$	1.619×10^{-3}	1.67×10^{-3}
4	$1.000\ 00\times10^3$	$0.802\ 90\times10^3$	1.568×10^{-3}	1.63×10^{-3}
5	$0.999\ 99\times10^3$	$0.802\ 07\times10^3$	1.519×10^{-3}	1.60×10^{-3}
6	$0.999\ 97\times10^3$	$0.801\ 23\times10^3$	1.473×10^{-3}	1.57×10^{-3}
7	$0.999\ 93\times10^3$	$0.800\ 39\times10^3$	1.429×10^{-3}	1.54×10^{-3}
8	$0.999\ 88\times10^3$	$0.799\ 56\times10^3$	1.387×10^{-3}	1.51×10^{-3}
9	$0.999\ 81\times10^3$	$0.798\ 72\times10^3$	1.358×10^{-3}	1.48×10^{-3}
10	$0.999\ 73\times10^3$	$0.797\ 85\times10^3$	1.310×10^{-3}	1.45×10^{-3}
11	$0.999\ 63\times10^3$	$0.797\ 04\times10^3$	1.274×10^{-3}	1.42×10^{-3}
12	$0.999\ 52\times10^3$	$0.795\ 35\times10^3$	1.239×10^{-3}	1.39×10^{-3}
13	$0.999\ 40\times10^3$	$0.795\ 20\times10^3$	1.206×10^{-3}	1.36×10^{-3}
14	$0.999\ 27\times10^3$	$0.794\ 51\times10^3$	1.175×10^{-3}	1.34×10^{-3}
15	$0.999\ 13\times10^3$	$0.793\ 67\times10^3$	1.145×10^{-3}	1.31×10^{-3}
16	$0.998\ 97\times10^3$	$0.792\ 83\times10^3$	1.116×10^{-3}	1.29×10^{-3}
17	$0.998\ 80\times10^3$	$0.791\ 98\times10^3$	1.088×10^{-3}	1.26×10^{-3}
18	$0.998\ 62\times10^3$	$0.791\ 14\times10^3$	1.060×10^{-3}	1.24×10^{-3}
19	$0.998\ 43\times10^3$	$0.790\ 29\times10^3$	1.034×10^{-3}	1.21×10^{-3}
20	$0.998\ 23\times10^3$	$0.789\ 45\times10^3$	1.009×10^{-3}	1.19×10^{-3}
21	$0.998\ 02\times10^3$	$0.788\ 60\times10^3$	0.984×10^{-3}	1.17×10^{-3}
22	$0.997\ 80\times10^3$	$0.787\ 75\times10^3$	0.961×10^{-3}	1.15×10^{-3}
23	$0.997\ 57\times10^3$	$0.786\ 91\times10^3$	0.938×10^{-3}	1.13×10^{-3}
24	$0.997\ 32\times10^3$	$0.786\ 06\times10^3$	0.916×10^{-3}	1.11×10^{-3}

续表

温度/℃	水 $\rho_1/(kg \cdot m^{-3})$	酒精 $\rho_2/(kg \cdot m^{-3})$	水 $\eta_1/(Pa \cdot s)$	酒精 $\eta_2/(Pa \cdot s)$
25	$0.997\ 07\times10^3$	$0.785\ 22\times10^3$	0.895×10^{-3}	1.08×10^{-3}
26	$0.996\ 81\times10^3$	$0.784\ 37\times10^3$	0.875×10^{-3}	1.06×10^{-3}
27	$0.996\ 54\times10^3$	$0.783\ 52\times10^3$	0.855×10^{-3}	1.05×10^{-3}
28	$0.996\ 26\times10^3$	$0.782\ 67\times10^3$	0.836×10^{-3}	1.03×10^{-3}
29	$0.995\ 97\times10^3$	$0.781\ 82\times10^3$	0.818×10^{-3}	1.01×10^{-3}
30	$0.995\ 57\times10^3$	$0.780\ 37\times10^3$	0.800×10^{-3}	0.99×10^{-3}
31	$0.995\ 37\times10^3$	$0.780\ 12\times10^3$	0.783×10^{-3}	0.97×10^{-3}
32	$0.995\ 05\times10^3$	$0.779\ 27\times10^3$	0.767×10^{-3}	0.95×10^{-3}
33	$0.994\ 72\times10^3$	$0.778\ 41\times10^3$	0.751×10^{-3}	0.94×10^{-3}
34	$0.994\ 40\times10^3$	$0.777\ 56\times10^3$	0.736×10^{-3}	0.92×10^{-3}
35	$0.994\ 06\times10^3$	$0.776\ 71\times10^3$	0.721×10^{-3}	0.90×10^{-3}

二、用落球法测量液体黏度

【实验目的】

1. 掌握用落球法测量液体黏度的原理和方法。
2. 熟悉秒表和游标卡尺的使用方法。
3. 学会用落球法测量甘油的黏度。

【实验器材】

玻璃圆筒、甘油、秒表、游标卡尺、螺旋测微器、小钢球、米尺、镊子、密度计、分析天平、水银温度计。

【实验原理】

当固体在黏性液体中运动时，物体表面附着一层流体（附面层），此层流体随物体一起运动，附面层内的流体存在速度梯度，因而与周围流层之间存在黏性摩擦阻力，固体在运动过程中必须克服这一阻力。如果是球形

物体在黏性液体中运动，且液体可以看成在各方向上都是无限广阔的，则由斯托克斯公式可得球体所受阻力大小为

$$F=3\pi\eta vd \qquad (2.5-8)$$

式中，d 是小球直径，v 是球体相对于流体的速度，η 是流体的黏度。

在黏性液体中自由下落的小球受到重力 $\boldsymbol{G}$、浮力 $\boldsymbol{F}_{浮}$ 和黏性摩擦阻力 $\boldsymbol{F}$ 三个力的作用，如图 2.5-2 所示。开始时，小球受到方向向下的重力和方向向上的浮力作用，重力大于浮力，小球加速下降。随着速度的增加，黏性摩擦阻力逐渐增大。当小球的速度达到一定值时，重力、浮力和黏性摩擦阻力三力平衡，小球将以速度 v_0 匀速下降，这个速度称为**终极速度**，此时有

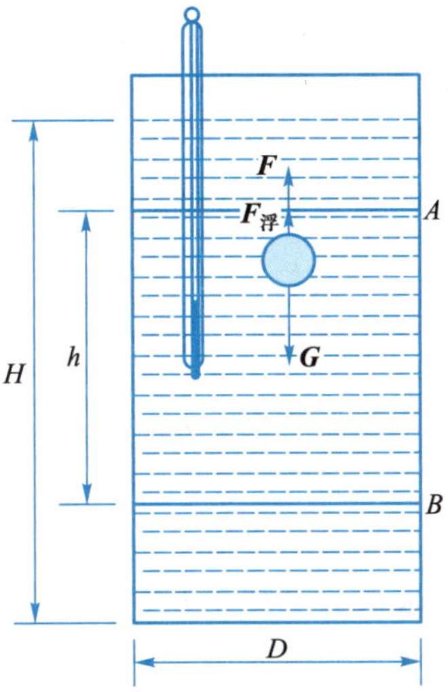

图 2.5-2 落球法实验装置示意图

$$\frac{1}{6}\pi d^3(\rho-\rho_0)g=3\pi\eta v_0 d \qquad (2.5-9)$$

式中，ρ 为小球密度，ρ_0 为液体密度。由式(2.5-9)可解出黏度 η 为

$$\eta=\frac{(\rho-\rho_0)gd^2}{18v_0} \qquad (2.5-10)$$

实验中，小球是在直径为 D、液面高度为 H 的玻璃圆筒中自由下落，液体在各方向无限广阔的条件不满足，式(2.5-10)应修正为

$$\eta=\frac{(\rho-\rho_0)gd^2}{18v_0\left(1+2.4\dfrac{d}{D}\right)\left(1+1.65\dfrac{d}{H}\right)} \qquad (2.5-11)$$

测得 ρ、ρ_0、D、d、H、h、t 参量，可由式(2.5-11)计算液体的黏度 η。

【实验步骤】

1. 用螺旋测微器测量小球直径 d。在 3 个不同位置各测 1 次，取平均值，计算出小球的体积。

2. 用分析天平测量小球的质量，计算出小球的密度 ρ，用密度计测定液体的密度 ρ_0。

3. 用游标卡尺测出玻璃圆筒内径 D，用米尺测量玻璃圆筒内液面高度 H。

4. 用镊子夹起擦拭干净的小球，放于玻璃圆筒内液面正中央处。

5. 放开小球，在玻璃圆筒上取小球匀速下落的范围 AB，A 点应距离液

面 5 cm 以下,以保证小球匀速下落,B 点不应距离底部太近。用秒表测出小球匀速下落时通过 A、B 刻线的时间 t,用米尺测出 A、B 间的距离 h。

6. 重复步骤 4、5,再测量 2 次,将数据记录于表 2.5-3 中。

7. 在开始和结束的时候各测一次温度,取平均值。

【数据记录及处理】

小钢球的密度 ρ=__________ $kg\cdot m^{-3}$;

液体的密度 ρ_0=__________ $kg\cdot m^{-3}$;

液体的温度 T=__________℃;

玻璃圆筒直径 D=__________ m;玻璃圆筒液面高 H=__________ m;

重力加速度 $g=9.794\ m\cdot s^{-2}$。

表 2.5-3 落球法测液体黏度

项目	d/cm	Δd/cm	h/cm	Δh/cm	t/s	Δt/s
第 1 次						
第 2 次						
第 3 次						
平均值						

$$\bar{\eta}=\frac{(\rho-\rho_0)g\bar{d}^2}{18\bar{v}_0\left(1+2.4\frac{\bar{d}}{D}\right)\left(1+1.65\frac{\bar{d}}{H}\right)}=\_\_\_\_\_\_\_\_\_\_\ Pa\cdot s。$$

【注意事项】

1. 在测量过程中注意减小甘油的温度变化及甘油中的气泡,为此需尽早将甘油倒入圆筒内。

2. 尽量使小球沿筒的轴线下降。

3. 上述流体黏度计算公式,必须在小球达到终极速度的条件下成立,即小球匀速运动。判断方法是:向下改变 A 的位置,若测得小球速度与 A 的位置无关,表明已达到终极速度值。

【思考题】

1. 实验中,为什么要求 A 点位置必须距离液面一定距离?

2. 落球法为什么只适用于测量黏度较高的液体?

3. 为什么小球要在圆筒中心轴线垂直下落？如果不满足该条件，会导致测量值偏大还是偏小？

4. 为什么要对黏度计算公式(2.5-10)进行修正？

5. 本实验中如果小球表面粗糙对实验会有影响吗？

实验 6 液体表面张力系数的测量

一、用拉脱法测量液体的表面张力系数

【实验目的】

1. 用砝码对硅压阻式力敏传感器进行定标，计算该传感器的灵敏度，学习传感器的定标方法。

2. 了解液体表面的性质，掌握用拉脱法测量室温下液体表面张力系数的原理和方法。

【实验器材】

DH4607 型液体表面张力系数测定仪、蒸馏水、酒精、游标卡尺、氢氧化钠溶液。

【预习要求】

1. 熟悉拉脱法测量表面张力系数的原理。

2. 了解液体表面张力系数测定仪的结构，掌握其使用方法。

【实验原理】

表面张力是液体表面的重要特性。液体表面层内分子的相互作用使液体表面自然收缩，犹如紧张的弹性薄膜，这种由于液面收缩而产生的沿着切线方向的力称为表面张力。设想在液面上作长为 L 的线段，线段两侧液面便有张力 F 相互作用，其方向与 L 垂直，大小与线段长度 L 成正比。即有

$$F=\alpha L \tag{2.6-1}$$

式中比例系数 α 称为液体表面张力系数，在数值上等于沿液体表面垂直作用于单位长度的表面张力，在国际单位制中的单位为 $N\cdot m^{-1}$。液体表面张力系数的大小与液体的性质、纯度、温度及相邻物质的化学性质有关。因而测量时应尽量保持液体的纯净，同时必须指出在哪个温度下测得的液体表面张力系数。

测定液体表面张力系数的方法很多，本实验采用拉脱法。通过直接测量一个已知周长的金属片从待测液体表面脱离时需要的力，求得该液体表面张力系数的实验方法称为拉脱法。

若金属片为环状吊片时，考虑一级近似，可以认为脱离力为表面张力系数乘上脱离表面的周长，即

$$F=\alpha\pi(D_1+D_2) \tag{2.6-2}$$

式中，F 为把金属环拉出液面时所用的拉力，D_1、D_2 分别为圆环的外径和内径，α 为液体的表面张力系数。所以液体表面张力系数为

$$\alpha=F/[\pi(D_1+D_2)] \tag{2.6-3}$$

实验中，采用硅压阻式力敏传感器来测量液体和环状金属吊片之间的表面张力。硅压阻式力敏传感器由金属弹性梁和贴在梁上的传感器芯片组成，其中芯片由四个硅扩散电阻集成一个非平衡电桥，当外界压力作用于金属弹性梁时，在压力作用下，电桥失去平衡，此时将有电压信号输出，输出电压大小与所加外力成正比，即

$$\Delta U=KF \tag{2.6-4}$$

式中，F 为外力的大小，K 为硅压阻式力敏传感器的灵敏度，ΔU 为传感器输出电压的大小。

【仪器描述】

图 2.6-1 为 DH4607 型液体表面张力系数测定仪实验装置示意图。液体表面张力测定仪包括硅扩散电阻非平衡电桥的电源和测量电桥失去平衡时输出电压大小的数字电压表。其他装置包括铁架台，微调升降台，装有力敏传感器的固定杆，盛液体的玻璃器皿和吊环。

（一）测定仪使用步骤

1. 开机预热。
2. 清洗玻璃器皿和吊环。
3. 在玻璃器皿内放入被测液体并安放在升降台上。（玻璃器皿底部可用双面胶与升降台面贴紧固定）
4. 将砝码盘挂在力敏传感器的钩上。
5. 若整机已预热 15 min 以上，可对力敏传感器定标，在加砝码前应首

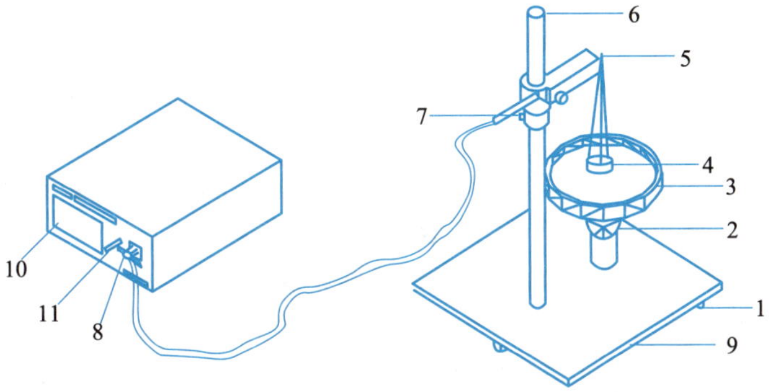

图 2.6-1　液体表面张力系数测定仪实验装置示意图

先对仪器调零，安放砝码时应尽量轻，并在它晃动停止之后，方可读数。

6. 换吊环前应先测量吊环的内外直径，然后挂上吊环，在测定液体表面张力系数过程中，可观察到液体产生的浮力与张力的情况与现象，以顺时针转动升降台螺帽时液体液面上升，当吊环下沿部分均浸入液体中时，改为逆时针转动该螺帽，这时液面往下降（或者说相对吊环往上提拉），观察吊环浸入液体中及从液体中拉起时的物理过程和现象。特别应注意吊环即将拉断液柱前一瞬间数字电压表读数值为 U_1，拉断时瞬间数字电压表读数为 U_2，记下这两个数值。

（二）测定仪使用注意事项

1. 吊环须严格处理干净。可用 NaOH 溶液洗净油污或杂质后，用蒸馏水冲洗干净，并用热吹风烘干。

2. 吊环水平须调节好，注意偏差 1°，测量结果引入误差为 0.5%；偏差 2°，则误差 1.6%。

3. 仪器开机需预热 15 min。

4. 在旋转升降台时，尽量使液体的波动要小。

5. 实验室内不可有风，以免吊环摆动致使零点波动，所测系数不正确。

6. 若液体为纯净水，在使用过程中防止灰尘和油污及其他杂质污染，特别注意手指不要接触被测液体。

7. 力敏传感器使用时用力不宜大于 0.098 N。过大的拉力容易损坏传感器。

8. 实验结束须将吊环用清洁纸擦干，用清洁纸包好，放入干燥缸内。

【实验步骤】

1. 力敏传感器的定标

每个力敏传感器的灵敏度都有所不同，在实验前，应先将其定标，定标步骤如下：

（1）打开仪器的电源开关，将仪器预热。

（2）在传感器的小钩中，挂上砝码盘，调节调零旋钮，使数字电压表显示为零。

（3）在砝码盘上分别加上 0.5 g、1.0 g、1.5 g、2.0 g、2.5 g、3.0 g 质量的砝码，记录相应这些砝码力 F 作用下，数字电压表的读数值 U。

（4）用最小二乘法作直线拟合，求出传感器灵敏度 K。

2. 吊环的测量与清洁

（1）用游标卡尺测量金属吊环的外径 D_1 和内径 D_2。

（2）环的表面状况与测量结果有很大的关系，实验前应将金属吊环在 NaOH 溶液中浸泡 20~30 s，然后用净水洗净。

3. 液体表面张力系数

（1）将金属吊环挂在传感器的小钩上，调节升降台，将液体升至靠近吊环的下沿，观察吊环下沿与被测液面是否平行，如果不平行，将金属吊环取下后，调节吊环上的细丝，使吊环与待测液面平行。

（2）调节容器下的升降台，使其渐渐上升，将吊环的下沿部分全部浸没于被测液体，然后反向调节升降台，使液面逐渐下降，这时，金属吊环和液面间形成一环形液膜，继续下降液面，测出环形液膜即将拉断前一瞬间数字电压表读数值 U_1 和液膜拉断后一瞬间数字电压表读数值 U_2。

$$\Delta U = U_1 - U_2$$

（3）将实验数据代入公式(2.6-4)和(2.6-3)，求出液体表面张力系数，并与标准值进行比较。

【数据记录及处理】

1. 传感器灵敏度的测量

表 2.6-1 传感器灵敏度记录表

砝码/g	0.5	1.0	1.5	2.0	2.5	3.0
电压/mV						

经最小二乘法拟合得 $K=$________ mV/N，拟合的线性相关系数 $r=$________。

2. 水的表面张力系数的测量

金属吊环外径 $D_1=$________ cm，内径 $D_2=$________ cm，水的温度 $t=$________ ℃。

表 2.6-2　表面张力系数记录表

编号	U_1/mV	U_2/mV	ΔU/mV	F/N	α/(N·m^{-1})
1					
2					
3					
4					
5					

平均值：$\overline{\alpha}=$________N/m

在表 2.6-4 中查出测得温度下蒸馏水表面张力系数 α 并把它作为标准值，表面张力系数标准值 $\alpha_{水}=$________ N·m^{-1}。

比较 α 和 $\alpha_{水}$ 的值，求出误差 $\Delta\alpha$。

$\alpha=\overline{\alpha}\pm\overline{\Delta\alpha}=$________________N·m^{-1}。

【注意事项】

1. 由于杂质和油污可使水的表面张力显著减小，所以务必使蒸馏水、烧杯、金属吊环保持洁净。实验前要对装蒸馏水的烧杯、金属吊环进行清洁处理，依次用氢氧化钠溶液→酒精→蒸馏水将以上用具清洗干净，烘干后备用。

2. 清洁后的用具，切勿用手触摸，应用镊子取出存放。

3. 实验过程中不能随意拉动弹簧，也不能将氢氧化钠溶液和水等溅到弹簧上。

【思考题】

1. 在金属吊环浸入水中，并轻轻提起到底面与水面相平时，试分析金属吊环在竖直方向所受到的力。

2. 逐差法处理数据有何特点？

3. 试分析实验中，产生误差的主要原因有哪些？

二、用毛细管法测量液体的表面张力系数

【实验目的】

1. 掌握用毛细管法测量液体表面张力系数的实验原理。
2. 观察毛细现象，学会用毛细管法测量液体的表面张力系数。
3. 熟悉读数显微镜的结构，掌握其正确使用方法。

【实验器材】

玻璃管、烧杯、毛细管、JCD3 型读数显微镜、温度计。

【预习要求】

1. 熟悉用毛细管法测量液体表面张力系数的实验原理。
2. 了解读数显微镜的原理及其使用方法。

【实验原理】

在任何液体的表面都会受到表面张力的作用。液体的表面张力将对液体表面的内外产生附加压力。当液面为水平自由面时，由表面张力引起的附加压力为零；当液面为向上凸起的自由凸面时，表面张力的合力向下，则由表面张力引起的附加压力也是向下的，且为正值；当液面为向下凹陷的自由凹面时，表面张力的合力向上，则由表面张力引起的附加压力也是向上的，且为负值。本实验研究毛细管插入水中的情形。

将一个毛细管插入水中，由于水能够湿润毛细管壁，则毛细管内液面将呈现凹面形，管中的液面将高于容器中的液面，如图 2.6-2 所示。此时表面张力 $\boldsymbol{F}$ 方向沿着凹球面的切线方向。设毛细管的半径为 r，则表面张力 $\boldsymbol{F}$ 的大小与周长 $2\pi r$ 成正比，即

$$F=2\alpha\pi r \qquad (2.6-5)$$

式中，比例系数 α 为表面张力系数。

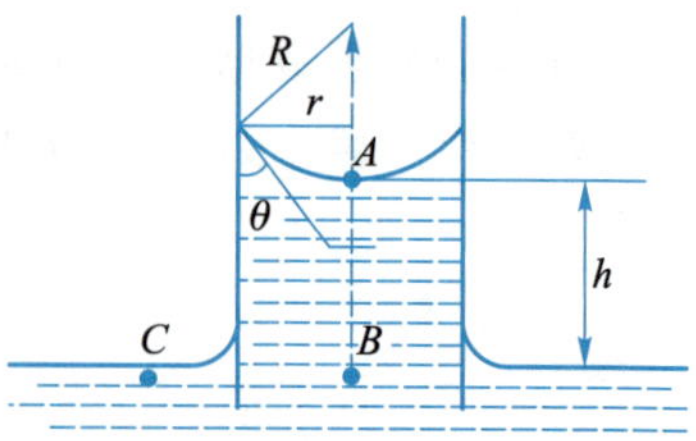

图 2.6-2 毛细管中的水面

表面张力 $\boldsymbol{F}$ 与毛细管壁的夹角 θ 称为接触角。θ 的大小与液体种类及毛细管壁的材料有关。设凹球面的曲率半径为 R，则有 $r=R\cos\theta$，故有表面张力的垂直分量为

$$F_y=F\cos\theta=\frac{2\alpha\pi r^2}{R} \tag{2.6-6}$$

若管内液面下 A 点与大气压强差为 Δp，则毛细管中水面平衡的条件为

$$\Delta p\pi r^2=F_y=\frac{2\pi r^2\alpha}{R} \tag{2.6-7}$$

如水在毛细管中上升的高度为 h，则 $\Delta p=\rho gh$（ρ 为水的密度），将此式代入式（2.6-7）可得

$$\rho gh\pi r^2=\frac{2\pi r^2\alpha}{R} \tag{2.6-8}$$

所以

$$\alpha=\frac{R\rho gh}{2} \tag{2.6-9}$$

对于清洁的玻璃和水，接触角 θ 近似为零，毛细管内的凹水面可近似看成是半径为 r 的半凹球面，有 $R=r$，则式（2.6-9）可以写成

$$\alpha=\frac{r\rho gh}{2} \tag{2.6-10}$$

实验中测出毛细管的半径 r 和液面的高度 h，由表 2.6-5 查出当时水温下的密度 ρ，就可算出表面张力系数 α。

【仪器描述】

1. 测量装置

用毛细管法测表面张力系数的装置如图 2.6-3 所示。图中 A、B 为玻璃管，用胶皮管 C 连成开口压强计。使用时玻璃管内装入一定量的水，B 管通过胶皮管 D 与厚壁毛细管 E 连接。测量时，先将 B 与 D 断开，然后将毛细管垂直插入水中，并上下移动几次，如果毛细管内的凹面维持在敞开的液面以上相同的高度，说明毛细管很洁净，否则要重新清洗毛细管。毛细管的洁净度达到要求后，使毛细管下端面刚好与水面接触，在保证毛细管内的水柱内部没有气泡情况下使水沿着毛细管上升到一定高度，将橡皮管 D 与 B 玻璃管口连接，提升 A 管，使 A 管内水慢慢升高，毛细管 E 内水面将下降，当毛细管 E 中的水面下降

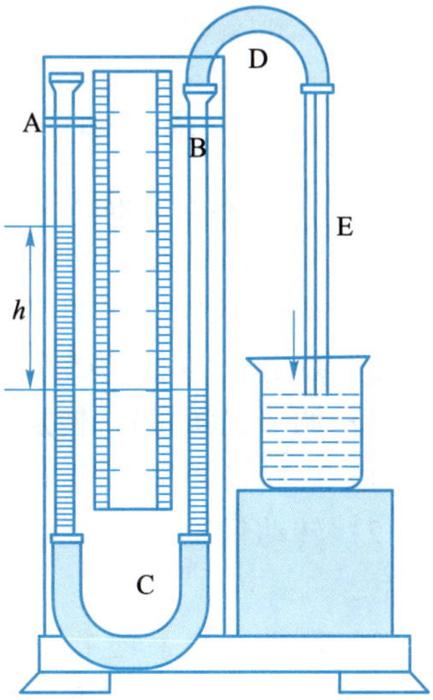

图 2.6-3　实验装置图

到与水杯中水面相平时，读出开口压强计 A、B 两管的水面高度 h_1 和 h_2，则 $h=h_1-h_2$。重复几次，求出 h 的平均值，同时记录水的温度。

2. JCD3 型读数显微镜

JCD3 型读数显微镜用途广泛，可根据需要完成各种功能，可作长度测量，也可作观察使用，如测孔距、直径、刻线距离及刻线宽度等。配合牛顿环还可测定光的波长及透明介质的曲率半径等。JCD3 型读数显微镜的结构如图 2.6-4 所示。

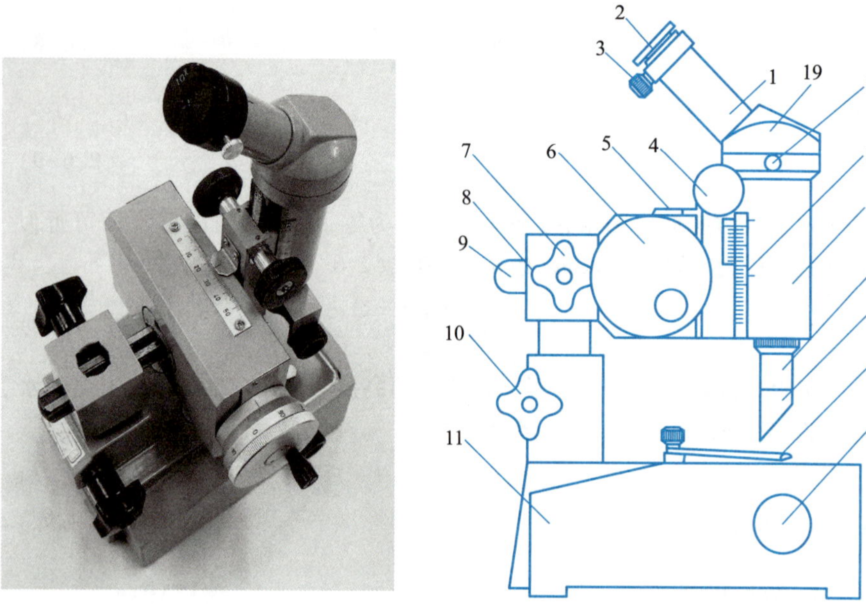

图 2.6-4 JCD3 型读数显微镜

1—目镜镜筒；2—目镜；3—锁紧螺钉；4—调焦手轮；5—标尺；6—测微鼓轮；7—锁紧手轮 Ⅰ；8—接头轴；9—方轴；10—锁紧手轮 Ⅱ；11—底座；12—反光镜旋轮；13—压片；14—半反镜组；15—物镜室；16—镜筒；17—刻度尺；18—锁紧螺钉；19—棱镜室

JCD3 型读数显微镜的使用方法：

（1）转动测微鼓轮 6，使显微镜的镜头组处于整个标尺的中间。

（2）调好被测件，放在工作台面上，用肉眼观察，使其中心大致处于物镜的中心之下，易滑动的小件可用压片固定。

（3）调节光源位置，使从目镜可观察到镜头内部为最亮的状态。

（4）旋转棱镜室 19 至最舒适位置，用锁紧螺钉 18 锁紧。

（5）转动目镜 2 进行视度调节，使十字叉丝清晰无重影，用锁紧螺钉 3 锁紧。

（6）转动调焦手轮 4，从目镜中观察，使被测件成像清晰为止。必须注意，调焦时镜筒只能由下向上调节，以免碰伤物镜或被观察物。

（7）调整被测件，使其被测部分的横面和显微镜移动方向平行。

(8) 转动测微鼓轮，使十字叉丝的纵丝或交叉点对准被测件的起点，在标尺 5 上读取整数，在测微鼓轮上读取小数。

(9) 沿同一方向转动测微鼓轮，使十字叉丝的纵丝或交叉点对准被测件的终点，记下数值。

【实验步骤】

1. 测毛细管内径

(1) 使毛细管 E 与读数显微镜镜筒的轴线共线。毛细管准备插入水的一端对着物镜。调节调焦手轮，直到目镜中可观察到一个清晰的玻璃圆孔的像为止，如图 2.6-5 所示。

(2) 旋转测微鼓轮，使目镜中的十字分划线的竖线从毛细管孔像的外侧内移，直到与内圆相切，记下显微镜此时的读数 d_1。继续沿同一方向旋转测微鼓轮使十字分划线中心与内圆的另一边相切，记下这时的读数 d_2，则 $r=|d_1-d_2|/2$。应特别注意的是，自旋转测微鼓轮起，到读出 d_2 为止，必须沿同一方向旋转测微鼓轮，绝不能稍有反转。取不同方位测量 5 次。

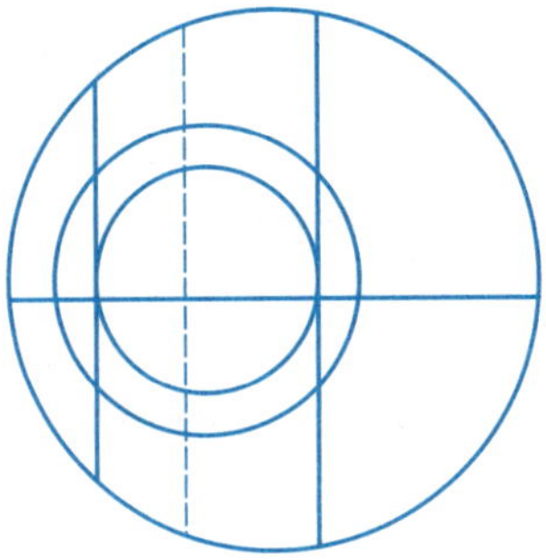

图 2.6-5　圆孔像及十字叉丝的位置

2. 测液柱高 h

(1) 用氢氧化钠溶液和清水洗涤毛细管和玻璃杯，并按图 2.6-3 所示的装置固定好毛细管和玻璃杯的位置，注意毛细管入水端不能与任何其他物体接触，特别是不能用手摸。

(2) 向玻璃杯内缓慢注入蒸馏水，当水面恰好与毛细管管端接触时，立即停止注水，此时可以观察到水沿毛细管上升。注意：毛细管内不能有水珠。

(3) 将 A 管提高，使 A、B 两管产生高度差，当毛细管中水面下降至与玻璃杯水面相平时，记录 A、B 两管的高度 h_1、h_2，则两管水面高度差为 $h=|h_1-h_2|$。

(4) 重复步骤(3)，再测量 4 次，把数据记录在表 2.6-3 中。

3. 用温度计测量水温 t，查表 2.6-5，找出该温度下水的密度，按式(2.6-10)计算水的表面张力系数。

【数据记录及处理】

水的温度 t=__________℃。

表 2.6-3 液面高度及毛细管直径

数据	d_1	d_2	r	$\bar{r}$	h	$\bar{h}$
第 1 次						
第 2 次						
第 3 次						
第 4 次						
第 5 次						

水的表面张力系数实验值为 $\alpha_{测}=$________ $N\cdot m^{-1}$。

计算水的表面张力系数的标准值 $\alpha_{水}=(70-0.15t)\times10^{-3}\ N\cdot m^{-1}=$________ $N\cdot m^{-1}$（t 为摄氏温度值）。

相对误差 $E=$________。

表 2.6-4 不同温度下与空气接触的水的表面张力系数

温度/℃	$\alpha/(10^{-3}\ N\cdot m^{-1})$	温度/℃	$\alpha/(10^{-3}\ N\cdot m^{-1})$
0	75.64	22	72.44
10	74.22	23	72.28
15	73.49	24	72.13
16	73.34	25	71.97
17	73.20	28	71.50
18	73.05	30	71.15
19	72.89	40	69.55
20	72.75	50	67.90
21	72.59	100	58.84

表 2.6-5 不同温度下水的密度（单位：$10^3\ kg\cdot m^{-3}$）

0.5 ℃ \ 10 ℃	0	10	20	30
0.0	0.999 867	0.999 727	0.998 229	0.995 672
0.5	0.999 899	0.999 681	0.998 124	0.995 520
1.0	0.999 926	0.999 632	0.998 017	0.995 366
1.5	0.999 949	0.999 580	0.997 907	0.995 210
2.0	0.999 968	0.999 524	0.997 795	0.995 051

续表

0.5 ℃ \ 10 ℃	0	10	20	30
2.5	0.999 982	0.999 465	0.997 680	0.994 891
3.0	0.999 992	0.999 404	0.997 563	0.994 728
3.5	0.999 998	0.999 304	0.997 443	0.994 564
4.0	1.000 000	0.999 271	0.997 321	0.994 397
4.5	0.999 998	0.999 200	0.997 196	0.994 263
5.0	0.999 992	0.999 126	0.997 069	0.994 058
5.5	0.999 982	0.999 049	0.996 940	0.993 885
6.0	0.999 968	0.998 969	0.996 808	0.993 711
6.5	0.999 951	0.998 886	0.996 674	0.993 534
7.0	0.999 929	0.998 800	0.996 538	0.993 356
7.5	0.999 904	0.998 712	0.996 399	0.993 175
8.0	0.999 876	0.998 621	0.996 258	0.992 993
8.5	0.999 844	0.998 527	0.996 115	0.992 808
9.0	0.999 808	0.998 430	0.995 969	0.992 602
9.5	0.999 769	0.998 331	0.995 822	0.992 434
10.0	0.999 727	0.998 229	0.995 672	0.992 244

【注意事项】

1. 玻璃容器、毛细管在使用前必须用稀氢氧化钠溶液、酒精和蒸馏水洗净，否则实验误差较大。

2. 在测量毛细管的直径时，读数显微镜中看到的是毛细管的倒像。

【思考题】

1. 毛细管中的水面呈凹面，不可能与水杯中的水面完全水平。当凹面呈半球状时最好，若凹面大于半球，即 $R>r$ 时，附加压力是增大还是减小？测量出的表面张力系数是偏大还是偏小？

2. 如果将玻璃毛细管垂直插入水银槽中，管内、外液面的高度有什么不同？为什么？

实验 7 用驻波法测量振动频率

【实验目的】

1. 了解驻波的特点及形成原理。
2. 观察横波在弦线上所形成的驻波波形。

【实验器材】

FD-SWE-Ⅱ弦线上驻波实验仪、弦线、砝码、米尺、分析天平、托盘。

【预习要求】

1. 结合理论课所学知识，从理论上说明驻波的形成原理。
2. 明确形成振幅最大而且稳定的强驻波的条件。
3. 在实验中怎样获得不同 n（波腹的个数）值。

【实验原理】

驻波是波的干涉现象的一种特例，由波动理论可以证明，横波沿着一条拉紧的弦线传播时，波速 v 与弦线的张力 F_T、线密度 ρ_l（单位长度的质量）间的关系为

$$v=\sqrt{\frac{F_T}{\rho_l}} \tag{2.7-1}$$

设 f 为弦线的波动频率，λ 为弦线上传播的横波波长，则根据波动理论 $v=f\lambda$ 和式(2.7-1)得

$$\lambda=\frac{1}{f}\sqrt{\frac{F_T}{\rho_l}} \tag{2.7-2}$$

为验证 λ 与 F_T、ρ_l 的关系，并测出频率 f，本实验采取在弦线中形成驻波的方法。

实验装置如图 2.7-1 所示，金属弦线的一端系在能作水平方向振动的可调频率数显机械振动源的振簧片上，频率变化范围为 0~200 Hz 连续可调，频率最小变化量为 0.01 Hz，弦线一端通过固定滑轮 7 悬挂一砝码盘 8；在振动装置（振动簧片）的附近有可动刀口 4，在实验装置上还有一个可沿弦线方向左右移动并撑住弦线的可动滑轮 5。这两个滑轮固定在实验

平台 10 上，其产生的摩擦力很小，可以忽略不计。若弦线下端所悬挂的砝码（包含托盘）的质量为 m，张力 $F_T = mg$。

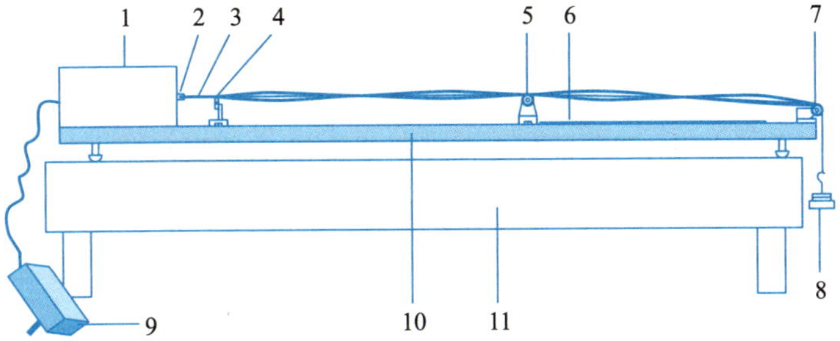

图 2.7-1　实验装置示意图

1—可调频率数显机械振动源；2—振簧片；3—弦线；4—可动刀口支架；5—可动滑轮支架；6—标尺；7—固定滑轮；8—砝码与托盘；9—变压器；10—实验平台；11—实验桌

当波源振动时，即在弦线上形成向右传播的横波；当波传播到可动滑轮 5 与弦线相切点时，由于弦线在该点受到滑轮两壁阻挡而不能振动，波在切点被反射形成了向左传播的反射波。这种传播方向相反的两列波叠加即形成驻波。当振动端簧片与弦线固定点至可动滑轮 5 与弦线切点的长度 l 等于半波长的整数倍时，即可得到振幅较大而稳定的驻波，振动簧片与弦线固定点为近似波节，弦线与可动滑轮相切点为波节。它们的间距为 l，则

$$l = n\frac{\lambda}{2} \tag{2.7-3}$$

其中 n 为任意正整数。由式（2.7-3）可得沿弦线传播的横波波长为

$$\lambda = \frac{2l}{n} \tag{2.7-4}$$

由于簧片与弦线固定点在振动不易测准，实验也可将最靠近振动端的波节作为 l 的起始点，并用可动刀口 4 指示读数，求出该点离弦线与可动滑轮 5 相切点的距离 l。

将式（2.7-4）代入式（2.7-2）中可得

$$f = \frac{v}{\lambda} = \frac{n}{2l}\sqrt{\frac{F_T}{\rho_l}} \tag{2.7-5}$$

实验中测出 n、F_T、l 和 ρ_l 值，由式（2.7-5）即可计算出弦线上传播的横波的频率，即是振动源的振动频率。

【实验步骤】

1. 用分析天平称出托盘的质量 m_0，然后任取一段弦线称出其质量

$m_{线}$，用米尺测出其长度 L_0，把测量数据记入表 2.7-1 中。

2. 将变压器（黑色壳）输入插头与 220 V 交流电源接通，输出端（五芯航空线）与主机上的航空座相连接。打开数显振动源面板上的电源开关 1（振动源面板如图 2.7-2 所示）。面板上频率指示 5 显示振动源振动频率 ×××. ××Hz。根据需要按频率调节 2 中▲（增加频率）或▼（减小频率）键，改变振动源的振动频率，调节面板上幅度调节旋钮 4，使振动源有振动输出；当不需要振动源振动时，可按面板上复位键 3 复位，数码管显示全部清零。

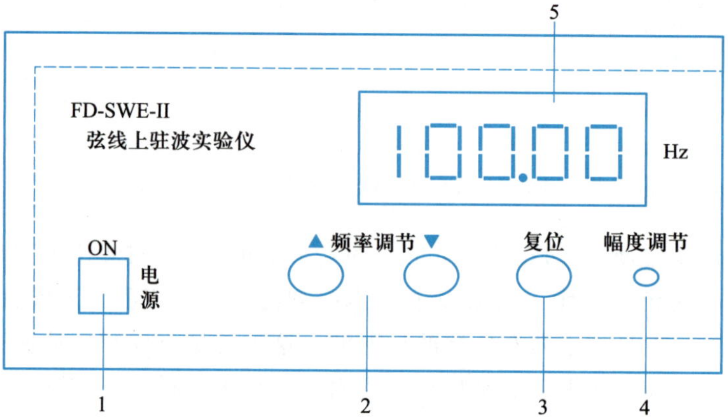

图 2.7-2 振动源面板图

1—电源开关；2—频率调节；3—复位键；4—幅度调节；5—频率指示

3. 在某些频率，由于振动簧片共振使振幅过大，此时应逆时针旋转面板上的旋钮以减小振幅，便于实验进行。不在共振频率点工作时，可调节面板上幅度旋钮 4 到输出最大。

4. 固定振动源的频率，并记录其大小作为标称频率值 f_0，在砝码盘上添加不同质量的砝码，以改变弦线上的张力。每改变一次张力，均要调节可动滑轮的位置，使平台上的弦线出现振幅较大且稳定的驻波。此时，记录振动频率、砝码质量、产生整数倍半波长的弦线长度及半波波数。将测量数据记入表 2.7-2 中。

5. 同样方法，也可固定砝码盘上的砝码质量，改变振动源频率，重复实验。

【数据记录及处理】

表 2.7-1 弦线长度和质量及托盘质量记录表

重力加速度 $g=9.794\ 4\ \mathrm{m\cdot s^{-2}}$

弦线的长度 L_0/m	弦线的质量 $m_{线}$/kg	托盘质量 m_0/kg

表 2.7-2　振动源频率测量记录表

项目	1	2	3	4	5	平均值
驻波个数 n						/
砝码与托盘总质量 m/kg						/
弦线张力 $F_T(=mg)$/N						/
产生整数倍半波长的弦线长度 l/m						/
横波波长 $\lambda\left(=\frac{2l}{n}\right)$/m						
测得频率 $f\left(=\frac{n}{2l}\sqrt{\frac{F_T}{\rho_l}}\right)$/Hz						
振动源频率标称值/Hz						

弦线密度 $\rho_l=m_{线}/L_0=$________kg · m^{-1}；

振动源频率的实验值 $\overline{f}=$________ Hz；

百分误差 $E=\frac{|标称值-实验平均值|}{标称值}\times100\%=$____ %；

平均绝对误差 $\overline{\Delta f}=\overline{f}\cdot E=$________ Hz；

标准表达式 $f=\overline{f}\pm\overline{\Delta f}=$________________ Hz。

【注意事项】

1. 实验中所用的弦线应粗细均匀，不打结。
2. 挂钩上所加砝码质量不宜过大或过小。
3. 实验中为了准确求得驻波波长，必须慢慢移动可动刀口，使弦线上产生稳定的、振幅最大的驻波。
4. 注意有效数字的记录和计算。
5. 实验时不可使挂钩摆动，以免影响张力大小。
6. 实验完毕，应立即将所有砝码取下放好；同时断开电源，以免烧坏仪器。

【思考题】

1. 在实验中，改变振动源到可动刀口之间的弦线长度时，频率、波长、波速是否随之变化？改变砝码质量时情况又会怎样？

2. 调出稳定的驻波后，若欲增加半波数的个数，在振动源到可动刀口之间的弦线长度不变时，应增加砝码还是减少砝码？若砝码质量不变，是增大还是减小这段弦线的长度?

实验8 示波器的使用

一、模拟示波器

【实验目的】

1. 了解模拟示波器的基本结构和示波原理,掌握模拟示波器的使用方法。
2. 掌握用模拟示波器观察信号波形,测量信号电压和频率的方法。
3. 学会用李萨如图形测量频率的方法。

【实验器材】

模拟示波器、信号发生器、交直流电源。

【预习要求】

本实验建议分成两次进行。第一次以掌握示波原理为主,熟悉模拟示波器面板各调节旋钮的作用;第二次利用模拟示波器观察信号波形,测量信号电压和频率。请回答下列问题:

1. 如何调节示波管的电子枪,使其电子束刚好聚焦于荧光屏上?
2. 模拟示波器的偏转系统有何作用? 如何示波?
3. 模拟示波器荧光屏上显示稳定波形的条件是什么?
4. 输入 50 Hz 的交流电,若要在荧光屏上看到一个完整的波形,问扫描电压的频率应该是多少? 如果看到三个完整的波形,扫描电压的频率又是多少?
5. 模拟示波器上如何产生李萨如图形?

【实验原理】

示波器是显示各种电压波形的仪器。凡能转换为电压信号的电学量(如电流、电功率、阻抗等)、非电学量(如温度、位移、速度、压力、光强、磁场、频率等)及生理学参量(如血压、脉搏、呼吸、心电、脑电等),其随时间的瞬变过程都可以用示波器进行观察和测量分析。检测脉搏、呼吸、心电波形的专用示波器称为监护仪。模拟示波器是利用被测信号产生的电场对示波器中电子运动的影响来反映被测信号电压的瞬变过程。由于电子惯性小,荷质比大,因此示波器具有较宽的频率响应,用以观察变化极快的电压瞬变过程,具有较广的应用范围。模拟示波器的种类很多,大致可以分为两大类:一类是通用模拟示波器,如 ST-16B 型、SB-10 型、SB-14 型等;另一类是专用模拟示波器,如心电示波器等。各种类型的模拟示波器基本原理都相同。本实验仅对通用模拟示波器作简要介绍。

(一) 模拟示波器的基本结构

模拟示波器由示波管(又称阴极射线管,简称 CRT)、水平放大器(X 轴放大)、垂直放大器(Y 轴放大)、扫描发生器、触发同步和直流电源等几部分组成,其结构方框图如图 2.8-1 所示。下面分别对模拟示波器各部件及工作原理加以说明。

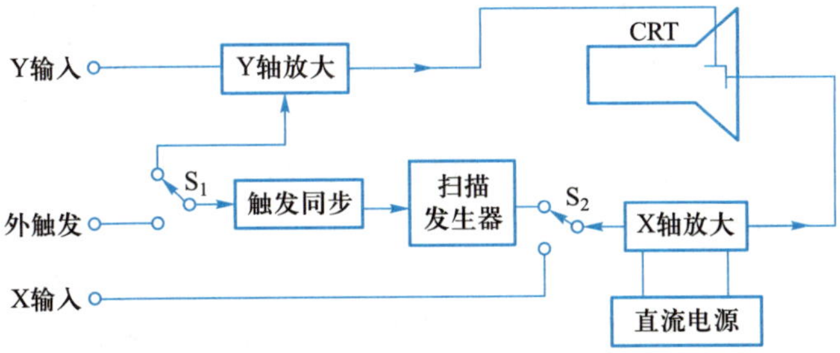

图 2.8-1 模拟示波器结构图

1. 示波管

示波管是模拟示波器的核心部分,用来显示被观测的波形。它由一只抽成真空的玻璃管与在其内部的电子枪、偏转系统和荧光屏组成,其结构如图 2.8-2 所示。

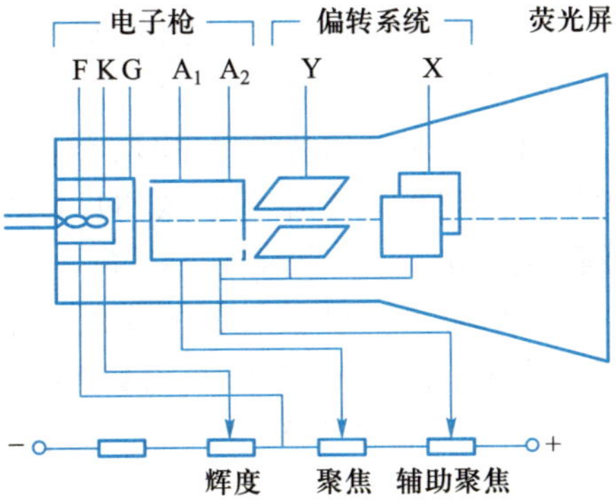

图 2.8-2 示波管结构图

（1）电子枪　电子枪由灯丝F、阴极K、控制栅极G和阳极A_1、A_2组成。用低压加热灯丝F，使阴极K发射出电子，在阳极加速下形成电子束，射向荧光屏。栅极电势低于阴极电势，调节栅极电势可以控制发射的电子流密度。在面板上的“辉度”旋钮就是用来调节栅极电势的电位器。第二阳极A_2电势高于第一阳极A_1电势。阳极间的不均匀电场所形成的“静电电子透镜”，使电子流聚焦成极细的电子束。面板上的“聚焦”和“辅助聚焦”旋钮就是用来调节第一、第二阳极电势的电位器。

（2）偏转系统　偏转系统由两对互相垂直的偏转板组成，一对为垂直（Y轴）偏转板，一对为水平（X轴）偏转板。当两对偏转板上都不加电压时，电子束将沿示波管的轴线直射到屏中央，在荧光屏中央出现光点。如果仅在垂直（或水平）偏转板上加直流电压，电子束将在电场力作用下发生垂直（或水平）偏移。理论分析发现：在一定范围内，加在垂直偏转板上的电压与荧光屏上光点在垂直方向偏移的距离成正比，其比例系数为垂直偏转灵敏度，一般用偏转单位距离（cm）所需的偏转电压（V）来表示。同样，水平偏转板也有水平偏转灵敏度。当两对偏转板上同时加上直流电压时，电子束将按电场合力方向偏移，并通过荧光屏上的光点显示出来。因此，只要在两对偏转板上加不同极性、不同大小的直流电压，光点就能显示在屏幕上不同的位置。面板上的“X移位”和“Y移位”旋钮就是分别调节X轴和Y轴偏转电压的电位器。

（3）荧光屏　是一块垂直于管轴的扁平球面，内部涂有荧光物质。当高速运动的电子束打在荧光屏上某点时，屏上该点所涂的荧光物质就会发光。在单位时间内打到荧光屏上的电子数越多，则发光越强。由于荧光物质不同，产生的荧光颜色和余辉时间也不相同。荧光屏的发光效率和颜色，取决于荧光物质的化学成分和其中所加的激活剂，如银、铜、锰等金属。只要在纯净的荧光物质中加入少量的激活剂，就可以明显地增加发光效率和改变荧光颜色。一般荧光屏发绿光供观察用，发蓝色光供摄影用。所谓余辉时间是指电子束停止轰击后光点在屏幕上残留的时间。按余辉时间的长短，示波管可分为长余辉（100 ms~1 s）、中余辉（10~100 ms）、短余辉（10 μs~10 ms）等不同规格。例如ST-16型、SB-10型示波器均使用中余辉示波管。一般来说，观察频率高的波形时，用短余辉的示波管，而观察频率低或缓慢变化的波形，如观察生物信号时，要用长余辉的示波管。

2. 信号放大器和衰减器

由于示波管本身的X轴和Y轴偏转板的灵敏度不高（一般为0.1~1 $mm\cdot V^{-1}$），当加在偏转板上的信号过小时，需要将小的信号加以放大后再加到偏转板上，为此设置X轴及Y轴放大器。而衰减器的作用是衰减过大的输入信号，以满足放大器要求，保证放大器不失真地放大各种不同幅值的信号。示波器一般都在X轴和Y轴设有衰减器，以满足各种测量需要。

3. 扫描系统

扫描系统又称时基电路，用来产生一个随时间作线性变化的扫描电压。理想的扫描电压是锯齿形的，因此，扫描电压又称为锯齿波电压。扫描电压与时间的关系如图 2.8-3 所示。在一个周期 T 内，电压随时间成正比增长，到达最大值后，电压迅速降为零，然后又开始下一个周期，重复前面的变化。锯齿波电压经 X 轴放大器放大后加到示波管的水平偏转板上，荧光屏上的光点将在水平方向匀速地移动，到了一定位置后，又迅速跳回原来的起始点，开始另一周期的匀速移动，如此反复，称为**扫描**。扫描的作用是为示波器提供一个与时间成正比变化的电压，使光点在水平方向的位移正比于时间。因此光点的轨迹可以视为均匀刻度的时间轴，这样，荧光屏上的水平坐标变成时间坐标。

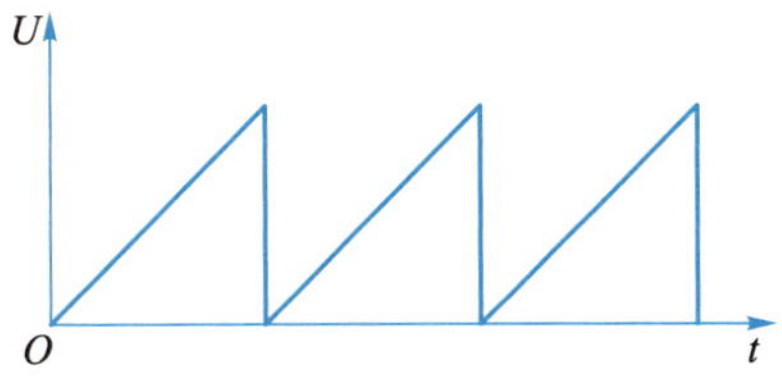

图 2.8-3　锯齿波电压

4. 电源

用以供给示波管及各部分电路所需的各种交直流电源。

(二) 模拟示波器示波原理

若仅将待测信号加到垂直偏转板上，水平偏转板不加任何信号，则荧光屏上的光点仅在垂直方向作直线运动，若待测信号频率超过十几赫兹时，由于人眼的视觉暂停和荧光物质的余辉效应，屏幕上将出现一条垂直亮线，其长度与信号电压的峰值成正比，如图 2.8-4 所示。同理，仅在水平偏转板上加上周期性变化的电压，屏幕上将看到一条水平亮线，如图 2.8-5 所示。

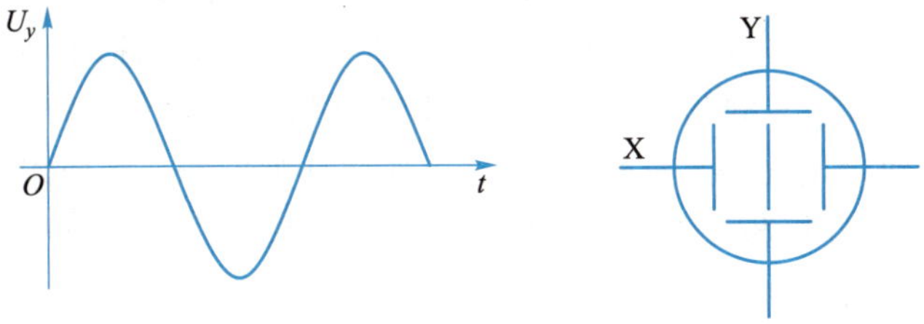

图 2.8-4　垂直偏转板加待测信号

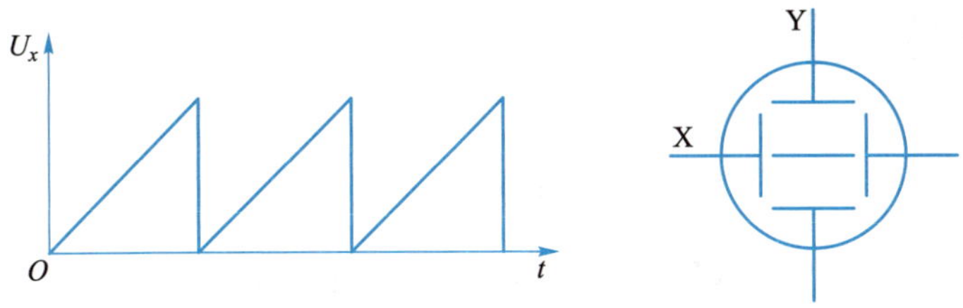

图 2.8-5　水平偏转板加扫描电压

如果在垂直偏转板上加上待测电压信号 U_y 的同时,又在水平偏转板上加上锯齿波电压 U_x,则在荧光屏上可以看到待测信号的波形,如图 2.8-6 所示。因为电子束同时受到两对偏转板所加电压的电场作用,垂直偏转板使电子束按 U_y 的变化规律在垂直方向上下运动,而水平偏转板使电子束按锯齿波电压 U_x 在水平方向匀速扫描,这样在荧光屏上形成了待测电压 U_y 的波形。

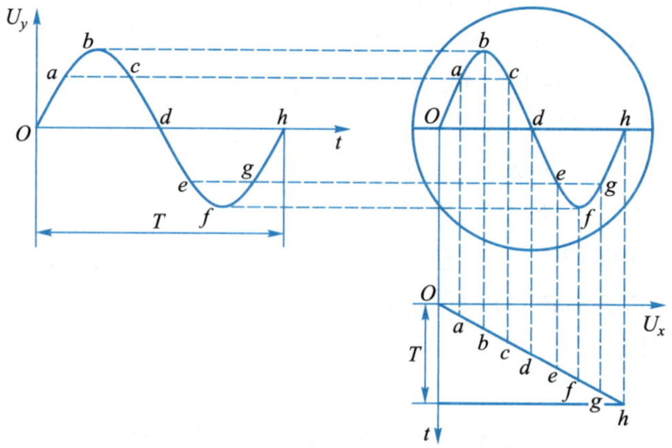

图 2.8-6 示波原理

只有当扫描电压的周期 T_c(或频率 f_c)和待测信号的周期 T_s(或频率 f_s)严格相等或成整数倍时,才出现一个或几个完整波形。荧光屏上显示完整而稳定波形的条件为

$$\frac{T_c}{T_s}=\frac{f_s}{f_c}=n \quad (n=1,\ 2,\ 3,\ \cdots) \tag{2.8-1}$$

如果不满足上述条件,则屏幕上的波形会左右移动,不能显示出稳定的波形。为此,在示波器上专门设置了一种电路,控制扫描电压的频率 f_c,使 f_c 随着待测信号的频率 f_s 变化,即用待测信号的频率去控制扫描发生器的频率,使之始终满足整数倍关系,此作用称为**同步**。在使用示波器时,就是通过示波器面板上的"扫描时间"和扫描"微调"旋钮来调节扫描电压的频率,使之与待测信号频率之间成整数倍关系,并加上同步作用,迫使这种关系保持稳定。

【仪器描述】

(一) ST-16B 型模拟示波器

图 2.8-7 为 ST-16B 型模拟示波器面板图,面板上各旋钮的作用见表 2.8-1。

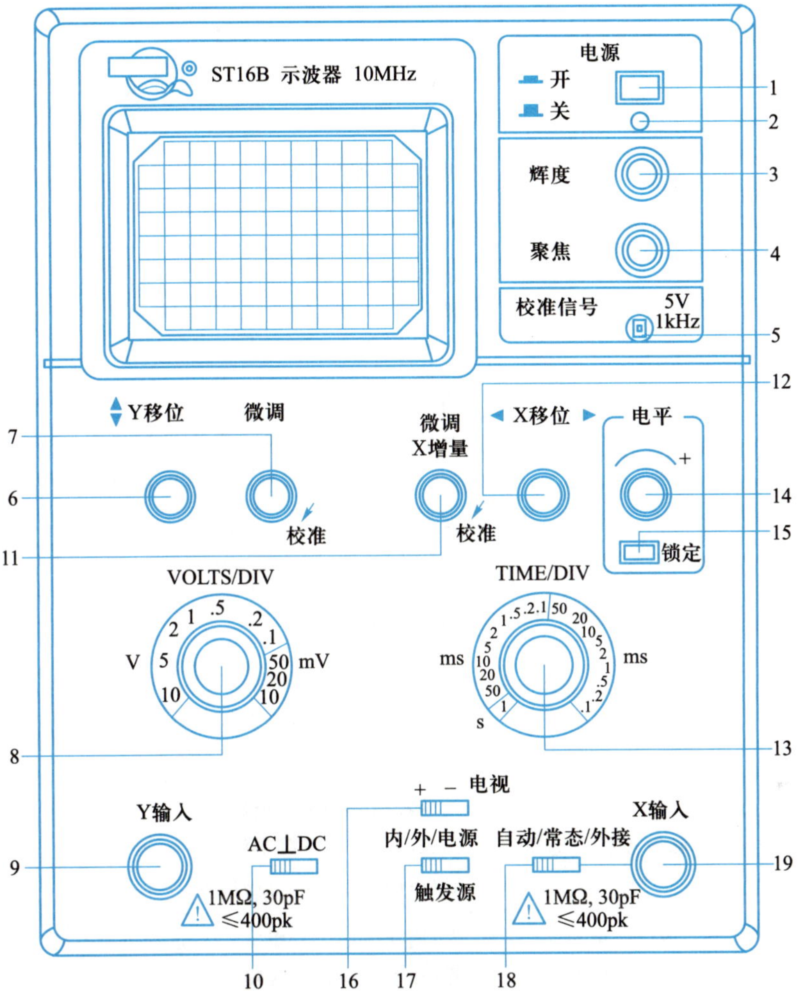

图 2. 8-7　ST-16B 型示波器面板图

表 2. 8-1　ST-16B 控制件的作用

序号	控制件名称	功能
1	电源开关	接通或关闭电源
2	电源指示灯	电源接通时灯亮
3	辉度	调节光迹的亮度，顺时针方向旋转光迹增亮
4	聚焦	调节光迹的清晰度
5	校准信号	输出频率为 1 kHz，幅度为 0.5 V 的方波信号，用于校正 10∶1 探极以及示波器的垂直和水平偏转因素
6	Y 移位	调节光迹在屏幕上的垂直位置

续表

序号	控制件名称	功能
7	微调	连续调节垂直偏转因素，顺时针旋转到底为校准位置
8	Y 衰减开关	调节垂直偏转因素
9	Y 输入	Y 信号输入端
10	AC⊥DC(Y 耦合方式)	选择输入信号的耦合方式。AC：输入信号经电容耦合输入；DC：输入信号直接输入；⊥：Y 放大器输入端被接地
11	微调/X 增益	当控件 18 在“自动”或“常态”方式时，可连续调节扫描时间因数，顺时针旋转到底为校准位置；当在“外接”时，此旋钮可连续调节 X 增益，顺时针旋转为灵敏度提高
12	X 移位	调节光迹在屏幕上的水平位置
13	TIME/DIV(扫描时间)	调节扫描时间因数
14	电平	调节被测信号在某一电平上触发扫描
15	锁定	此键按下后，能自动锁定触发电平，无需人工调节，就能稳定显示被测信号
16	+、-(触发极性)、电视	+：选择信号的上升沿触发 -：选择信号的下降沿触发 电视：用于同步电视场信号
17	内、外、电源 (触发源选择开关)	内：选择内部信号触发；外：选择外部信号触发；电源：选择电源信号触发
18	自动、常态、外接 (触发方式)	自动：无信号时，屏幕上显示光迹；有信号时与“电平”配合稳定地显示波形；常态：无信号时，屏幕上无光迹；有信号时与“电平”配合稳定地显示波形；外接：X-Y 工作方式
19	X 输入	当触发方式开关处于“外接”时，为 X 信号输入端； 当触发源选择开关处于“外”时，为外触发输入端

（二）函数信号发生器

图 2.8-8 为 YB1602 函数信号发生器面板图，面板上各旋钮的作用见表 2.8-2。

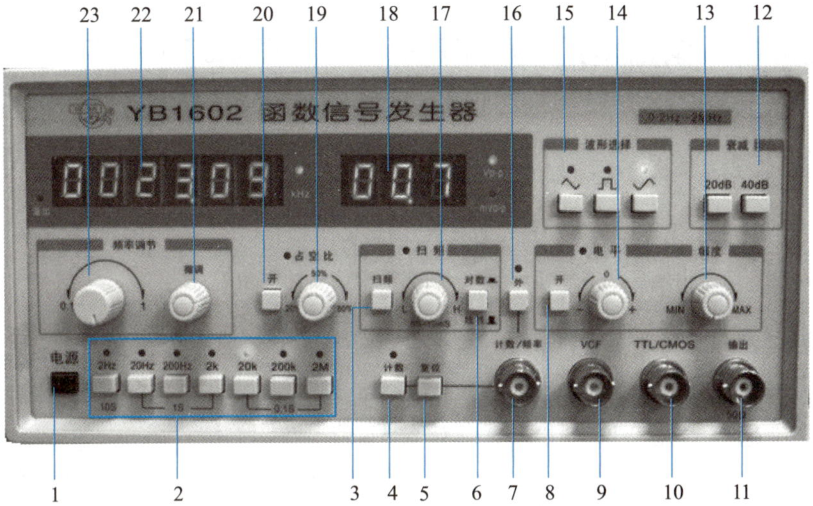

图 2.8-8　YB1602 函数信号发生器面板图

表 2.8-2　YB1602 控制件作用

序号	控制件名称	功能
1	电源开关	接通或关闭电源
2	频率范围选择开关	根据所需频率，按其中一键选择频率范围
3	扫频控制按键	按下时，电压输出端输出信号为扫频信号，配合旋钮 17 改变扫频速率，配合按键 6 可产生线性和对数扫频
4	计数按键	按下时，计数灯亮，可对外部输入信号进行计数
5	复位开关	按计数键，LED 显示开始计数，按复位键，LED 显示全为 0
6	线性/对数选择按键	处于扫频工作状态时，选择对数或线性扫频状态
7	计数/频率输入插孔	计数、外测频率输入端口，当按键 16 按下时，配合按键 4、5 对外部输入信号进行计数或频率测量
8	电平调节控制开关	按下该键时电平指示灯亮，和旋钮 14 配合使用调节输出信号直流偏置电平
9	VCF 输入	由此端口输入电压控制频率变化
10	TTL/COMS 输出端	输出 TTL/CMOS 信号
11	函数信号输出端	输出多种波形受控的函数信号，阻抗为 50 Ω

续表

序号	控制件名称	功能
12	信号输出幅度衰减开关	电压输出衰减开关:"20 dB""40 dB"键均不按下,输出信号不经过衰减,直接输出;"20 dB""40 dB"键分别按下,则可选择 20 dB 或 40 dB 衰减
13	输出幅度调节旋钮	调节输出信号的幅值
14	电平调节旋钮	和开关 8 配合使用,调节输出信号直流电平;当旋钮处于中间位置时,则为 0 电平
15	输出波形选择按键	用于选择输出信号的波形
16	外测频开关	按下时指示灯亮,配合按键 4、5 频率计测外部信号频率及计数
17	扫频旋钮	调节扫频速率
18	电压峰峰值显示屏	显示输出电压峰峰值
19	占空比调节旋钮	调节波形占空比
20	占空比控制按键	按下时,指示灯亮,配合控件 19 可调节波形占空比
21	频率微调旋钮	较小范围调节输出信号频率
22	LED 显示窗口	指示输出信号频率,当外测频开关 16 按下,显示外测信号频率,如超出测量范围,溢出指示灯亮
23	频率粗调旋钮	配合控件 21 调节输出信号频率

【实验步骤】

1. 使用前的准备工作

(1) 在使用模拟示波器前,示波器面板上相应旋钮应置于表 2.8-3 中相应位置。

(2) 接通电源,指示灯亮。稍等片刻,待仪器进入正常工作状态。

(3) 调节辉度旋钮,在荧光屏上可看到一条扫描线或光点,使其亮度适中。

(4) 调节聚焦旋钮,使光点圆而小或使扫描线细而亮。

表 2.8-3 控制件的位置

控制件名称	作用位置
电源开关 1	关
辉度 3	逆时针旋至底
聚焦 4	居中
移位 6、12	居中
垂直衰减开关 8	0.1 V 或合适挡
微调 7、11	校准位置
自动、常态、外接 18	自动
TIME/DIV 13	0.2 ms 或合适挡
+、-、电视 16	+
内、外、电源 17	内
AC ⊥ DC 10	⊥

2. 观察低频信号波形

(1) 将低频信号发生器输出信号连接到示波器 Y 输入(Y 输入耦合开关置于"AC"位置)。

(2) 根据输入信号电压大小选择"VOLTS/DIV"合适挡位,使屏幕上显示适当高度的波形。

(3) 若观察正弦波信号,首先应找出待测信号的周期,以确定"TIME/DIV"旋钮挡位。若待测信号频率为 1 000 Hz,其周期为 $T=1$ ms,则"TIME/DIV"应处于 0.1 ms 处(因为屏幕水平距离为 10 格,0.1 ms×10=1 ms),屏幕上可观察到一个周期完整的正弦波形,若要在屏幕上观察多个周期的波形,可调节"微调/X 增益"旋钮。

(4) 将观察到的结果记录于表 2.8-4 中。

3. 电压测量

在测量时,把 Y 微调置校准位置,这样可按"VOLTS/DIV"的指示值直接计算被测信号的电压幅值。

由于被测信号一般都含有交流和直流两种成分,因此在测试时应根据下述方法操作。

(1) 交流电压的测量

当只需测量被测信号的交流成分时,应将 Y 输入耦合方式开关置"AC"位置,调节"VOLTS/DIV"开关,使波形在屏幕中的显示幅度适中,调节"电平"旋钮(或按下锁定键)使波形稳定,分别调节 X、Y 移位旋钮,使波形显示值方便读取。根据"VOLTS/DIV"的指示值和波形在垂直方向显示的波峰到波谷的高度 H(DIV),则可算出峰-峰值 $V_{\mathrm{P\text{-}P}}$ 和有效值 V 为

$$V_{\mathrm{P\text{-}P}}(\text{峰-峰值})=\text{挡位标称值}(\mathrm{VOLTS/DIV})\times H(\mathrm{DIV}) \quad (2.8\text{-}2)$$

$$V(\text{有效值})=\frac{V_{\text{P-P}}}{2\sqrt{2}} \tag{2.8-3}$$

(2) 直流电压的测量

当需测量被测信号的直流或含直流成分的电压时,应先将 Y 耦合方式开关置"⊥"位置,调节 Y 移位使扫描基线在一个合适的位置上,再将耦合方式开关转换到"DC"位置,调节"电平"(或按下锁定键)使波形同步,根据波形偏移原扫描线的垂直距离,用上述方法读取该信号的各个电压值。

(3) 将结果记录于表 2.8-5 中。

4. 频率的测量

(1) 示波器直接测量法

在测量时,先把"微调/X 增益"旋钮置于校准位置,再从"Y 输入"输入被测信号,按待测信号的重复频率或信号波形上的两个特定点(如相邻两个波峰位置点)的时间间隔,选择适当的"TIME/DIV"挡位,使两特定点的距离在屏幕的有效工作面内达到最大限度,以提高测量精度。

在波形获得稳定同步后,根据该信号两特定点间的水平方向距离 L(DIV)和"TIME/DIV"指示值,则可算出周期 T 和频率 f 为

$$T(\text{s})=L(\text{DIV})\times\text{挡位标称值(TIME/DIV)}$$

$$f=1/T \tag{2.8-4}$$

(2) 采用李萨如图形法间接测量

如果示波器的 X 输入和 Y 输入的是频率相同或成简单整数比的两个正弦电压,则屏上将呈现出特殊的光点轨迹,这种轨迹图称为李萨如图。不同的频率比有不同的李萨如图,在相同频率比的情况下,不同的相位差,也有不同的李萨如图。图 2.8-9 所示为几种不同频率比及相位差的李萨如图。

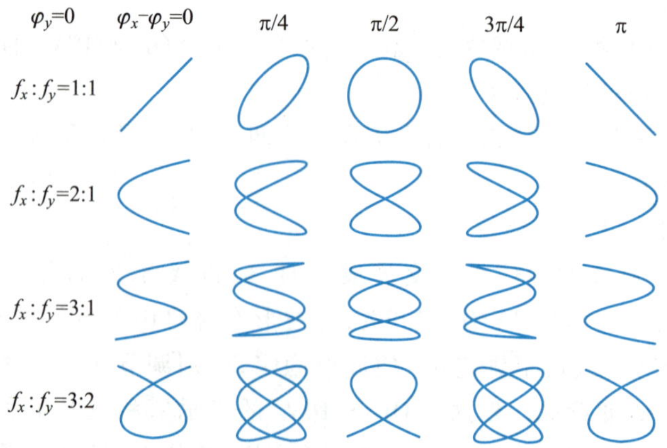

图 2.8-9 李萨如图形

若 X 轴所加电压频率 f_x 为未知，Y 轴所加频率 f_y 已知，李萨如图形与水平直线、垂直直线的交点个数分别为 n_x、n_y（水平直线和垂直直线都不能通过图形自身交叉点，也不能和图形相切）。

从图 2.8-9 的每个图形都可以得出 $n_x f_x = n_y f_y$，则未知频率为

$$f_x = \frac{n_y f_y}{n_x} \tag{2.8-5}$$

① 将触发信号极性开关置于“外接”，将低频信号发生器的输出电压调至 0.5 V 左右，并连接到示波器的 X 输入端。

② 将 Y 耦合方式选择开关置于“AC”，将 AD-1 型电源的 50 Hz，6 V 或 8 V 交流电压连接到示波器的 Y 输入，分别调节“VOLTS/DIV”开关和低频信号发生器输出信号的幅值，使屏幕显示的图形大小适中。

③ 调节低频信号发生器输出信号的频率，使屏幕上依次出现 $n_x : n_y$ 为 1∶2、2∶3、1∶1、3∶2、2∶1 和 3∶1 的较稳定的李萨如图形。记下各次低频信号发生器的频率值。

实际操作时，不可能调到 $f_x : f_y$ 成准确整数比，因此，两个振动的相位差将发生缓慢的改变，图形不可能完全稳定，调到变化最慢即可。

④ 以 $f_y = 50$ Hz 为标准频率，根据式（2.8-5）算出各次的 f_x，并与低频信号发生器频率值比较，从而校正频率。

（3）将结果记录于表 2.8-6 和表 2.8-7 中。

【数据记录及处理】

1. 观测信号波形

表 2.8-4　信号波形记录表

信号频率/Hz	屏幕显示周期数	TIME/DIV 开关位置
50	1	
500	2	
1 500	4	
3 000	2	
5 000	4	

2. 测量交流电压

表 2.8-5　信号电压测量记录表

信号频率/Hz	信号发生器幅值示数/V	VOLTS/DIV 开关位置	高度 H/DIV	峰-峰值 V_{P-P}/V	有效值 V/V
500					
1 000					

3. 测量频率

表 2. 8-6 信号频率测量记录表

信号频率/Hz	TIME/DIV 开关位置	水平方向距离 L/DIV	周期 T/s	频率 f/Hz
1 000				
2 000				

4. 观察李萨如图形

表 2. 8-7 李萨如图形观察记录表 (f_y=50 Hz)

X 轴输入频率 f_x/Hz	信号发生器频率示数/Hz	李萨如图形(稳定时)	$n_x : n_y$	待测信号频率/Hz
25				
50				
75				
100				
150				

【注意事项】

1. 按操作规程进行操作,不得随意扳动旋钮。

2. 荧光屏上静止的光点或曲线不可太亮和长时间停留,以免损坏荧光屏。

3. 在操作过程中如出现故障或异常情况(如冒烟闪光、异常气味等),应立即关掉电源并报告指导教师。

4. 在使用过程中,暂不使用示波器时,无需关断电源,只需调节“辉度”旋钮使光点消失即可。

5. 在关闭电源前,应将“辉度”旋钮逆时针方向旋至最小。

【思考题】

1. 模拟示波器显示屏上的信号波形是如何形成的? 若没有 X 轴扫描信号,屏幕上显示什么波形?

2. 如何使模拟示波器显示屏上显示稳定的波形?

3. 模拟示波器开机后,荧光屏上既无光点又无扫描线,可能原因是什么? 应该如何调节?

4. 若波形沿横向左右移动,应如何调节?

二、数字示波器

【实验目的】

1. 了解数字示波器的主要结构和显示波形的基本原理。
2. 掌握用数字示波器观察波形以及测量电压、周期和频率的方法。
3. 学习使用信号发生器。

【实验器材】

信号发生器,数字示波器等。

【预习要求】

1. 了解数字示波器的主要结构和显示波形的基本原理。
2. 拟定用数字示波器观察波形以及测量电压、周期和频率的方法。

【实验原理】

数字示波器由于具有模拟示波器所不具备的屏幕截图、数据显示、数学运算、数据及波形存储等功能,并可外接网络、优盘、打印机、计算机,目前已取代模拟示波器在科研及教学中成为主流。在本实验中,重点学习UTD7102DG型数字示波器的使用,着重在理解数字示波器工作原理的基础上,学习正确使用数字示波器的方法。

(一) 数字示波器的工作原理

数字示波器的原理如图2.8-10所示,输入数字示波器的待测信号先经过一个电压放大与衰减电路,将待测信号放大(或衰减)到后续电路可以处理的范围内,接着由采样电路按一定的采样频率对连续变化的模拟波形进行采样,然后由模数转换器A/D将采样得到的模拟量转换成数字量,并将这些数字量存放在存储器中。这样,可以随时通过CPU和逻辑控制电路将存放在存储器中的数字波形显示在显示屏上供使用者观察和测量。

由于已将模拟信号转换成数字量存放在存储器中,利用数字示波器可对其进行各种数学运算(如两个信号相加、相减、相乘、快速傅里叶变换)以及自动测量等操作,也可以通过输入/输出接口与计算机或其他外设进行数据通信。

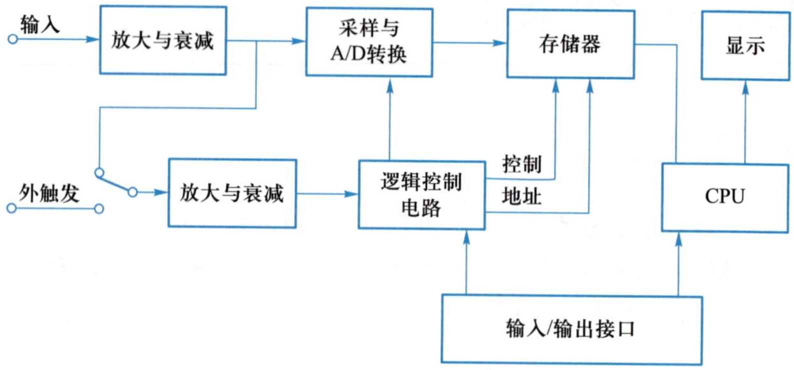

图 2.8-10 数字示波器的原理框图

(二) 李萨如图形

数字示波器默认显示的波形为“Y-T 模式”,即以同等时间间距将待测信号的电压值采样,并经一系列过程后在屏幕上依次显示。也就是说,所显示波形的横轴是个时间量。

但在很多场合下需要对两个波形的信号进行比较,如观察一个特定信号在经过某电路前后波形及相位的变化或观察一个正弦波经不同倍频电路后波形及相位的变化,用“Y-T 模式”读数就很不方便,通常用示波器的“X-Y 模式”。在此模式下,实验所用示波器默认将从 CH1 通道输入的信号作为 X 轴,将从 CH2 通道输入的信号作为 Y 轴进行叠加。

互相垂直方向上的两个频率成简单整数比的简谐振动所合成的规则的、稳定的闭合曲线,称为李萨如图形。不同的初始相位及不同的频率比均可形成不同形状的李萨如图形,如图 2.8-11 所示。

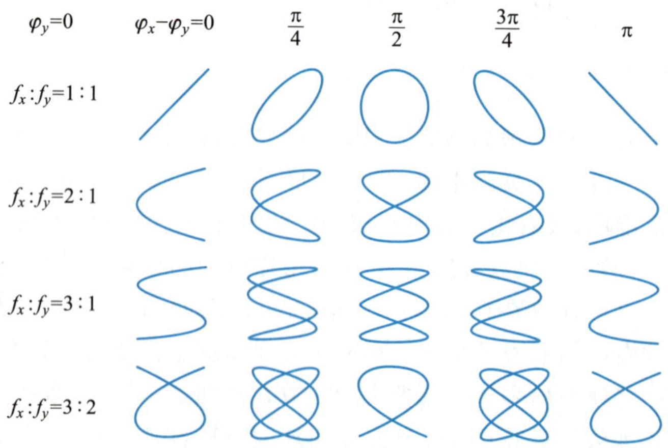

图 2.8-11 李萨如图形

若 X 轴所加电压频率 f_x 为未知，Y 轴所加频率 f_y 已知，李萨如图形与水平直线、垂直直线的交点个数分别为 n_x、n_y（水平直线和垂直直线都不能通过图形自身交叉点，也不能和图形相切）。

从图 2.8-11 的每个图形都可以得出 $n_xf_x=n_yf_y$，则未知频率为

$$f_x=\frac{n_yf_y}{n_x} \tag{2.8-5}$$

【仪器描述】

（一）UTG7025B 型函数波形发生器

UTG7025B 型函数波形发生器前面板图如图 2.8-12 所示，面板上各控件的作用见表 2.8-8。

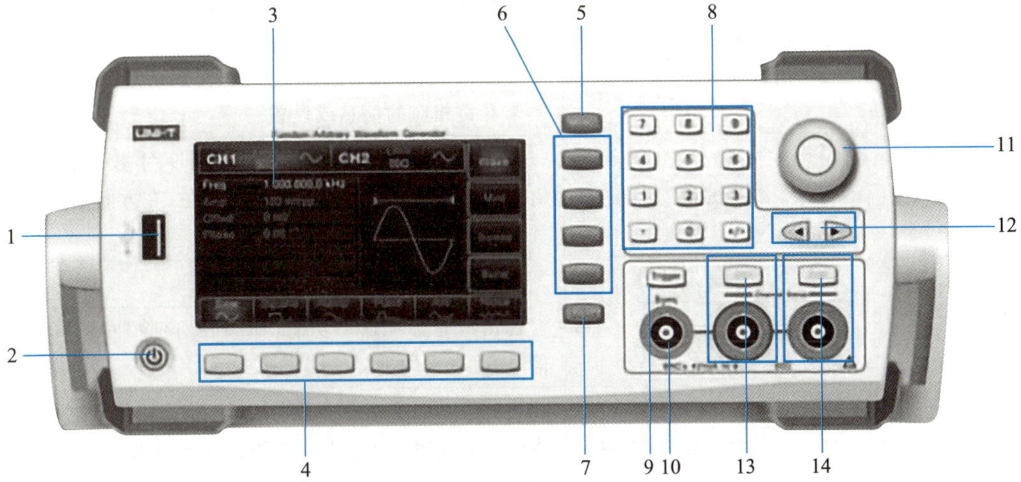

图 2.8-12 UTG7025B 函数波形发生器前面板图

1—USB 接口；2—开/关机键；3—显示屏；4—菜单操作软键；5—菜单键；6—功能菜单软键；7—辅助功能与系统设置按键；8—数字键盘；9—手动触发按键；10—同步输出端；11—多功能旋钮/按键；12—方向键；13—CH1 控制/输出端；14—CH2 控制/输出端

表 2.8-8 UTG7025B 前面板控制件作用

序号	控制件名称	功能
1	USB 接口	通过 USB 接口可以用来读取已存入 U 盘中的任意波形数据文件，存储或读取仪器当前状态文件。
2	开/关机键	启动或关闭仪器，按此键背光灯亮（橙色），随后显示屏显示开机界面后再进入功能界面。

续表

序号	控制件名称	功能
3	显示屏	4.3 寸高分辨率 TFT 彩色液晶显示屏通过色调的不同明显的区分通道一和通道二的输出状态、功能菜单和其他重要信息。
4	菜单操作软键	通过软键标签的标识对应地选择或查看标签(位于功能界面的下方)的内容,配合数字键盘或多功能旋钮或方向键对参数进行设置。
5	菜单键	通过按菜单键弹出四个功能标签:波形、调制、扫频、脉冲串,按对应的功能菜单软键可获得相应的功能。
6	功能菜单软键	通过软键标签的标识对应地选择或查看标签(位于功能界面的右方)的内容。
7	辅助功能与系统设置按键	通过按此按键可弹出通道一、通道二、I/O(或频率计)、系统四个高亮显示（标签的正中失为灰色并且字体为纯白色)的功能标签,可按对应的菜单操作软键来获得相应的信息或设置。
8	数字键盘	用于输入所需参数的数字键 0 至 9、小数点、符号键“+/-”。小数点可以快速切换单位,左方向键退格并清除当前输入的前一位。
9	手动触发按键	设置触发,闪烁时执行手动触发。
10	同步输出端	输出所有标准输出功能(DC 和噪声除外)的同步信号,可正常输出。
11	多功能旋钮/按键	旋转多功能旋钮改变数字(顺时针旋转数字增大)或作为方向键使用,按多功能旋钮可选择功能或确定设置的参数。
12	方向键	在使用多功能旋钮和方向键设置参数时,用于切换数字的位或清除当前输入的前一位数字或移动(向左或向右)光标的位置。
13	CH1 控制/输出端	快速切换在屏幕上显示的当前通道（CH1 信息标签高亮表示为当前通道,此时参数列表显示通道 1 相关信息,以便对通道 1 的波形参数进行设置）。
14	CH2 控制/输出端	快速切换在屏幕上显示的当前通道（CH2 信息标签高亮表示为当前通道,此时参数列表显示通道 2 相关信息,以便对通道 2 的波形参数进行设置）。
15	输出波形选择按键	用于选择输出信号的波形。

后面板图如图 2.8-13 所示,面板上各控件的作用见表 2.8-9。

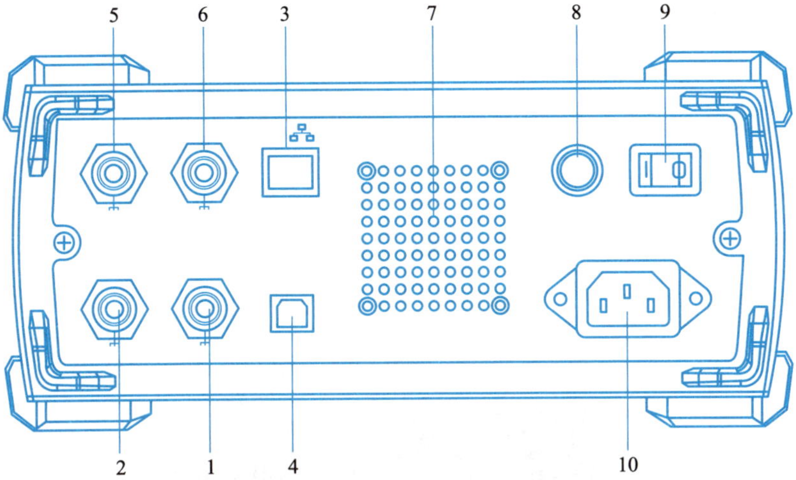

图 2.8-13　UTG7025B 函数波形发生器后面板图

1—外部模拟调制输入端;2—外部数字调制或频率计接口;3—局域网(LAN)端口;
4—USB 接口;5—外部 10 MHz 输入端;6—内部 10 MHz 输出端;
7—散热孔;8—保险管;9—总电源开关;10—AC 电源输入端

表 2.8-9　UTG7025B 后面板控制件作用

序号	控制件名称	功能
1	外部模拟调制输入端	在 AM、FM、PM 或 PWM 信号调制时,当调制源选择外部时,通过外部模拟调制输入端输入调制信号,对应的调制深度、频率偏差、相位偏差或占空比偏差由外部模拟调制输入端的±5V 信号电平控制。
2	外部数字调制或频率计接口	在 ASK、FSK、PSK 信号调制时,当调制源选择外部时,通过外部数字调制接口输入调制信号,对应的输出幅度、输出频率、输出相位由外部数字调制接口的信号电平决定。
3	局域网(LAN)端口	局域网(LAN)端口可以将此仪器连接至局域网,以实现远程控制。
4	USB 接口	通过此 USB 接口与上位机软件连接,实现计算机对本仪器的控制。
5	外部 10 MHz 输入端	实现多个函数/任意波形发生器之间建立同步或与外部 10 MHz 时钟信号的同步。当仪器时钟源选择外部时,外部 10 MHz 输入端接收一个来自外部的 10 MHz 时钟信号。

续表

序号	控制件名称	功能
6	内部 10 MHz 输出端	实现多个函数/任意波形发生器之间建立同步或向外部输出参考频率为 10 MHz 的时钟信号。当仪器时钟源选择内部时,内部 10 MHz 输出端输出一个来自内部的 10 MHz 时钟信号。
7	散热孔	确保仪器良好散热。

功能界面如图 2.8-14 所示。

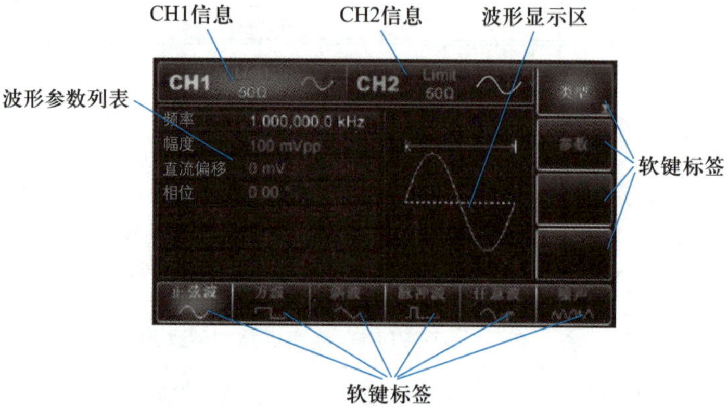

图 2.8-14 信号发生器功能界面

CH1 信息:高亮显示(标签的正中央显示红色)时表示显示屏只显示通道 1 的信息,可对此通道进行参数设置。非高亮显示时不能对此通道进行参数设置,可按 CH1 按键来快速切换。

CH2 信息:高亮显示(标签的正中央显示红色)时表示显示屏只显示通道 2 的信息,可对此通道进行参数设置。非高亮显示时不能对此通道进行参数设置,可按 CH2 按键来快速切换。

软键标签:用于标识旁边的功能菜单软键和菜单操作软键当前的功能。高亮显示:高亮显示表示标签的正中央显示当前通道的颜色或系统设置时的灰色,并且字体为纯白色。

波形参数列表:以列表的方式显示当前波形的各种参数,如果列表中某一项显示为纯白色,则可以通过菜单操作软键、数字键盘、方向键、多功能旋钮的配合进行参数设置。

波形显示区:显示该通道当前设置的波形形状。

(二) UTD7102DG 型数字示波器

图 2.8-15 为 UTD7102DG 型数字示波器面板图。待测信号可通过 CH1 和 CH2 两个输入通道输入示波器进行观察,表 2.8-10 为该示波器的功能简表。

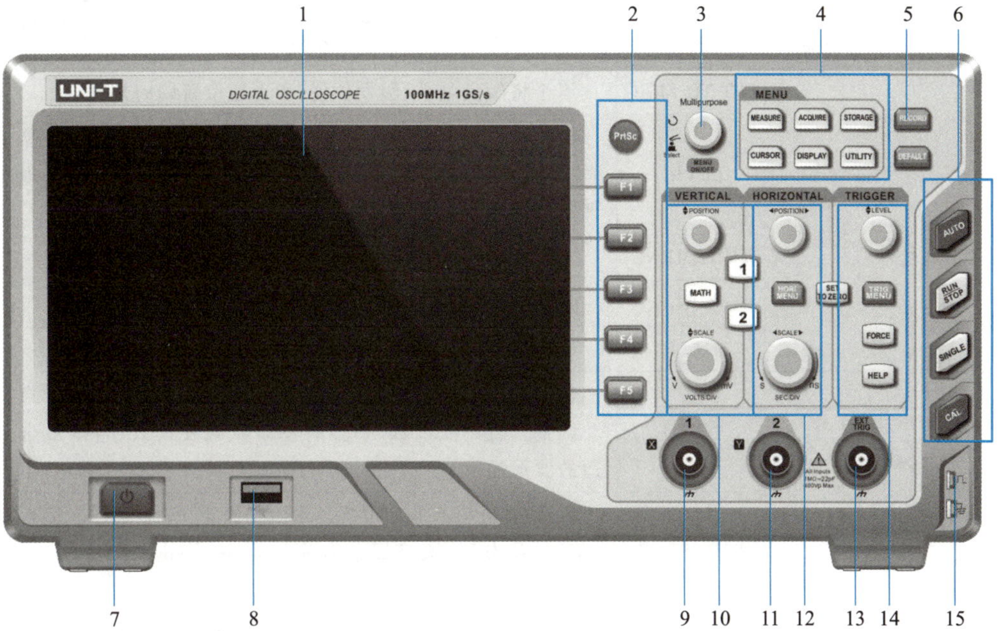

图 2.8-15 UTD7102DG 型数字示波器前面板图

1—屏幕显示区；2—屏幕菜单控制键；3—多功能旋钮；4—功能控制区；5—重置和录制键；6—运行控制区；7—电源软开关键；8—USB 接口；9、11—信号输入通道；10—垂直控制区；12—水平控制区；13—外部触发输入通道；14—触发控制区；15—探头补偿信号连接片和接地端

表 2.8-10 UTD7102DG 型数字示波器功能简表

区域	名称	功能
垂直控制区	1 2	显示垂直通道操作菜单，打开或关闭通道显示波形。
	MATH	按下该键打开数学运算功能菜单。
	POSITION	垂直移位旋钮，可移动当前通道波形的垂直位置，屏幕下方的垂直位移值相应变化。按下该旋钮可使通道显示位置回到垂直中点。
	SCALE	垂直挡位旋钮，调节当前通道的垂直挡位，屏幕下方的挡位标识相应变化。垂直挡位步进为 1-2-5。
水平控制区	HORI MENU	水平菜单按键，显示“视窗扩展”和“释抑时间”。
	POSITION	水平移位旋钮，可移动当前通道波形的水平位置，屏幕上方的水平位移值相应变化。按下该旋钮可使通道显示位置回到水平中点。
	SCALE	水平时基旋钮，调节当前通道的时基挡位，调节时可以看到屏幕上的波形水平方向上被压缩或扩展，同时屏幕下方的时基挡位标识相应变化。时基挡位步进为 1-2-5。

续表

区域	名称	功能
触发控制区	SET TO ZERO	用于将触发电平,触发位置,和通道位置同时居中。
	LEVEL	触发电平调节旋钮,当前触发通道的触发电平值,屏幕右上角的触发电平值相应变化。按下该旋钮可使触发电平回到触发信号快速回到触发信号 50%的位置。
	TRIG MENU	显示触发操作菜单内容。
	FORCE	强制触发键,按下该键强制产生一次触发。
	HELP	显示示波器内置帮助系统内容。
运行控制区	AUTO	自动设置。按下该键,示波器将根据输入的信号,可自动调整垂直刻度系数、扫描时基以及触发模式,直至最合适的波形显示。
	RUN STOP	运行/停止。按下该键“运行”或“停止”波形采样。运行(RUN)状态下,该键绿色背光灯点亮;停止(STOP)状态下,该键红色背光灯点亮。
	SINGLE	单次触发。按下该键将示波器的触发模式设置为“单次”。
	CAL	校正信号切换。长按该键可以切入切出校正信号到通道。(注:为了防止误操作导致外部高电压反向进入烧坏校准信号电路,该功能仅在 2 mV/div~5 V/div 时有效。)
PrtSc		屏幕拷贝。按下该键可将屏幕波形以 BMP 位图格式快速拷贝到 USB 存储设备中。
Multipurpose		Multipurpose:菜单操作时,按下某个菜单软键后,转动该旋钮可选择该菜单下的子菜单,然后按下旋钮(即 Select 功能)可选中当前选择的子菜单。
功能控制按键	MEASURE	按下该键进入测量设置菜单。可设置测量信源、所有参数测量、定制参数、测量统计、测量指示器等。
	ACQUIRE	按下该键进入采样设置菜单。可设置示波器的获取方式、深存储、快采开关。
	STORAGE	按下该键进入存储界面。可存储的类型包括:设置、波形。可存储到示波器内部或外部 USB 存储设备中。
	CURSOR	按下该键进入光标测量菜单。可手动通过光标测量波形的时间或电压参数。
	DISPLAY	按下该键进入显示设置菜单。设置波形显示类型、显示格式、持续时间等。
	UTILITY	按下该键进入辅助功能设置菜单。可以进行自校正、系统信息、语言设置、菜单显示、波形录制、通过测试、方波输出、频率计、系统升级、背光亮度、输出选择等设置或操作。

续表

区域	名称	功能
DEFAULT		按下该键使示波器进行恢复出厂设置操作。
RECORD		按下该键直接打开波形录制菜单。

图 2.8-16 为示波器用户界面。

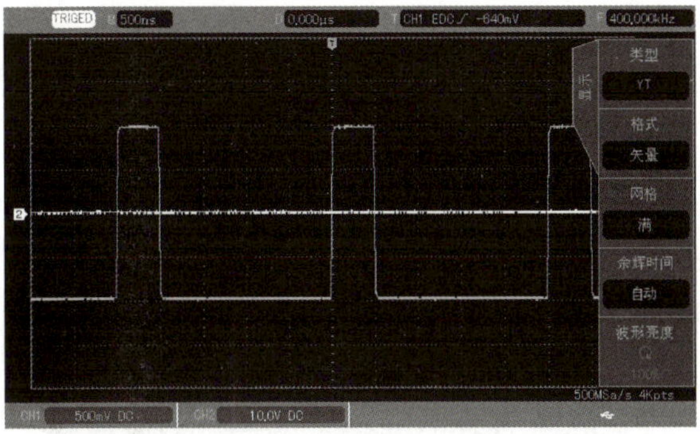

图 2.8-16　UTD7102 型数字示波器显示界面

1. 触发状态标识

可能包括 TRIGED（已触发）、AUTO（自动）、READY（准备就绪）、STOP（停止）、ROLL（滚动）。

2. 时基挡位

表示屏幕波形显示区域水平轴上一格所代表的时间。使用示波器前面板水平控制区的 SCALE 旋钮可以改变此参数。

3. 水平位移

显示波形的水平位移值。调节示波器前面板水平控制区的“POSITION”旋钮可以改变此参数。

4. 触发信息

显示当前触发源、触发类型、触发斜率、触发耦合、触发电平等触发信息。

（1）触发源：有 CH1～CH2、交流电、EXT 等。

（2）触发类型：边沿、脉宽、视频、斜率等。

（3）触发斜率：有上升、下降、上升下降三种。例如图中的标识上升沿触发。

（4）触发耦合：有直流、交流、高频抑制、低频抑制、噪声抑制五种。例如图中的DC标识触发耦合为直流。

5. 频率计

显示当前触发通道的频率信息。

6. 通道垂直状态标识

显示通道激活状态、通道耦合、带宽限制、垂直挡位、探头衰减系数。

7. 采样率/存储深度

显示示波器当前挡位的采样率和存储深度。

8. USB 标识

在 USB 接口连接上 U 盘等 USB 存储设备是显示此标识。

【实验步骤】

1. 使用前的准备工作

快速的基本功能检查,以核实本仪器运行是否正常。

(1) 电源接通

打开机器后部电源插孔下方的电源开关,示波器将正式通电。此时示波器前面板左下角的电源软开关键的绿色待机状态灯将亮起。

(2) 开机启动

在机器完成通电操作后,按下电源软开关键。绿色的待机状态灯将熄灭,同时前面板的部分按键将发生亮灯反应。约 1 s 后屏幕点亮并出现 LOGO 画面,LOGO 画面再持续约 4 s 后,示波器将进入正常工作界面。

(3) 基本功能检查

示波器进入正常界面后,找到操作面板右下方的"CAL"按键。长按"CAL"按键至听到继电器切换声音后松开,然后按"AUTO"按键,信号自动调节完成后屏幕上将在上下半屏分别出现两个通道一致的 1 kHz、3 V_{P-P} 方波信号。再次按下"CAL"按键,则内部参考输入断开,通道才能处于正常外部输入状态。

2. 观察各种波形并测量三个正弦波形的电压、周期和频率

(1) 调节信号发生器,分别观察三角波(斜波)、方波、正弦波形三种,熟悉信号发生器和示波器的使用。

(2) 选择三个频率段正弦波形,分别测量对应波形电压(峰-峰值)、周期和频率。将数据填入表 2.8-11 中,并计算绝对误差。

3. 利用李萨如图形测量频率

(1) 将信号发生器 CH1 通道和 CH2 通道输出信号分别从示波器的 CH1 输入端和 CH2 输入端输入。

(2) 按示波器"DISPLAY"键及"F1"键,将示波器 CH1 和 CH2 输入端信号置于 X-Y 模式。

(3) 保持 CH1 输入端信号发生器的频率不变(例如 $f_x = 50$ Hz),调节 CH2 输入端信号发生器的频率,使屏中出现大小适中的图形。

(4) 调节信号发生器 CH2 通道信号频率,分别出现图 2.8-11 所示图形,绘出此时图形,读出信号发生器上 CH2 输入端信号的频率 f'_y,填入表 2.8-12 中,计算出 f_y,比较 f_y 和 f'_y。

【数据记录及处理】

1. 电压、周期和频率测量

（注：标准值即信号发生器显示的值）

表 2.8-11　信号电压、周期和频率测量记录表

	V_{P-P}/V		f/Hz		T/s	
	测量值	标准值	测量值	标准值	测量值	标准值
信号 1						
相对误差						
信号 2						
相对误差						
信号 3						
相对误差						

2. 利用李萨如图形测频率

表 2.8-12　李萨如图形观察记录表

$f_y : f_x$	1 : 2	1 : 1	2 : 1	3 : 2	3 : 1
f_x(CH1)/Hz	50	50	50	50	50
李萨如图形					
n_x					
n_y					
f_y/Hz(计算值)					
f_y'/Hz(标准值)					

【注意事项】

1. 按操作规程进行操作，不得随意扳动旋钮或按键。

2. 在操作过程中如出现故障或异常情况（如冒烟闪光、异常气味等），应立即关掉电源并报告指导教师。

【思考题】

1. 若在数字示波器上看到的波形幅度太小，应调节哪个旋钮，使波形的大小适中？

2. 怎样用数字示波器定量地测量交流信号的电压有效值和频率?

3. 观察两个信号的合成李萨如图形时,应如何操作数字示波器?

4. 在观测李萨如图形时,如发现波形不停旋转,这是什么原因?应该如何解决?

5. 频率比为 1∶1 李萨如图形何时为椭圆,何时为圆?

实验 9 超声波声速的测量

【实验目的】

1. 掌握用驻波法和相位法测量超声波在空气中的传播速度。
2. 理解换能器的工作原理,加深对驻波及振动合成等理论的理解。
3. 学会应用逐差法处理数据。
4. 进一步掌握示波器和信号发生器的使用方法。

【实验器材】

SBZ-A 型超声声速测定仪、ST-16B 示波器、YB1602 函数信号发生器、温度计。

【预习要求】

1. 了解超声声速测定仪的结构。
2. 了解压电效应、逆压电效应和逐差法。
3. 了解超声波有什么应用?

【仪器描述】

SBZ-A 型超声声速测定仪主要由压电换能系统、游标卡尺、固定支架等部件组成,如图 2.9-1 所示。图中 A 为超声波发射换能器,固定在游标卡尺的主尺上,能将电能转化为机械能发射超声波;B 为超声波接收换能器,固定于游标卡尺的游标尺上,用于接收超声波并将机械能转化为电信号,可由示波器或毫伏表显示出来。两个换能器的结构完全相同。A、B 下方各有两个接线插孔,其中黑色插孔为接地端。当松开螺丝 M 时,游标可大范围地在主尺上移动;当 M 拧紧后,调节微动螺丝 N 可微调游标的位置。两换能器之间的距离由主尺和游标直接读出。当超声换能器接收到电信号,它便按一定的频率作机械振动,从而推动空气分子振动,产生平面超声波。超声声速测定仪支架结构采用了减震措施,能有效隔离两超声换能器间通过支架而产生的机械振动耦合,从而避免了由于超声波在支架中传播引起的测量误差。

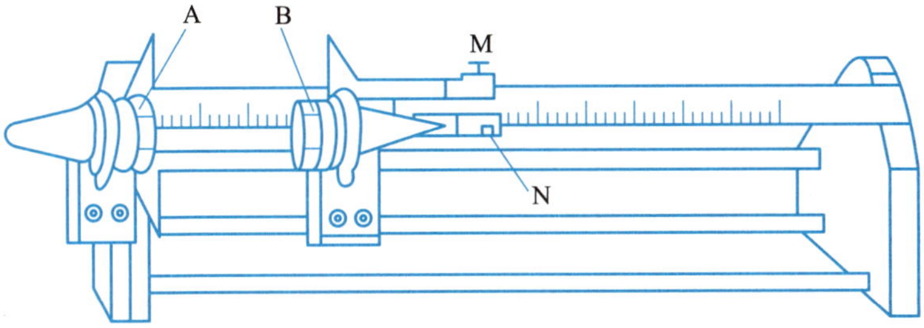

图 2.9-1 超声声速测定仪结构简图

ST-16B 示波器和 YB1602 函数信号发生器的工作原理和使用方法请参考实验 8。

【实验原理】

声波是机械振动状态(或能量)的传播形式。在弹性介质中,如果波源所激起的声波频率高于 20 kHz 就不会引起人的听觉,因此,把频率高于 20 kHz 的声波称为**超声波**。超声波是一种频率高、能量集中、方向性强且贯穿本领大的机械纵波。超声波在医学方面应用非常广泛,例如 B 超、彩超、碎石(胆结石、肾结石等),还能破坏细菌结构,对物品进行杀菌消毒。人工获得机械波的方法可分为三大类:机械型、磁致伸缩型和电致伸缩型。

当某些电介质两端面受到压缩或拉伸时,则在受力的两端面上就会有等量异号电荷产生,这种现象称为**压电效应**,是机械能转化为电能的过程。若在电介质两端面加上电压,电介质沿电场方向收缩或伸长,这种现象称为**逆压电效应**,或称为电致伸缩效应,是电能转化为机械能的过程。如果在电介质两端面加上一个频率超过 20 kHz 的交变电压,电介质将按交变电压的频率作机械振动,则会在其周围的弹性介质中产生超声波。利用电介质的逆压电效应所产生的超声波,其强度除同交变信号的输出功率大小有关外,还与信号的频率有关。当电介质处于受迫振动状态时,若信号频率等于电介质的固有频率,电介质就会处于共振状态。根据受迫振动理论可知,当振动体发生共振时,振动体的振动速度幅值达到最大,而在声阻抗一定时,声强正比于速度幅值,所以输出声波的强度最大,同时输出能量也最大。因此,要得到一个较强的超声波输出,不仅要求信号发生器有较大的功率输出,还必须将其信号频率调到电介质的固有频率。

经理论推导，超声波在干燥空气中的传播速度公式为

$$C=C_0\sqrt{1+\frac{t}{273.15}} \tag{2.9-1}$$

式中，$C_0=331.45\ \text{m}\cdot\text{s}^{-1}$为 $t=0$ ℃时声波在空气中的速度，t 为摄氏温度。用式(2.9-1)计算出的声速可作为声速的标准值(理论值)。由波动理论可知

$$C=\lambda f \tag{2.9-2}$$

只要知道超声波的频率 f 和波长 λ，即可求出声速 C。实验中信号发生器输出频率就是超声波频率 f，即换能器电介质的固有频率；超声波的波长 λ 可用驻波法或相位法测量。

1. 驻波法

从发射换能器发出一定频率的平面波，经过空气的传播到达接收换能器。如果接收面和发射面严格平行，即入射波在接收面上垂直反射，入射波与反射波相互干涉形成驻波，此时两换能器之间的距离恰好等于超声波半波长的整数倍。在驻波中，波节处的振幅为零，即处于静止状态，但波节周围体积元内介质的密度变化却达最大，相邻波节间的距离为 $\lambda/2$。在声驻波中，波节处声压最大，波腹处声压最小。因此，接收换能器的反射界面处若为波节，声压效应最大，则示波器上信号最强，所以可从接收换能器端面声压的变化来判断超声波驻波是否形成。

利用电介质的压电效应，把接收换能器 B 与示波器相连，在超声波的传播方向上缓慢移动接收换能器 B，当示波器上显示波形电压达到最大值时，换能器两端电压达到最大值，接收换能器所处的位置即为波节位置。记录下相邻两次出现最大电压数值时游标卡尺的读数，即可知两相邻波节间的距离，其值等于$\lambda/2$，再根据式(2.9-2)可求出超声波在空气中的传播速度。驻波法实验时，由于是观察接收信号的波形图，因此，示波器 X 轴触发源选择开关应拨在“内”，使内部产生的锯齿波信号加到 X 轴偏转板上，这样才能在荧光屏上呈现波形图。

2. 相位法

超声波波源振动时，通过均匀介质将其振动传给周围的质点。在声波传播方向上，所有质点的振动相位逐一落后，各质点的相位又随时间变化，但其振动频率与声源相同，因此声场中任一点与声源的相位差不随时间变化。由于各质点的振动和波源的振动存在着一定的相位差，这种相位差可以通过比较接收换能器输出的电信号与发射换能器输入的电信号的相位关系中得出，并可通过示波器荧光屏上的李萨如图形来观察，也可用双踪示波器直接测出。图 2.9-2 为两个同频率相互垂直的振动合成的李萨如图形，由于两振动相位差不同，因此出现不同的图形。

用李萨如图形来测定介质中各点与波源的相位差时，除原来接收换能器的信号仍由 Y 轴输入示波器外，还必须将发射换能器的信号同时由 X

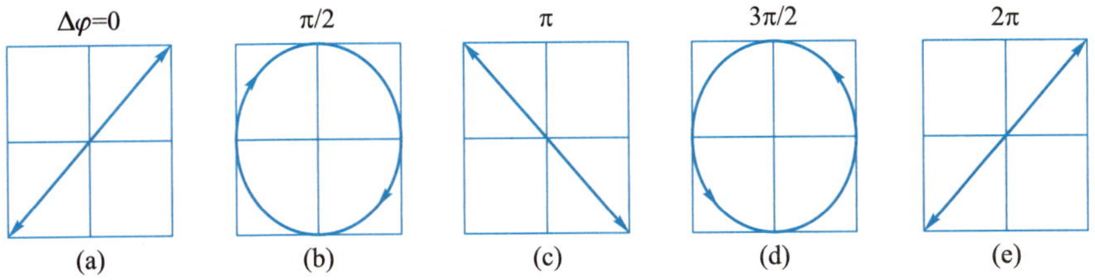

图 2.9-2　李萨如图形

轴输入示波器。此时，示波器的触发源选择开关必须拨在“外”，让外接波源信号加到 X 轴偏转板，这样才能在荧光屏上观察到 X、Y 轴两个信号的合成，即李萨如图形。

在测量过程中，当接收换能器距离发射换能器的位置正好是半波长的偶数倍时，相位差 $\Delta\varphi=0$（即同相点），李萨如图形如图 2.9-2(a)所示；当接收换能器的位置离波源正好是半波长的奇数倍时，$\Delta\varphi=\pi$（即反相点），波形如图 2.9-2(c)所示；当接收换能器的位置不在同相点或反相点的位置，但满足 $\Delta\varphi=\pi/2$ 或 $\Delta\varphi=3\pi/2$ 时，其合成图形是椭圆，如图 2.9-2(b)、(d)所示。由于介质中某质点与相邻同相质点之间的距离为一个波长 λ，与相邻反相点之间的距离为 $\lambda/2$，因此，测出超声波同相和反相的各点位置，就可求出波长值，再根据式(2.9-2)即可求出超声波在空气中传播的速度。

【实验步骤】

（一）驻波法

1. 按图 2.9-3 所示将信号发生器的输出端与超声声速测定仪的发射换能器 A 的接线柱连接，接收换能器 B 的接线柱同示波器 Y 输入相连接。

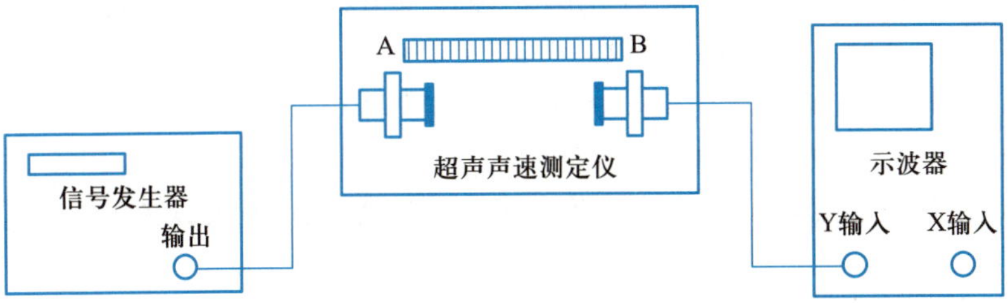

图 2.9-3　驻波法测声速接线图

2. 松开超声声速测定仪螺丝 M，移动接收换能器 B，使其距离发射换能器 A 约 5 cm。注意不可使两个换能器端面接触，否则会改变换能器系统的固有频率。

3. 接通信号发生器及示波器电源，将信号发生器的频率范围选择按钮“200 k”按下，输出频率调到发射换能器的固有频率(约 33 kHz)，输出电压调到 5 V。在示波器上调出大小合适的正弦波。

4. 首先观察电路是否谐振。缓慢调节信号发生器的频率，并观察示波器上正弦波幅度的变化。谐振时，示波器接收到的信号电压最大。若没有谐振，可调节信号发生器输出频率微调，同时将接收换能器 B 左右微动，直至示波器接收到的信号电压达到最大为止，并记下信号发生器上的频率读数，该值即为换能器的固有频率 f。

5. 缓慢向右移动游标尺(即移动接收换能器 B)，逐渐加大发射换能器 A 和接收换能器 B 的间距，同时观察示波器上的波形变化。当波形幅度最大时，表明已形成驻波，此时接收换能器 B 在驻波的波节上。随后拧紧螺丝 M 并调节微动螺丝 N，仔细调节接收换能器 B 的位置，使波形幅度最大，记录游标卡尺上的第 1 次读数。

6. 松开螺丝 M，重复上述方法，依次测出连续 10 个波节位置的数据，记录于表 2.9-1 中。

7. 用逐差法由第 i 个波节位置及第(i+5)个波节位置求出超声波的平均波长，再根据式(2.9-2)计算出声速。

8. 用温度计测出实验室温度。根据式(2.9-1)计算出声速标准值，再求出实验的相对误差。

(二) 相位法

1. 示波器的 X 轴触发选择开关拨到“外接”挡，将信号发生器分别与发射换能器 A 和示波器的 X 输入连接。接收换能器 B 仍与示波器的 Y 输入连接，并将游标尺(即接收换能器 B)移回到 5 cm 左右的位置。

2. 调节信号发生器输出电压以及示波器，使示波器荧光屏上的图形大小适中。当接收换能器 B 从发射换能器 A 附近慢慢移开时，A 与 B 间的相位差随距离变化，荧光屏上的图形也相应变化。注意观察荧光屏，当出现图 2.9-2(a)中的李萨如图形时，即为同相点的位置，经微调螺丝 N 后记下游标卡尺上的第 1 次读数。

3. 逐渐向右移动游标尺，将依次出现的反相点和同相点的位置记录于表 2.9-2中，共测出 10 个数据。

4. 用逐差法求出平均波长及声速，并求出实验的相对误差。

【数据记录及处理】

输入信号频率(换能器固有频率)f= ____________ kHz；

输入信号电压 U= ____________ V；

室温 t= ____________ ℃；

声速标准值 $C=C_0\sqrt{1+\frac{t}{273.15}}=$ ________ $\mathrm{m\cdot s^{-1}}$。

1. 驻波法

表 2.9-1　驻波法测量数据记录表

测量次数	波节位置 X_i/cm	测量次数	波节位置 X_i/cm	$\lambda/2\left(=\frac{X_{i+5}-X_i}{5}\right)$/cm
1		6		
2		7		
3		8		
4		9		
5		10		

$\bar{\lambda}=$ ________ cm；$C_{测}=f\bar{\lambda}=$ ________ $\mathrm{m\cdot s^{-1}}$；

相对误差 $E=\frac{|C_{测}-C|}{C}\times100\%=$ ________ %。

2. 相位法

表 2.9-2　相位法测量数据记录表

测量次数	$\Delta\varphi$	卡尺读数 X_i/cm	测量次数	$\Delta\varphi$	卡尺读数 X_i/cm	$\lambda/2\left(=\frac{X_{i+5}-X_i}{5}\right)$/cm
1	0		6	5π		
2	π		7	6π		
3	2π		8	7π		
4	3π		9	8π		
5	4π		10	9π		

$\bar{\lambda}=$ ________ cm；$C_{测}=f\bar{\lambda}=$ ________ $\mathrm{m\cdot s^{-1}}$；

相对误差 $E=\frac{|C_{测}-C|}{C}\times100\%=$ ________ %。

【注意事项】

1. 实验中要缓慢移动游标尺，不要压迫游标尺，以防止主尺弯曲而引起误差，并注意观察示波器上的图形，避免漏记。

2. 信号发生器的输出电压不得超过 6 V，使用时输出端严禁短路，以免烧坏仪器。

3. 实验前必须熟读有关仪器的使用方法，然后再动手实验，检查好电路连接是否正确。切勿盲目使用仪器，以免损坏仪器。

4. 不得任意转动换能器的端头，且两换能器端面不能相碰，以免改变换能器的固有频率。

5. 测量过程中，移动接收换能器时不要来回移动，而应沿同一个方向远离发射换能器移动，避免产生偏差。

【思考题】

1. 本实验为什么采用超声波作声源，而不用音频范围内的声波？信号发生器输出频率为什么要调到换能器的固有频率？

2. 若不用李萨如图形法，可用其他什么方法来测定相位差？线路连接和实验方法上有什么改变？

3. 在驻波法中，连线正确，但示波器不能显示接收换能器的输出波形，请估计是哪些原因造成的？应当如何处理？

4. 在各种不同的介质中声速是否相同？请设计一个方案测量超声波在水、油或其他液体中的声速。

实验 10 用衍射光栅测量光波波长

【实验目的】

1. 了解分光计的结构及各组成部分的功能，学会分光计的使用和调节方法。

2. 掌握用自准直法调节望远镜调焦至无穷远的方法。

3. 观察光栅的衍射现象，应用光栅测量汞灯谱线的波长。

【实验器材】

JJY-1 型分光计、平面镜、光栅、汞灯。

【预习要求】

1. 分光计主要由哪几部分组成？

2. 了解分光计调节使用方法。

3. 怎样调节望远镜筒与平面镜垂直？
4. 调节望远镜时如何发现和消除视差？
5. 分光计在设计上是如何消除偏心差的？

【仪器描述】

分光计是光学实验中常用的一种光学仪器，它能将复色光分离成光谱，常利用棱镜或光栅把一束复色入射光分解为不同角度的出射光，通过对出射光角度的测量可得到入射光的波长。因此，分光计实际上是一种测量光线偏转角的精密测角仪器。不少物理量如折射率、波长等，往往可以通过光线的偏折来量度。若在分光计上装上光电探测器，还可以对光的偏振现象进行定量的研究。为了保证测量的精确，测量前必须对分光计进行调整。学习分光计的调整方法是使用光学仪器的一种基本训练。

本实验使用 JJY-1 型分光计（如图 2.10-1 所示）。该分光计由“阿贝”式自准直望远镜、装有可调狭缝的平行光管、可升降的载物平台及读数圆盘等四大部分组成。

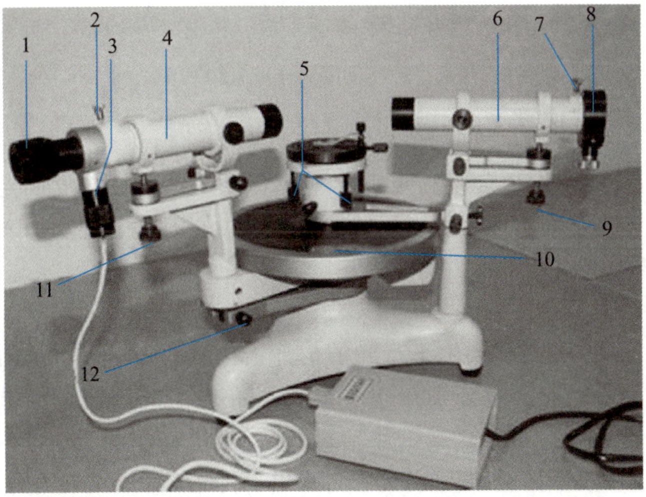

图 2.10-1 JJY-1 型分光计的结构

1—目镜；2—望远镜锁紧螺丝；3—小灯；4—望远镜；5—平台倾斜度调节螺丝；6—平行光管；7—平行光管锁紧螺丝；8—狭缝装置；9—平行光管倾斜度调节螺丝；10—读数圆盘；11—望远镜倾斜度调节螺丝；12—读数圆盘微调螺丝

1.“阿贝”式自准直望远镜

装有“阿贝”目镜的望远镜称为“阿贝”式自准直望远镜，用以观察平行光行进的方向。与普通望远镜相类似，它由物镜、目镜组、十字叉丝和照明小灯等组成。改变物镜至目镜的距离，可以使不同距离的物体成像清晰。望远镜调焦于无穷远时，则可使从无穷远射来的平行光成像最清晰。为了便于测量，物镜与目镜之间有十字叉丝，目镜与叉丝的距离以及目镜、叉丝相对于物镜的距离均可调节,叉丝应位于目镜焦平面上。目镜是由场镜和接目镜组成的,常用的目镜有两种:一种是**高斯目镜**,在它的场镜和接目镜间装了一片与镜筒成 45°角的薄玻璃片,当小灯的光经玻璃片反射后可将叉丝全部照亮;另一种是**阿贝目镜**,在目镜与叉丝之间装了一个全反射小三棱镜,小灯发出的光经小三棱镜反射后将叉丝的一部分照亮,而从目镜望去这照亮的部分刚好被小三棱镜遮住,故只能看到叉丝的其他部分,如图 2.10-2 所示。

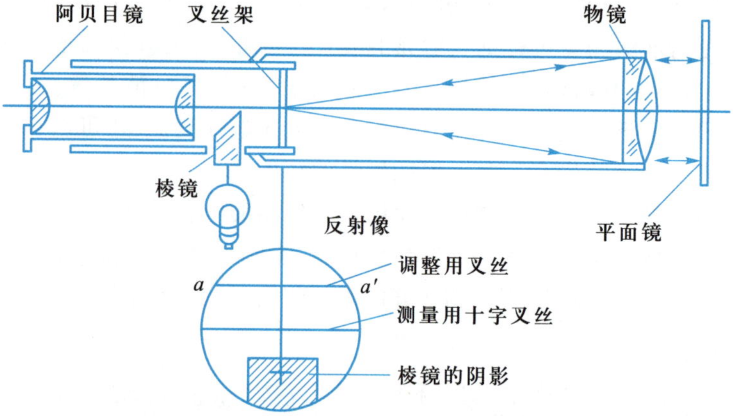

图 2.10-2 阿贝目镜式自准直望远镜结构

如图 2.10-1 所示,望远镜可绕分光计中心轴转动,它的倾斜度也可通过螺丝进行调节,而望远镜固定螺丝则起着把望远镜倾斜度固定的作用。在望远镜与中心轴相连处有望远镜锁紧螺丝,放松时可使望远镜绕中心轴转动,旋紧时可固定望远镜。

2. 平行光管

平行光管是分光计产生平行光的构件,它由一条可改变缝宽的狭缝及一个消色差的会聚透镜分别装在一根长短可伸缩的圆筒套两端组成,如图 2.10-3 所示。狭缝至透镜的距离可调节,当用光源照明狭缝时,若狭缝刚好位于透镜焦平面上,则平行光管将发出平行光。平行光管与分光计底座固定在一起,它的倾斜度可以通过平行光管倾斜度调节螺丝进行调节。而平行光管固定螺丝则起着固定平行光管倾斜度的作用。为了进行较精密的调整,望远镜和平行光管均装有微调结构,只要拧紧望远镜(或平行光管)的锁紧螺丝后,再旋动其微调螺丝,则望远镜(或平行光管)只能转动微小角度。

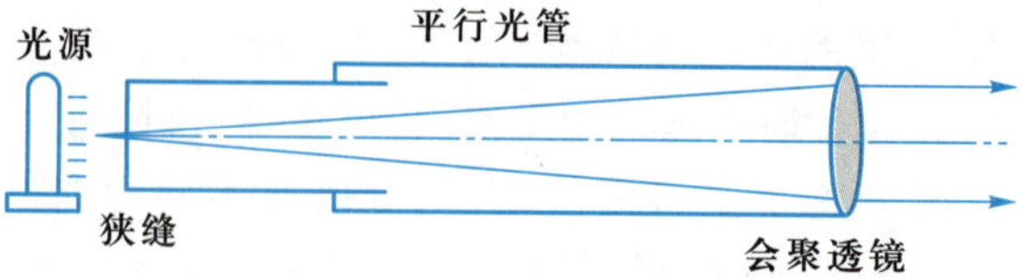

图 2.10-3 平行光管结构示意图

3. 载物平台

载物平台是双层结构，上层放置被测对象或光学元件（如三棱镜、光栅等）。载物台下有三只呈正三角形排列的调节螺钉 a、b 和 c，用来调节载物平台的高度和倾斜度，如图 2.10-4 所示。载物平台可由锁紧螺丝来固定其位置。

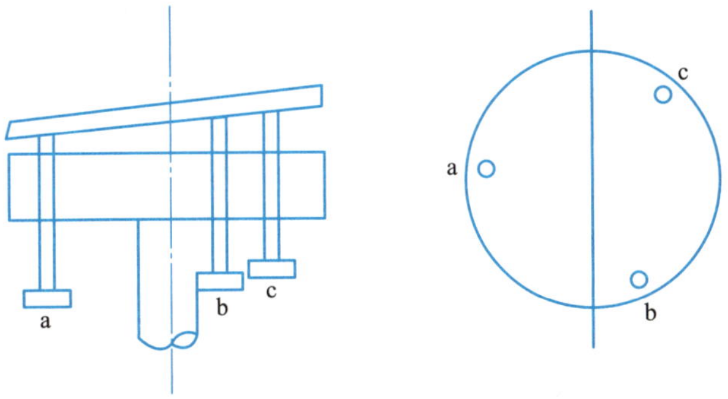

图 2.10-4　载物平台调节螺钉示意图

4. 读数圆盘

读数圆盘用来确定望远镜和载物平台的相对方位，由可绕中心轴转动的刻度盘和游标盘组成。望远镜和载物台分别与刻度盘和游标盘相连，它们的相对转动角度可从读数圆盘中读出。读数圆盘有左、右两个，相隔 180°，从左、右两窗可分别读得望远镜转过的角度，然后取平均值，这样可消除刻度盘和游标盘不严格同心所造成的偏心差。

JJY-1 型分光计角游标的最小分度为 1′（主刻度盘上每小格为 30′，角游标 30 分格的弧长与主刻度盘 29 分格的弧长相等），如图 2.10-5(a) 所示。读数方法和游标卡尺类似，例如，图 2.10-5(b) 所示位置，读数值为 314°30′+11′=314°41′。

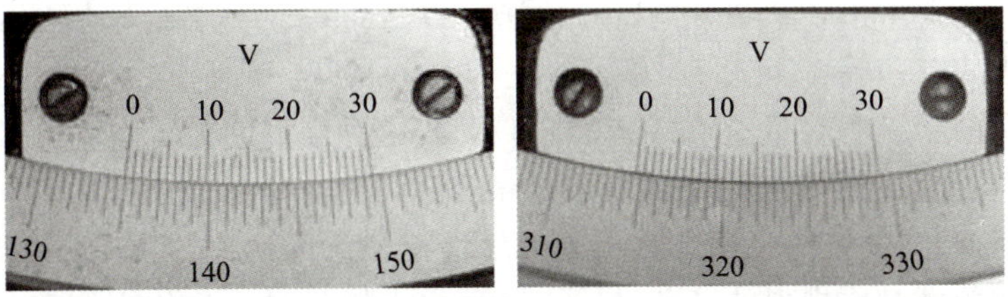

(a)　(b)

图 2.10-5　角游标读数

【实验原理】

衍射光栅被广泛应用于研究各种光谱和测定光波波长。光栅主要分为**透射光栅**、**反射光栅**和**全息光栅**等。本实验使用的是透射光栅，即在一块很平的玻璃片上，用金刚石或电子束刻出一系列等宽等距的平行刻痕，刻痕处因漫反射而不透光，未刻过的地方相当于透光的狭缝，这就是透射光栅。若光栅的刻痕宽度为 a，透光狭缝宽度为 b，则相邻两狭缝间的距离 $d=a+b$，d 称为光栅常量，它是光栅的重要参量之一。

当一束平行单色光入射到光栅上时，透过光栅的每条狭缝的光都产生衍射，而通过光栅不同狭缝的光还要发生干涉，因此光栅的衍射条纹实质是衍射和干涉的总效果。如图 2.10-6 所示，与光栅法线成角度 i 的单色平行光束入射到光栅平面上，光栅出射的衍射光束经过透镜会聚于焦平面上，则在焦平面的观察屏上就会观察到明暗相间的衍射条纹。若衍射光线与光栅法线所成的夹角（即衍射角）为 φ，作 CA 线段垂直于入射线 AB，作 BD 线段垂直于衍射线 CD，则相邻透光狭缝对应位置两光线的光程差为

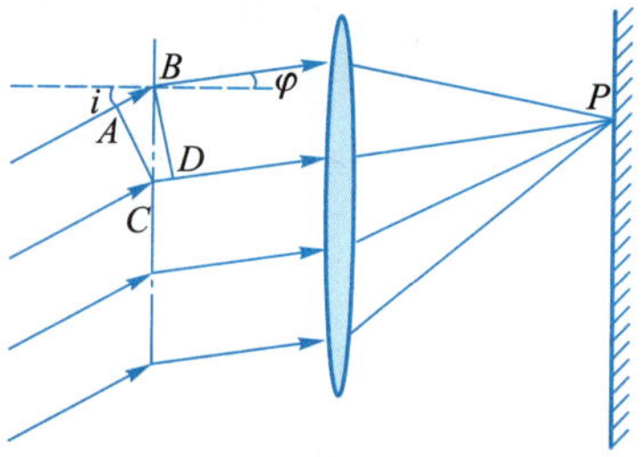

图 2.10-6　光栅衍射原理示意图

$$AB-CD=d(\sin i-\sin\varphi) \qquad (2.10\text{-}1)$$

当光程差等于入射光波长的整数倍时，多光束干涉使光振动加强而在观察屏上 P 处产生一明条纹，则由式(2.10-1)得光栅衍射形成明条纹的条件为

$$d(\sin i-\sin\varphi_k)=k\lambda \quad (k=0,\pm1,\pm2,\pm3,\cdots) \qquad (2.10\text{-}2)$$

式中 λ 为单色入射光波的波长，k 表示明条纹的级次，φ_k 为第 k 级明纹的衍射角，i 为光线的入射角。此式称为**光栅方程**，它是研究光栅衍射的重要公式。本实验研究的是光线垂直入射到光栅上所形成的衍射，即入射角 $i=0$，则光栅方程为

$$d\sin\varphi_k=k\lambda \quad (k=0,\pm1,\pm2,\pm3,\cdots) \qquad (2.10\text{-}3)$$

由式(2.10-3)可知，如果入射光为复色光，$k=0$ 时，有 $\varphi_0=0$，说明不同波长的零级明纹重叠在一起，则零级条纹仍为复色光。当 k 为其他值时，不同波长的同级亮纹因有不同的衍射角，就会相互分开处在不同的位置。因此，在透镜焦平面上将出现按短波至长波的次序，自中央零级明纹向两侧依次对称排列的彩色谱线。这种由光栅分光产生的光谱称为**光栅光谱**。

本实验所使用的光源是汞灯。汞灯发出的光进入平行光管后垂直入射到光栅上，通过望远镜可观察到汞灯的光栅光谱，汞灯发出的光波是波长不连续的可见光，其光谱是线状光谱，如图 2.10-7 所示。中央亮线是零级主极大，在它的左右两侧对称分布着 $k=\pm1$ 的四色六波长可见光的衍射谱线，称为**第一级光栅光谱**，向外侧还有第二级、第三级谱线。对应于某一

级光谱线的衍射角 φ 可以精确地在读数圆盘上读出。若汞灯的光栅绿色谱线波长已知，则可由式(2.10-3)求出光栅常量 d。再由 d 值及其他各色谱线的衍射角可求得各色谱线对应的光波波长。

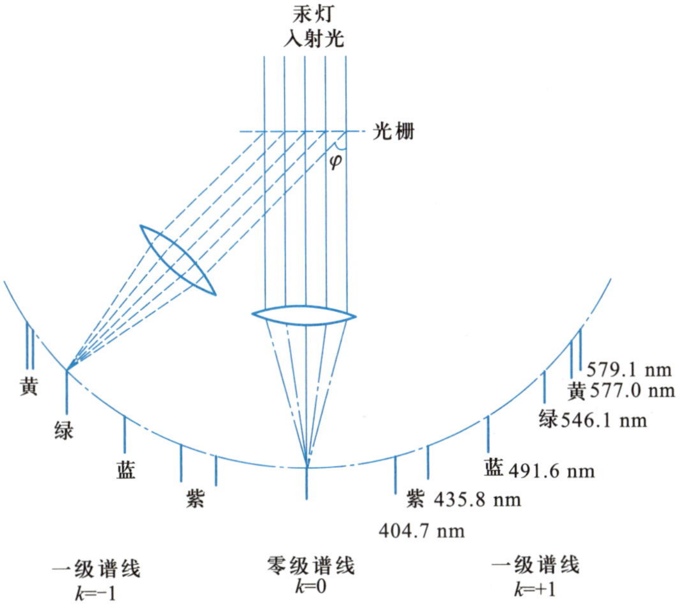

图 2.10-7　汞灯衍射光谱示意图

【实验步骤】

1. 分光计的调整

为了进行精确测量，测量前必须对分光计进行一系列的精细调整。分光计调整总的要求是：① 调整平行光管，使其发出平行光；② 望远镜接收平行光（调整望远镜聚焦于无穷远，使平行光成像最清晰）；③ 调整平行光管和望远镜的光轴与分光计中心轴垂直，调整载物台平面与分光计中心轴垂直。

(1) 分光计的目测粗调　先用目视法进行粗调，调节望远镜、平行光管的倾斜度调节螺丝和载物台下的三只调平螺丝，使望远镜光轴、平行光管光轴和载物台平面大致垂直于分光计的中心轴。粗调这一环节很重要，这一步完成得好，可以大大减小后面细调的盲目性。

(2) 调整望远镜使其聚焦于无穷远　① 目镜调焦。调节望远镜目镜的焦距，目的是使分划板位于目镜的焦平面上。接通望远镜电源，照亮绿色十字小窗。从目镜中观察分划板像，旋转目镜调焦手轮，前后移动目镜，使眼睛通过目镜能清晰地看见视场下方绿色背景中的一个小黑十字像和整个视场的双十字线。调好后不再旋转目镜调焦手轮。② 望远镜调焦。

调节望远镜焦距的目的是将分划板上的双十字线调整到物镜的焦平面上。在载物台中央放一双面反射镜（有两个平行的反射面），使镜面一侧通过平台下某一调平螺丝 a，另一侧放在其他两颗调平螺丝 b、c 连线的中点处，如图 2.10-8 所示。先用目视法粗略估计，使反射镜镜面垂直于望远镜光轴。然后调节叉丝面与物镜之间的距离（即调焦），如果叉丝恰好处于物镜的焦平面上，则叉丝发出的光经物镜变为平行光，此平行光由反射镜反射回来，经物镜后所成叉丝像应准确地处在叉丝平面上。所以，在调焦过程中只要在叉丝平面上看到反射回来的清晰的叉丝像时，望远镜已调焦到无穷远了。这个调焦方法称为**自准直法**。由于望远镜的视场角很小，也许从望远镜目镜中不一定能看到反射光。此时，可先转动载物平台，眼睛直接从望远镜目镜中找到由平行平面镜反射回来的亮十字叉丝像，若这时眼睛高度比目镜中心高度高（或低），则调节望远镜倾斜度螺丝和载物台调平螺丝，直至眼睛与目镜中心等高后，再从望远镜目镜中观察反射回来的光斑。然后调节望远镜物镜和分划板间的距离，当分划板处于物镜的焦平面上时，这一光斑就会形成清晰明亮的十字叉丝像。

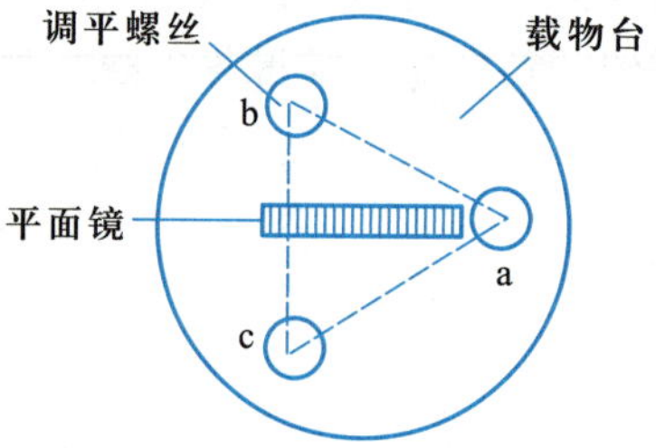

图 2.10-8 平面镜的位置

（3）调节望远镜的光轴、载物平台与分光计中心转轴垂直　望远镜聚焦于无穷远后，调节载物台三只调平螺丝中的任意两只，并将望远镜正对反射镜的一个反射面，左右微微转动载物台，从目镜中找到叉丝的反射像（绿色十字像）。一般绿色十字像并不与分划板的上面一条水平线 ab 重合，说明望远镜光轴与分光计中心转轴并不垂直，则采用“各半调节法”。即调节载物平台下的调平螺丝和望远镜筒下倾斜度调节螺丝，使反射叉丝像（绿色十字像）的水平线与分划板上水平线 ab 距离各减小一半，逐步逼近直至重合。然后将载物台转过 180°（注意不要直接转动反射镜），这时反射镜的另一反射面正对望远镜，若绿色十字像与分划板的水平线 ab 不重合，同样采用“各半调节法”逐步逼近，直至重合。如属均偏上（或均偏下），则需调节望远镜的倾斜度调节螺丝，使平面镜两个反射面的反射叉丝像均与分划板的水平线 ab 重合。然后不断转动载物平台，观察叉丝像是否处于图 2.10-9 所示 ab 线上的黑十字位置。若不符合，可重复交替用以上方法进行调节，直至两面的反射像与水平线 ab 重合为止。望远镜和载物台调好后，它们的倾斜度调节螺丝都不能再动了。

（4）调节平行光管　将已调好的望远镜作为基准，进行平行光管的调节。① 调节平行光管发出平行光。取下平面镜，用汞灯照亮狭缝，转动望远镜使其对准平行光管，松开狭缝套筒锁紧螺丝，前后移动狭缝套筒，调节平行光管狭缝至透镜的距离，直到在望远镜中看到清晰的狭缝像，并调到无视差，调节狭缝宽度调节螺丝，使狭缝像又窄又亮，这时表明从平行光管发出的光束为平行光束；② 调节平行光管光轴与分光计转轴垂直。将狭缝转为水平状态，调节平行光管倾斜度调节螺丝，使狭缝的像与测量用叉丝的横线（分划板上水平线 cd）重合；再将狭缝的像转到竖直刻线上，然后将狭缝套筒锁紧螺丝旋紧。这时平行光管光轴就与望远镜光轴平行，且垂直于分光计中心转轴，同时与望远镜等高共轴。

2. 调节光栅使其刻线与分光计中心转轴平行

（1）按分光计调整方法调整好分光计，使其处于正常使用状态。

（2）将光栅放置于载物台上，光栅平面应垂直于载物台下的调平螺丝的连线。

（3）用望远镜观察光栅平面反射回来的绿色十字像，再轻微转动载物台，并通过调平螺丝使绿色十字像与分划板上方的黑十字重合，如图 2.10-9 所示，则说明光栅平面与平行光管光轴垂直。

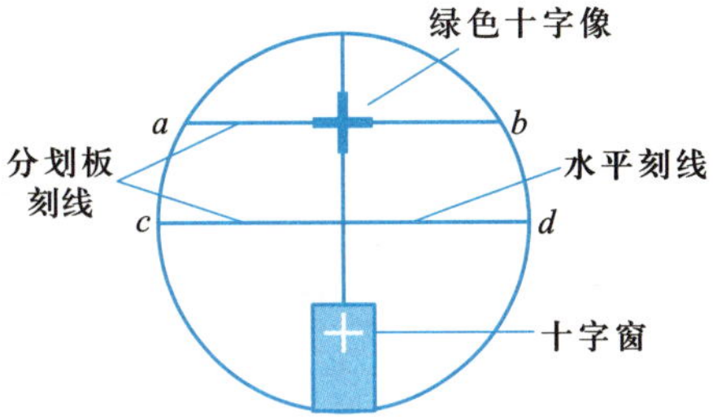

图 2.10-9　目镜视场

（4）松开望远镜制动螺丝，转动望远镜观察汞灯衍射光谱，中央零级明纹（$k=0$）为白色亮线，望远镜转至左、右两侧，均可看到对称分布且分离的两紫、一绿、两黄共五条彩色谱线。个别光栅可看见蓝色线或只看到一条紫色线。

（5）若发现左右两侧光谱线不在同一水平线上时，说明光栅刻痕与分光计中心转轴不平行，可调节载物台调平螺丝，使两边谱线处于同一水平线上即可。

（6）通过下述方法检查是否已调节好：先将望远镜的叉丝对准零级谱线的中心，从刻度盘读出入射光的方位，再测出在零级谱线左右两侧一对相同级次的谱线方位，分别算出它们与入射光的夹角，如果二者相差不超过 2′，则可以认为平行光线垂直入射光栅平面，即光栅平面与平行光管的光轴垂直。

3. 用衍射光栅测量汞灯 $k=\pm1$ 级时各条谱线的衍射角

（1）将狭缝宽度调至适中，使衍射光谱中两条紧靠的黄色谱线能分开。先将望远镜对准中央零级明纹，由左右两个窗口读出初角度 θ_0（左）和 θ_0'（右），然后将望远镜慢慢右旋（或者左旋，中途不能倒退），依次测出 $k=1$（或 $k=-1$）级像中指定的黄、绿、蓝、紫几条光谱线的角位置 θ_i（左）和 θ_i'（右），记录于表 2.10-1 中。

（2）由公式 $\varphi=\dfrac{1}{2}[(\theta_i-\theta_0)+(\theta_i'-\theta_0')]$ 求出各谱线对于零级像的张角

φ,根据式(2.10-3)即可算出 $k=1$ 时各谱线的波长。

4. 计算光栅常量和衍射谱线的波长

(1) 汞灯绿色谱线波长为 546.1 nm,将所测绿色谱线的衍射角和波长代入式(2.10-3),并取谱线级次 $k=1$,求出光栅常量。

(2) 将所求的光栅常量及各条光谱线的衍射角代入式(2.10-3),求出每条谱线对应的波长。

【数据记录及处理】

谱线级数 $k=\pm1$,光栅常量 $d=$______________cm;

$\theta_0=$____________;$\theta_0'=$______________。

表 2.10-1 汞灯一级像($k=\pm1$)测量数据记录表

级次	光谱 i	分光计读数		$\varphi=\frac{1}{2}[(\theta_i-\theta_0)+(\theta_i'-\theta_0')]$	$\lambda\left(=\frac{d\sin\varphi}{k}\right)$/nm
		θ_i	θ_i'		
$k=\pm1$	黄光 1				
$k=\pm1$	黄光 2				
$k=\pm1$	绿光 3				
$k=\pm1$	蓝光 4				
$k=\pm1$	紫光 5				

【注意事项】

1. 分光计是精密光学仪器,在调整和使用过程中,切勿硬扳、撞击、震动和用手触摸各光学器件的表面。

2. 调整分光计时一定要先目测粗调,已调整好的分光计各部分装置要保持不变,同时还不能移动分光计位置。

3. 汞灯电源不要频繁通断,不宜长时间使用,以免缩短汞灯的使用寿命。

【思考题】

1. 为什么当调到叉丝经过平面镜反射后所成的像仍在原叉丝平面内时,望远镜就可以观察平行光了?

2. 如果望远镜中看到十字像在水平线 ab 的上方,而当平台转过 180°后看到的十字像在 ab 的下方,试问这时应该调节望远镜或是平台的倾斜度?反之,如果平台转过 180°后,看到的十字像仍然在 ab 线上方,这时又应如何调节？

3. 试根据光路图分析说明，为什么望远镜光轴与平面镜法线平行时，在目镜内应看到“绿色十字”反射像与图 2.10-9 中分划板的上水平线 ab 上的黑十字相重合？

4. 如何调节平行光管与望远镜筒共轴？

5. 为什么要调整到望远镜光轴与分光计中心轴垂直？不垂直对测量结果有何影响？

6. 使用式(2.10-3)应保证什么条件？实验中是如何实现的？如何检查条件是否满足？如果不满足，用式 $\varphi=\frac{1}{2}[(\theta_i-\theta_0)+(\theta_i'-\theta_0')]$ 计算 φ_k 会有什么问题？

7. 实验中如果两边光谱线不等高，对测量结果有何影响？

实验 11 用旋光仪测量糖溶液的质量浓度

【实验目的】

1. 观察光的偏振现象和偏振光通过旋光物质后的旋光现象。
2. 了解旋光仪的结构、原理，掌握旋光仪的使用方法。
3. 学会用旋光仪测量旋光性溶液的旋光率，并计算溶液的质量浓度。

【实验器材】

WXG-4 型目视旋光仪、标准溶液、待测糖溶液、试管、温度计。

【预习要求】

1. 什么是光的偏振现象和物质的旋光现象？
2. 旋光仪测量物质旋光性的原理是什么？
3. 如何正确使用 WXG-4 型目视旋光仪？

【实验原理】

1. 偏振现象　光是电磁波，它的电场矢量和磁场矢量互相垂直，且垂直于光的传播方向。通常用电矢量代表光矢量,并将光矢量与光的传播方向所构成的平面称为振动面。在与传播方向垂直的平面内,光矢量可能有各种各样的振动状态,称为光的偏振态。若光矢量方向是任意的,且各方向上光矢量大小的时间平均值是相等的,这种光称为**自然光**。若光矢量可以采取任何方向,但不同的方向其振幅不同,某一方向振动的振幅最强,而与该方向垂直的方向振动最弱,则称为**部分偏振光**。若光矢量的方向始终不变,只是它的振幅随相位改变,光矢量的末端轨迹是一条直线,则称为**线偏振光**。

将自然光变成偏振光的过程称为**起偏**,起偏的装置称为起偏器。常用的起偏器有人工制造的偏振片、晶体起偏器。鉴别光的偏振状态的过程称为**检偏**,检偏的装置称为检偏器。实际上起偏器也可作为检偏器,两者是通用的。自然光通过作为起偏器的偏振片以后,变成光强为 I_0 的偏振光,该偏振光的光矢量振动方向与偏振片的偏振化方向一致。若偏振光的偏振化方向与检偏器的偏振化方向的夹角为 θ,根据马吕斯定律,I_0 通过检偏器后,透射光强为

$$I=I_0\cos^2\theta \qquad (2.11-1)$$

通过起偏器的透射光为偏振光,其光矢量的振动方向与检偏器偏振化方向一致,当以光线传播方向为轴转动检偏器时,透射光强 I 将发生周期性变化。当 $\theta=0°$时,透射光光强最大;当 $\theta=90°$时,透射光光强为极小值(消光状态);当$0°<\theta<90°$时,透射光光强介于最大值和最小值之间。但对自然光转动检偏器时,就不会发生上述现象,透射光光强不变;对部分偏振光转动检偏器时,透射光光强有变化但没有消光状态。因此根据透射光光强的变化,就可以区分偏振光、自然光和部分偏振光。

让光通过一个检偏器,并让检偏器旋转一周,如果是线偏振光入射,将得到两次光强最大,两次为0;若是部分偏振光和椭圆偏振光,将得到两次光强最大,两次光强最小,但不为0;若是自然光和圆偏振光,光强将始终不变。

利用四分之一波片和检偏器,按一定的步骤可以检验各种偏振光。1/4 波片是有一定厚度的双折射单晶薄片,当光沿法向入射透过时,寻常光(o 光)和非常光(e 光)之间的相位差等于 $\pi/2$ 或 $\pi/2$ 的奇数倍,这样的晶片称为 1/4 波片。当线偏振光垂直入射 1/4 波片,设光的偏振化方向与晶体光轴成 θ 角,当 $\theta=0°$或 90°时,出射光仍然是线偏振光;当 $\theta=45°$时,出射光为圆偏振光;当 θ 为其他值时,出射后成椭圆偏振光。自然光通过 1/4 波片后仍然是自然光。

2. 旋光现象　当线偏振光通过某些透明物质(例如糖溶液)后,偏振光的振动面将以光的传播方向为轴线旋转一定角度,这种现象称为**旋光现象**。旋转的角度 φ 称为**旋光度**。能使线偏振光振动面旋转的物质称为旋光性物质。旋光性物质不仅限于像糖溶液、松节油等液体,还包括石英、朱

砂等具有旋光性质的固体。不同的旋光性物质可使偏振光的振动面向不同方向旋转。若面对光源，使偏振光振动面顺时针旋转的物质称为**右旋物质**；使振动面逆时针旋转的物质称为**左旋物质**。

实验证明，对某一旋光溶液，当入射光的波长给定时，旋光度 φ 与偏振光通过溶液的长度 l 和溶液的质量浓度 c 成正比，即

$$\varphi=\alpha cl \tag{2.11-2}$$

式中旋光度 φ 的单位为度(°)。偏振光通过溶液的长度 l 的单位为 dm，溶液质量浓度的单位为 $g\cdot ml^{-1}$。式中 α 为该物质的比旋光度，它在数值上等于偏振光通过单位长度(dm)、单位质量浓度($g\cdot ml^{-1}$)的溶液后引起振动面的旋转角度，其单位为$(°)\cdot ml\cdot dm^{-1}\cdot g^{-1}$。由于测量时的温度及所用偏振光波长对物质的比旋光度都有影响，因而应当标明测量比旋光度时所用的偏振光波长及测量时的温度。例如 $[\alpha]_{589.3\ nm}^{50\ ℃}=66.5°$，它表明在测量温度为 50 ℃，所用光源的波长为 589.3 nm 时，该旋光性物质的比旋光度为 66.5°。

若已知某溶液的比旋光度，且测出溶液试管的长度 l 和旋光度 φ，可根据式(2.11-2)算出待测溶液的质量浓度为

$$c=\frac{\varphi}{l[\alpha]_{\lambda}^{t}} \tag{2.11-3}$$

通常溶液的质量浓度用 100 ml 溶液中的溶质克数来表示，则式(2.11-3)可改写成

$$c=\frac{\varphi}{l[\alpha]_{\lambda}^{t}}\times100 \tag{2.11-4}$$

在糖溶液质量浓度已知的情况下，测出溶液试管的长度 l 和旋光度 φ，就可以计算出该溶液的比旋光度：

$$[\alpha]_{\lambda}^{t}=\frac{\varphi}{cl}\times100 \tag{2.11-5}$$

【仪器描述】

用 WXG-4 型旋光仪来测量旋光性溶液的旋光角，其结构如图 2.11-1 所示。为了准确地测定旋光角 α，仪器的读数装置采用双游标读数，以消除度盘的偏心差。度盘等分为 360 格，分度值 $\alpha=1°$，角游标的分度数 $n=20$，因此，角游标的分度值 $i=\frac{\alpha}{n}=0.05°$，与 20 分度游标卡尺的读数方法相似。度盘和检偏镜联结成一体，利用度盘转动手轮作粗(小轮)、细(大轮)调节。游标窗前装有供读游标用的放大镜。

物质旋光性测量的基本原理如图 2.11-2 所示。首先将起偏镜与检偏镜的偏振化方向调到正交，观察到视场最暗。然后装上待测旋光溶液的试

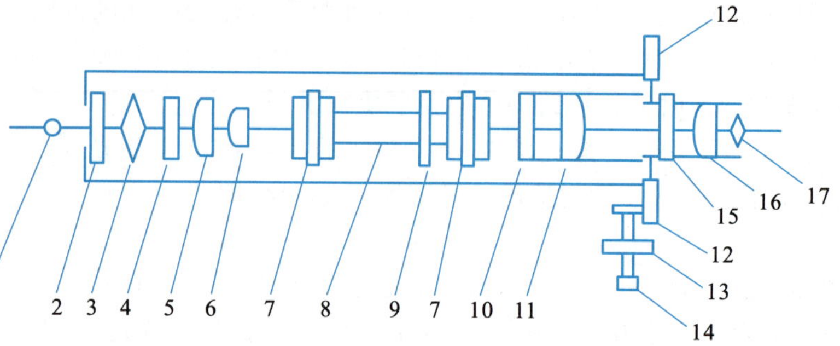

图 2.11-1 旋光仪的光学系统

1—光源;2—毛玻璃;3—会聚光镜;4—滤色镜;5—起偏镜;6—石英片;
7—测试管端螺帽;8—测试管;9—测试管凸起部分;10—检偏镜;11—物镜;
12—度盘与游标;13—度盘转动细调手轮;14—度盘转动粗调手轮;
15—镜筒调焦手轮;16—目镜;17—游标读数放大镜

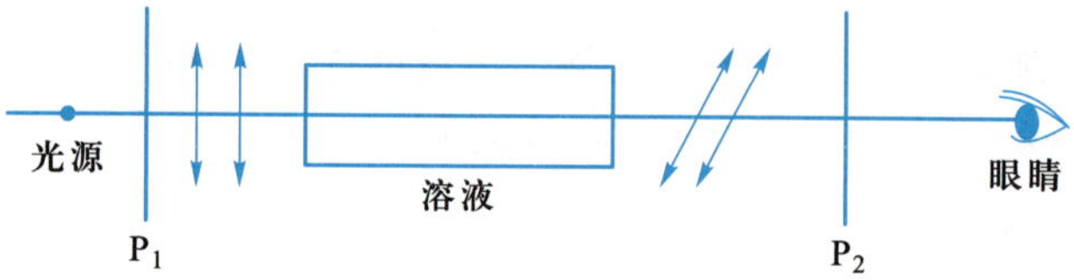

图 2.11-2 物质旋光性测量简图

管,因旋光溶液使偏振光振动面旋转,视场变亮,为此调节检偏镜,再次使视场调至最暗,这时检偏镜所转过的角度,即为待测溶液的旋光度。

由于人眼很难准确地判断视场是否全暗,因而会引起测量误差。为此该旋光仪采用了三分视场的方法来测量旋光溶液的旋光度。从旋光仪目镜中观察到的视场分为三个部分,一般情况下,中间部分和两边部分的亮度不同。当转动检偏镜时,中间部分和两边部分将出现明暗交替变化。图 2.11-3 中列出四种典型情况。

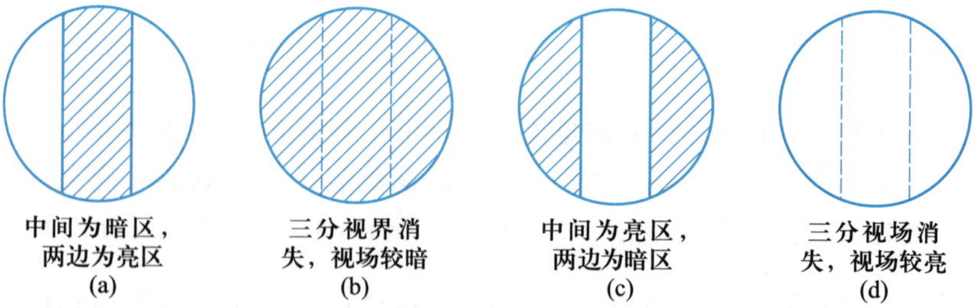

图 2.11-3 转动检偏镜时,目镜中视场明暗变化

由于在亮度不太强的情况下,人眼辨别亮度微小差别的能力较大,所以常取图 2.11-3(b)所示的视场为参考视场,并将此时检偏镜的位置作为度盘的零点,故称该视场为零度视场。

当放进了待测旋光液的试管后，由于溶液的旋光性，使线偏振光的振动面旋转了一定角度，零度视场发生了变化，只有将检偏镜转过相同的角度，才能再次看到图 2.11-3(b)所示的视场，这个角度就是旋光度，它的数值可以从度盘和游标上读出。

为了操作方便，整个仪器的光学系统以 50°倾角安装在基座上。光源用 50 W 钠光灯，波长为 589.3 nm。检偏镜与度盘连接在一起，利用手轮可作精细转动。

【实验步骤】

1. 调整旋光仪

(1) 接通电源，开启电源开关，约五分钟后，钠光灯发光正常，便可使用。

(2) 调节旋光仪调焦手轮，使其能观察到清晰的三分视场。

(3) 转动检偏镜，观察并熟悉视场明暗变化的规律，掌握零度视场的特点是测量旋光度的关键。零度视场即三分视界消失，三部分亮度相等，且视场较暗。

(4) 检查仪器零位是否正确。在试管未放入仪器前，掌握双游标的读法，观察零度视场的位置与零位是否一致。若不一致，说明仪器有零位误差，记下此时读数 φ_0。重复测定零位误差三次，取其平均值。

(5) 将结果记录于表 2.11-1 中。

2. 测定标准旋光溶液的比旋光度

(1) 将事先制备好的标准溶液注满试管。

(2) 将试管放入旋光仪的槽中，转动度盘，再次观察到零度视场时，读取 φ'，重复三次求出平均值$\overline{\varphi'}$。算出旋光度 $\varphi=\overline{\varphi'}-\overline{\varphi}_0$。

(3) 将 φ、l、c 代入式(2.11-5)，计算出标准溶液的比旋光度。并注意标明测量时所用的波长和测量时的温度。

(4) 将结果记录于表 2.11-2 中。

3. 测量待测糖溶液的质量浓度

将长度已知，装有性质和标准溶液相同、质量浓度未知的溶液试管，放入旋光仪中，测量其旋光度 φ。将测得的旋光度 φ、溶液试管长度 l 和前面测出的比旋光度$[\alpha]_\lambda^t$代入式(2.11-4)，求出该溶液的质量浓度 c，将结果记录于表 2.11-3 中。

【数据记录及处理】

1. 测定零位误差

表 2.11-1 零位误差记录表

1		2		3		$\overline{\varphi}_0$/(°)
左	右	左	右	左	右	

2. 测定标准旋光溶液的比旋光度

表 2.11-2 标准旋光溶液比旋光度记录表

试管长度 l/dm	质量浓度 c/[g·(100 ml)$^{-1}$]	读数						平均值	旋光度/(°)	溶液比旋光度/[(°)·ml·dm^{-1}·g^{-1}]
		1		2		3				
		左	右	左	右	左	右			

3. 测量糖溶液的质量浓度

表 2.11-3 糖溶液质量浓度记录表

试管长度 l/dm	读数						平均值	旋光度/(°)	溶液质量浓度 c/[g·(100 ml)$^{-1}$]
	1		2		3				
	左	右	左	右	左	右			

【注意事项】

1. 试管应轻拿轻放,小心打碎。

2. 溶液注满试管,旋上螺帽,两端不能有气泡,螺帽不宜太紧,以免玻璃窗受力而发生双折射,引起误差。

3. 试管两端均应擦干净后方可放入旋光仪,所有镜片,包括测试管两头的护片都不能用手直接擦拭,应用柔软的绒布或镜头纸擦拭。

4. 在测量中应保持溶液温度不变。

5. 试管中溶液不应有沉淀,否则应更换溶液。

【思考题】

1. 测量糖溶液质量浓度的基本原理是什么?

2. 什么叫左旋物质、右旋物质? 如何判断?

实验 12 薄透镜焦距的测量

【实验目的】

1. 了解薄透镜的成像规律。
2. 掌握凸透镜和凹透镜的光学性质。
3. 掌握光学系统的共轴调节。
4. 掌握薄透镜焦距的常用测定方法,学会用左、右逼近法确定像最清晰的位置。

【实验器材】

光源、光具座、物屏、像屏、已知焦距凸透镜、待测焦距凸凹透镜各一片、平面反射镜、米尺、相应支座、支杆等。

【预习要求】

1. 熟悉透镜成像原理及测透镜焦距的原理。
2. 测定薄透镜焦距有哪些方法?
3. 要准确测定薄透镜的焦距,在实验过程中应注意什么问题?

【实验原理】

透镜是组成各种光学仪器的最基本的光学元件,反映透镜特性的一个主要参量是焦距。**焦距**是指薄透镜的光心(通过透镜光心的光线经过透镜时不发生偏折)到焦点的距离。透镜分为两大类:一类是**凸透镜**(也称为正透镜或会聚透镜),对光线起会聚作用。焦距越短,会聚本领越大。另一类是**凹透镜**(也称负透镜或发散透镜),对光线起发散作用。焦距越短,发散本领越大。

在近轴光束(靠近光轴并且与光轴的夹角很小的光线)的条件下,薄透镜(包括凸、凹透镜)的成像公式为

$$\frac{1}{s}+\frac{1}{s'}=\frac{1}{f} \qquad (2.12-1)$$

式中 s 为物距,s'为像距,f 为焦距。它的正、负规定为:实物、实像时,s、s'为正;虚物、虚像时,s、s'为负;凸透镜 f 为正,凹透镜 f 为负。利用上式测定焦距,可以有几种方法,除本实验中的方法以外,还可用焦距仪测量。

（一）凸透镜焦距的测定

1. 粗测法（平行光法）

当物体距透镜无穷远时，物体成像在透镜的焦平面上，像距等于焦距。例如，让透镜正对窗外远处景物（50 m 以上），把光屏放在透镜之后移动，直到光屏上出现清晰的像为止。此时 $s\to\infty$，由式（2.12-1）可得 $f=s'$，用米尺测出像距 s'，即为透镜的焦距 f。由于这种方法误差较大，大都用在实验前作粗略估计，如挑选透镜等。平行光也可使用已知焦距的辅助透镜 L 来产生，如图 2.12-1 所示。

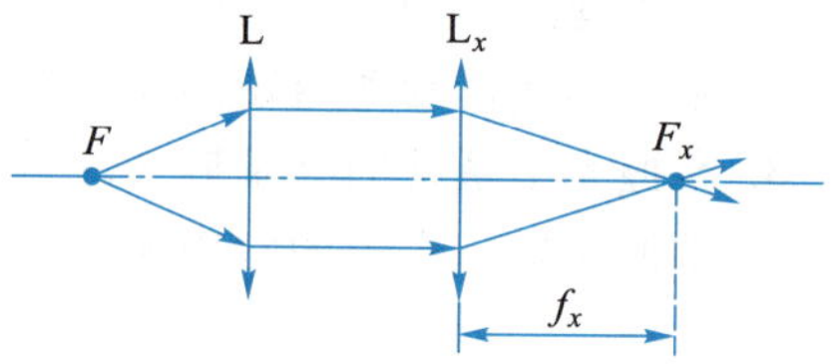

图 2.12-1 平行光法测焦距

2. 自准直法

如图 2.12-2 所示，在透镜 L 的一侧放置一带有箭形缝隙的物屏，被照亮的箭矢 AB 作为光源（即“物”），在另一侧放置一块平面镜 M。移动透镜的位置即可改变物距的大小。当物距等于透镜的焦距时，物屏 AB 上任一点发出的光，经透镜折射后成为平行光；再经平面镜反射，反射光经透镜折射后重新会聚。由透镜成像公式可知，会聚光线必在透镜的焦平面上成一个与原物大小相等的倒立的实像。此时，只需测出透镜到物屏的距离，便可得到透镜的焦距。

由于该方法是利用调节实验装置本身使之产生平行光以达到聚焦的目的，所以称为自准直法，该方法的测量误差一般在 1%～5%之间。

3. 物距像距法

如图 2.12-3 所示，在物距大于凸透镜的焦距时，物体发出的光线经过透镜折射后将成像在另一侧。测出物距 s 和像距 s'，代入式（2.12-1），即可算出透镜焦距 f。

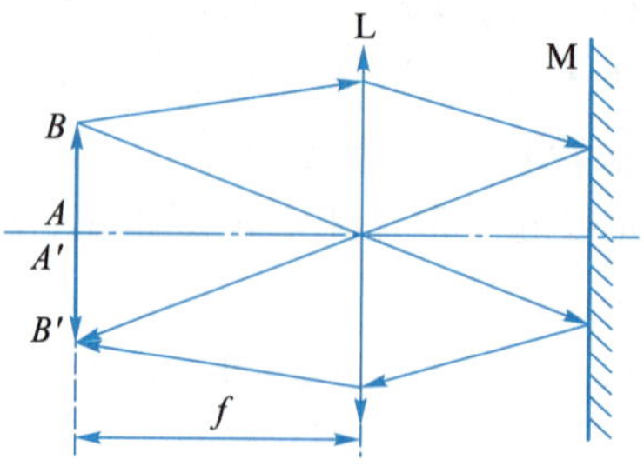

图 2.12-2 自准直法测焦距

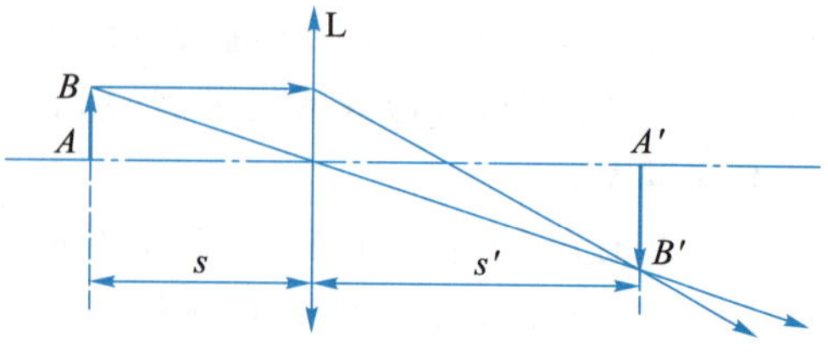

图 2.12-3 物距像距法测焦距

4. 二次成像法（共轭法、贝塞尔法）

如图 2.12-4 所示，取物屏与像屏的间距 $D>4f$，并保持不变，将凸透镜从物屏向像屏方向移动，像屏上会出现一个清楚的放大像 $A'B'$，这时的物

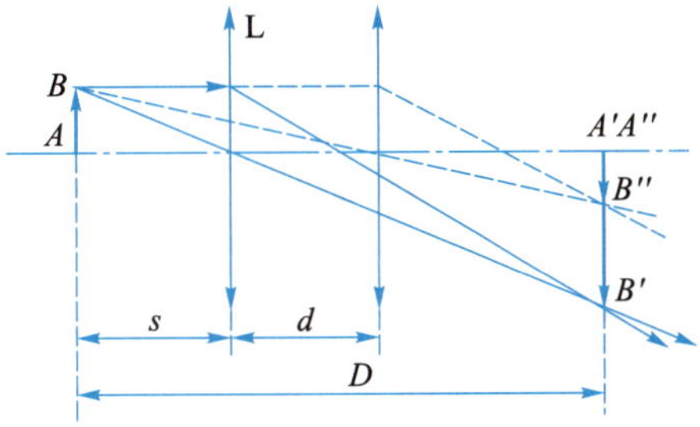

图 2.12-4　二次成像法测焦距

距为 s，像距为 $(D-s)$，由式(2.12-1)有

$$\frac{1}{s}+\frac{1}{D-s}=\frac{1}{f} \tag{2.12-2}$$

凸透镜再向像屏方向移动距离 d，像屏上又会出现一个清楚的缩小像 $A''B''$。此时物距为 $(s+d)$，像距为 $(D-s-d)$。由式(2.12-1)有

$$\frac{1}{s+d}+\frac{1}{D-s-d}=\frac{1}{f} \tag{2.12-3}$$

联立式(2.12-2)和式(2.12-3)可解得

$$f=\frac{D^2-d^2}{4D} \tag{2.12-4}$$

物距像距法、粗测法、自准直法都因透镜的中心位置不易确定而在测量中引进误差。而二次成像法只需在光具座上确定物屏和像屏间的距离 $(D>4f)$，以及透镜二次成像时移动的距离 d，就可较准确地求出透镜的焦距 f。这种方法无须考虑透镜本身的厚度，测量误差为 1%左右。

(二) 凹透镜焦距的测定

凹透镜为发散透镜，在空气中不能对实物成实像于像屏上。为了测量凹透镜的焦距，常用一个已知焦距的凸透镜作为辅助透镜，如图 2.12-5 所示。先使物 AB 发出的光线经凸透镜 L_1 形成一大小适中的实像 $A'B'$，在 L_1 与实像 $A'B'$之间放入待测凹透镜 L_2，此时 L_2 的虚物 $A'B'$在同一侧产生一实像 $A''B''$。设 s 为凹透镜虚物的物距，s'为像距，则可由式(2.12-1)求

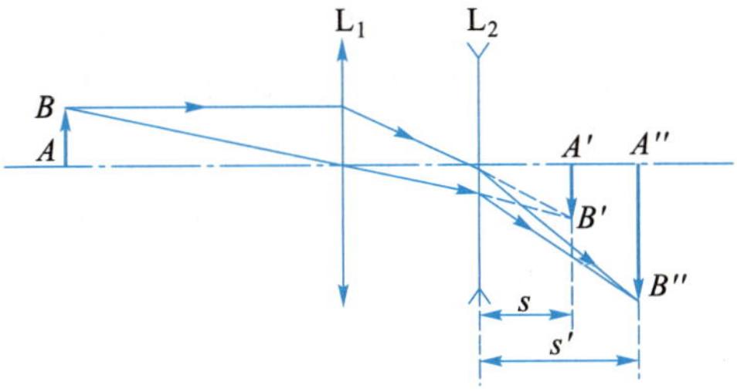

图 2.12-5　辅助透镜法测凹透镜焦距

得凹透镜的焦距为

$$f=\frac{ss'}{s+s'} \tag{2.12-5}$$

式中，物距 $s<0$，像距 $s'>0$，故求出凹透镜 L_2 的焦距为负数。

【实验步骤】

1. 光具座上各光学元件同轴等高的调节（光学系统的共轴调节）

共轴调节是光学测量的先决条件，也是减少误差、确保实验成功的重要步骤。所谓“共轴”，是指各光学元件（如光源、物、透镜等）的主光轴重合。调节“共轴”的方法一般是先粗调后细调。

（1）粗调　将各光学元件（光源、发光物、透镜、像屏）安置于光具座的导轨上，再将它们靠拢，用眼睛观察，调节高低、左右，使它们的中心大致在一条和光具座导轨平行的直线上，并使它们本身的平面互相平行且与光轴垂直。

（2）细调　将各光学元件按实验要求移开，以透镜成像规律为依据，利用透镜二次成像法进一步调整。当物屏与像屏距离大于 $4f$ 时，沿光轴移动凸透镜，将会成两次大小不同的实像。如果物的中心偏离透镜的光轴，则两次成的放大像和缩小像的中心不重合，若放大像的中心高于缩小像的中心，说明物的中心低于主光轴，以缩小像的中心位置为参考，调节透镜或物的上下位置，逐渐使放大像的中心与缩小像的中心重合。

2. 测凸透镜的焦距

（1）粗测法　实验室保留一盏日光灯，小心取下凸透镜，接近实验台桌面，使日光灯在桌面上成一清晰的像，用直尺大致测量凸透镜至像的距离即凸透镜的焦距 f。

（2）自准直法　① 按图 2.12-2 安置光具，固定物屏不动，记录物屏的位置 x_1；② 用“左右逼近法”移动凸透镜，使其成清晰的倒立实像于物平面上。为了便于观察，稍微偏转平面镜，使所成实像与原物稍有偏离，记录此时透镜光心在光具座上的坐标位置 $x_{左}$ 和 $x_{右}$；③ 重复测量 5 次，将数据记录于表 2.12-1 中。

（3）物距像距法　① 将物屏和像屏放在光具座上，使它们的距离为粗测焦距的 4 倍以上，在两屏之间放入透镜，调节物屏、透镜和像屏共轴，并与主光轴垂直，记录物屏的位置 x_1 和像屏的位置 x_2；② 移动透镜使物在像屏上成一清晰的倒立实像，记录透镜的位置 x_3；③ 利用式（2.12-1）计算焦距 f，重复测量 5 次，将数据记录于表 2.12-2 中。

（4）二次成像法　① 将物屏和像屏放在光具座上，使它们的距离略大于粗测焦距值的 4 倍（$D>4f$），固定物屏与像屏的距离 D（D 尽量小些），在两屏之间放入透镜；② 将凸透镜从物屏向像屏方向移动，在屏上形成缩

小的倒立实像，记下凸透镜的位置 x_1；③ 再移动凸透镜的位置，在屏上形成放大的倒立实像，记下凸透镜的位置 x_2，则 $d = |x_1 - x_2|$；④ 利用式(2.12-4)计算焦距 f，重复测量 5 次，将数据记录于表 2.12-3 中。

3. 凹透镜焦距的测定

(1) 在物屏与像屏之间放置一已知焦距的凸透镜，使其成像并记录像的位置 x_1。

(2) 再置待测凹透镜于凸透镜与观察屏之间，缓慢移动观察屏或凹透镜至呈现清晰像为止，记录此时凹透镜的位置 x_0 与成像的位置 x_2。计算物距 s、像距 s'后，代入式(2.12-5)计算焦距 f。

(3) 改变凸透镜的位置，重复(1)、(2)步骤再测 2 次，将数据记录于表 2.12-4 中。

4. 观察凸透镜成像规律

物体表面发出的光波经透镜后在某一平面形成它的像，像的大小和性质取决于物距 s。改变物距 s，调节像屏的位置，观察以下几种情况下凸透镜的成像规律，并将物距 s、像距 s'以及像的性质记录于表 2.12-5 中：

(1) $s>2f$　　(2) $s=2f$

(3) $f<s<2f$　　(4) $s<f$

【数据记录及处理】

1. 凸透镜焦距的测定

粗测透镜焦距 f= ________ cm。

表 2.12-1 自准直法测凸透镜焦距数据记录表

项目		1	2	3	4	5	平均值
透镜位置	左逼近读数 $x_{左}$/cm						
	右逼近读数 $x_{右}$/cm						
	$\bar{x}[=(x_{左}+x_{右})/2]$/cm						
物屏位置 x_1/cm							
透镜焦距 $f(=\lvert\bar{x}-x_1\rvert)$/cm							

表 2.12-2 物距像距法测凸透镜焦距数据记录表

项目	1	2	3	4	5	平均值
物屏位置 x_1/cm						
像屏位置 x_2/cm						
透镜位置 x_3/cm						
物距 $s(=x_3-x_1)$/cm						
像距 $s'(=x_2-x_3)$/cm						
焦距 f/cm						

表 2.12-3 二次成像法测凸透镜焦距数据记录表

项目	1	2	3	4	5	平均值
凸透镜第一次位置 x_1/cm						/
凸透镜第二次位置 x_2/cm						/
$d(=\|x_1-x_2\|)$/cm						
物屏、像屏间距离 D/cm						
焦距 f/cm						

2. 凹透镜焦距的测定

表 2.12-4 测凹透镜焦距数据记录表

测量次数	凹透镜位置 x_0/cm	凹透镜虚物位置 x_1/cm	凹透镜实像位置 x_2/cm	凹透镜物距 $s(=x_1-x_0)$/cm	凹透镜像距 $s'(=x_2-x_0)$/cm	焦距 f/cm
1						
2						
3						
平均值						

3. 观察凸透镜成像规律

表 2.12-5 透镜成像规律记录表

物距 s	像距 s'	像的性质		
		实像、虚像	正立、倒立	放大、缩小
$s>2f$				
$s=2f$				
$f<s<2f$				
$s<f$				

【注意事项】

1. 各光学元件属易碎易损件，实验操作时要轻拿、轻放，避免元件受碰撞造成损坏。

2. 任何时候都不能用手接触透镜的光学表面（如镜面），光学表面有污渍时，只能用镜头纸擦拭。

3. 由于人眼对成像的清晰度分辨能力有限，所以观察到的像在一定范围内都清晰，加之球差的影响，清晰成像位置会偏离高斯像。为使两者接近，减小误差，记录数值时应使用“左右逼近”法。

【思考题】

1. 本实验介绍的几种测量凸透镜焦距的方法，哪一种方法测得的结果比较准确？为什么？

2. 测量凸透镜的焦距时，能否把几种测量方法所测得的焦距的平均值作为近真值？为什么？

3. 二次成像法测凸透镜焦距时的成像条件是什么？此法有何优点？

4. 测量凹透镜焦距的成像条件是什么？

第 3 章　综合设计性物理实验

实验 13　光的波动性研究

【实验目的】

1. 了解双缝干涉、单缝衍射、圆孔衍射和光栅衍射的实验装置。

2. 观察双缝干涉、单缝衍射、圆孔衍射和光栅衍射现象，掌握各自的图样特点。

3. 了解光的偏振现象，加深对偏振光理论的理解，掌握偏振光的产生及检测方法。

4. 了解全息照片的“再现”原理。

【实验器材】

氦氖激光器、双缝、单缝、圆孔、光栅、光屏、全息照片、扩束镜。

【预习要求】

双缝、单缝、圆孔、光栅衍射的原理以及条纹特点是什么？

【实验原理】

1. 双缝干涉

常见的双缝干涉实验是杨氏双缝干涉实验，其装置如图 3.13-1 所示，主要包括氦氖激光器、双缝（狭缝的宽度及两缝之间的距离均很小）和光屏。把激光束垂直投射到双缝上，由两条缝所发射的子波在空间传播，它们在相遇的区域产生波的干涉，干涉结果是某些地方的光振动始终加强，

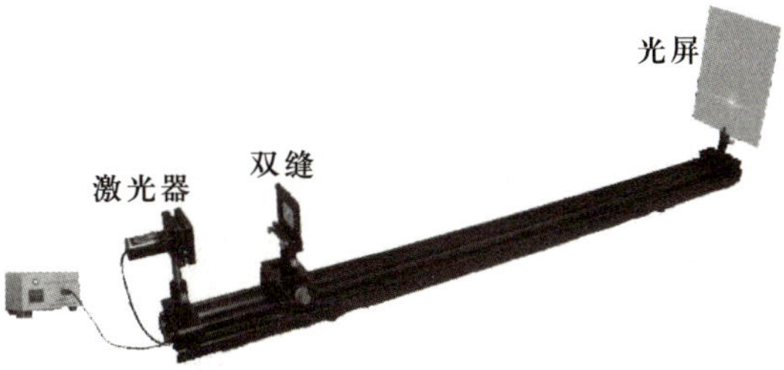

图 3.13-1　双缝干涉实验装置

而在另外一些地方的光振动始终减弱，形成明暗相间的条纹，在双缝后面的光屏上就可以看到双缝干涉图样，如图 3.13-2 所示。双缝干涉条纹的特点是：① 明暗相间的条纹对称地分布在中央明纹两侧；② 相邻明纹间距和相邻暗纹间距相等，即明、暗纹的宽度相等；③ 相邻明纹或暗纹的间距大小与入射光波长及屏幕到双缝的距离成正比，与狭缝的间距成反比。若入射光是白光，则中央条纹是白色条纹，在中央白色条纹的两侧，由内向外依次是由紫到红的彩色条纹。

图 3.13-2　双缝干涉图样

利用杨氏双缝干涉实验，可以测定光的波长。若双缝到屏的距离为 D，双缝间的距离为 d，相邻明纹或暗纹间的距离为 Δx，入射光的波长为 λ，实验中 d 是已知的，根据公式 $\Delta x = D\dfrac{\lambda}{d}$，测出 D 和 Δx 即可计算出光的波长 λ。

2. 单缝衍射

光在传播过程中遇到尺寸接近于光波长的障碍物时，例如狭缝、小孔、细丝等，发生偏离直线路径绕射的现象，称为**光的衍射**。光的衍射是光的波动性基本特征之一，在光谱分析、晶体分析、全息技术、光信息处理等精密测量和近代光学技术中，已成为一种有效的研究手段和方法。

单缝衍射的实验装置和双缝干涉类似，把图 3.13-1 中的双缝换成单缝即可。氦氖激光器发射的激光束垂直投射到单缝上并通过狭缝，在狭缝后面的接收屏上可看到衍射图样，如图 3.13-3 所示。若是单色平行光照射单缝，单缝衍射后得到的是一组平行于单缝的明暗相间的条纹，中央条纹最亮也最宽，其宽度是其他明纹宽度的 2 倍。若以白光照射，中央明纹将是白色的，在其两侧则对称呈现出一系列由紫到红的彩色条纹。改变单缝的宽度，衍射条纹会随着缝的宽度变窄而加宽。

图 3.13-3　单缝衍射图样

利用单缝衍射可以测量单缝的

宽度。设单缝的宽度为 a，由于单缝距离接收屏较远，各级暗纹的衍射角 θ 很小，满足 $\sin\theta\approx\tan\theta=\dfrac{x_k}{f}$，$x_k$ 为光屏上第 k 级暗纹中心到中央明纹中心的距离，f 为单缝与光屏之间的距离，根据单缝衍射暗纹中心的公式 $a\sin\theta=\pm k\lambda$，可得单缝宽度为 $a=\dfrac{k\lambda f}{x_k}$。若光波波长 λ 已知，测出 f 和 x_k，即可求出单缝宽度 a。

3. 圆孔衍射

若把图 3.13-1 中的双缝换成小圆孔，就得到圆孔衍射装置，在光屏上可以观察到圆孔衍射图样，如图 3.13-4 所示。圆孔衍射图样的中央是一个圆形亮斑，称为**艾里斑**，周围是明暗相间的圆环。若改变小圆孔的直径，则衍射图样中的艾里斑大小也会变化，圆孔直径越小，艾里斑越大，衍射现象越明显。

图 3.13-4　圆孔衍射图样

利用圆孔衍射实验，可以测量小圆孔的直径。由理论推导可得圆孔衍射第一级暗纹的角位置为 $\sin\theta=1.22\dfrac{\lambda}{D}$，其中 D 为小圆孔直径，λ 为入射光波长。由于衍射角 θ 很小，满足 $\sin\theta=\tan\theta\approx\dfrac{d}{2f}$，$d$ 为艾里斑直径，f 为小圆孔到光屏的距离。由 $\sin\theta=1.22\dfrac{\lambda}{D}$ 和 $\sin\theta\approx\tan\theta=\dfrac{d}{2f}$ 可推导出小圆孔直径为 $D=2.44\dfrac{\lambda f}{d}$。若入射光波波长已知，测出 d 和 f，则可算出小圆孔的直径。

4. 光栅衍射

光栅是由许多平行等宽等间距排列的狭缝组成，每厘米宽度所含的狭缝数目有几千条甚至上万条，相邻狭缝之间的距离为 d，称为**光栅常量**。

把图 3.13-1 实验装置中的双缝换成光栅，将激光束垂直照射到光栅上，在光屏上就可看见光栅衍射图样，其本质上是单缝衍射和多缝干涉的总效果，如图 3.13-5 所示。当光源为单色光时，衍射图样是一组与光源色彩相同且与光栅狭缝平行的亮线。最亮的一条亮线处于衍射图样的中心，称为**零级像**，两侧对称依次往外是一级像、二级像……各级像的亮度随级数升高而减弱。若入射光是复色光，例如白光，则除中央为白色明纹外，其他各级像都按波长不同各自分开，波长较短的像在内侧，即靠近中央明纹，波长较长的像分布在外侧，形成彩色的光栅光谱。

光栅的种类很多，利用光栅衍射可以研究各种光源的光谱，以及用于测定光波波长。用光栅测光波波长，就是依据光栅方程：$d\sin\theta=k\lambda$（式中 d

单缝衍射图样　　多缝干涉图样　　合成光栅衍射图样

图 3.13-5　合成光栅衍射示意图

是光栅常量，θ 是衍射角，k 表示像的级次，取 $0, \pm 1, \pm 2, \cdots$，λ 为光波波长)，在 d 已知的情况下，测出衍射角 θ 和对应像的级次 k，根据光栅方程就可算出光波波长 λ。若已知光波波长 λ，测出衍射角 θ 和对应像的级次 k，也可计算出光栅常量 d（注意：光栅方程仅在入射光垂直投射到光栅上时才成立）。

由于光的衍射作用，光强在某些方向上可能为 0，所以在这些方向上，即使满足光栅方程，这些明纹也不会出现，即在光栅衍射图样中本该出现明纹的地方，不是明纹而是暗纹，这种现象称为**缺级**。

5. 光的偏振（原理详见“实验 11 用旋光仪测定糖溶液的质量浓度”）

6. 全息照片的“再现”

全息照相是随着激光器的问世而蓬勃发展起来的一门立体成像技术，它已成为近代光学领域的重要分支并广泛应用于干涉计量、无损检测、光学信息处理、遥感技术、夜视技术和生物医学等方面。全息照相是利用光的干涉原理，将被摄物体反射光波的振幅和相位等全部信息以干涉条纹的形式记录下来，然后在一定条件下，利用衍射再现原物体的立体图像。全息照相分两步进行：一是物体全息图的记录过程；二是立体物像的再现过程。

全息照相与普通照相的主要区别：① 全息照相能够把物体光波的全部信息记录下来，而普通照相只能记录物体光波的强度；② 全息照片上每一部分都包含了被摄物体上每一点的光波信息，所以它具有可分割性，即全息照片的每一部分都能再现出物体的完整图像；③ 在同一张全息底片上，可以采用不同的角度多次拍摄不同的物体，再现时，在不同的衍射方向上能够互不干扰地观察到每个物体的立体图像。

记录全息照片的光路如图 3.13-6 所示。

用于观察全息照片立体像的再现光路装置如图 3.13-7 所示。用激光束从背后照射全息照片，观察者取适当位置，就可以清楚地看见被摄景物的立体图像。

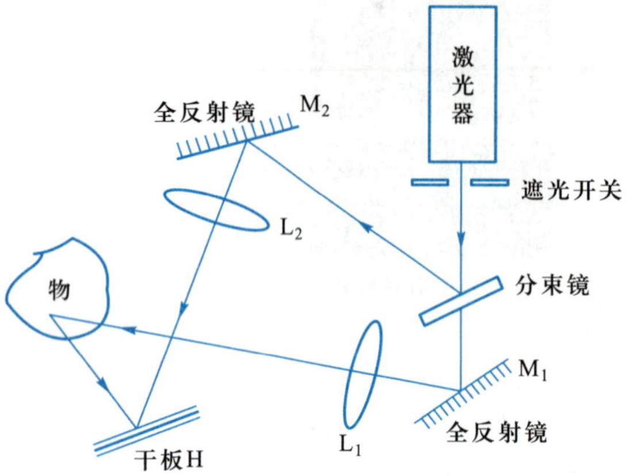

图 3.13-6 全息照片拍摄光路图

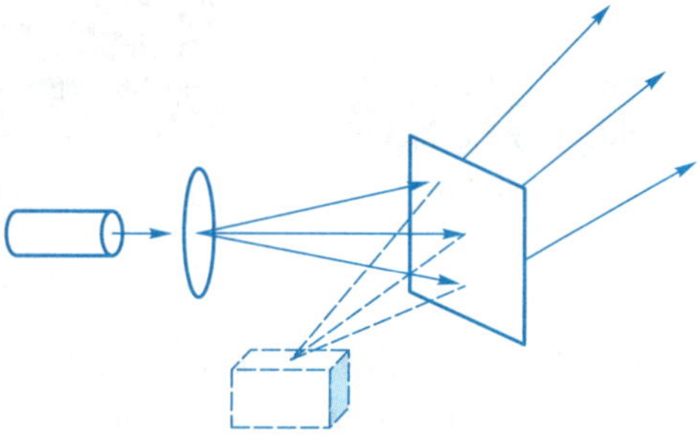

图 3.13-7 全息照片的再现

【实验步骤】

1. 按照双缝干涉、单缝衍射、圆孔衍射、光栅衍射的实验装置，分别布置好各器件的位置，观察各个图样，并记录观察到的现象。

2. 观察光的偏振现象，验证马吕斯定律。

（1）将激光器发出的激光束通过起偏器，并旋转起偏器，观察光屏上光强大小的变化情况，并判断该激光是什么光。

（2）验证马吕斯定律：先让激光束投射到起偏器上，使观察屏上的激光光斑最强，在此条件下放置好检偏器。转动检偏器，观察光强的变化情况及消光次数，并记录现象。

（3）将自然光垂直照射在一个 1/4 波片上，用一个偏振片观察该波片的透射光，转动偏振片 360°，观察其现象；固定偏振片转动波片 360°，再观察其现象。若自然光通过一组起偏器和检偏器，将起偏器固定好后旋转检偏器至消光，然后将 1/4 波片置于起偏器和检偏器中间，再旋转波片至消光，此时起偏器的透光轴和波片光轴的夹角为 0°或 90°。这时保持起偏器和 1/4 波片方位不变，旋转检偏器一周观察光强的变化情况。若改变 1/4 波片方位，使起偏器的透光轴和波片光轴的夹角为 45°，旋转检偏器一周再观察光强的变化情况，记录现象并分析。

3. 按照全息照片的再现光路图布置好各器件的位置，找到最佳位置观察立体图像。

【数据记录及处理】

请自行设计表格并记录。

【注意事项】

1. 打开激光电源后，不能用眼睛正对激光束（反射光束也应避开）。

2. 在光屏上观察图样时，需调节好光屏距离，使光屏上出现清晰的图样。

【思考题】

1. 根据实验结果说明单缝宽度的改变对衍射图样的影响。

2. 光栅衍射中，为什么中央白条纹两侧从内到外是由紫色到红色的顺序分布？

实验 14 人眼屈光不正及矫正

【实验目的】

1. 了解眼睛成像的光学原理。
2. 了解眼睛屈光不正的原因，掌握其矫正方法。
3. 了解光具座的构造和使用方法。

【实验器材】

光源、光具座、像屏、胶木板、透镜组（A—G）、凸透镜 H。

【预习要求】

1. 如何矫正近视眼、远视眼、散光眼？
2. 如何测量薄透镜焦距？

【实验原理】

（一）眼的结构和眼的调节

眼睛的生理构造是相当复杂的，但从光学角度来看，眼睛可简化为一个单球面成像系统,其折射面曲率半径为 5 mm,物方焦距为 15 mm,像方焦距为 20 mm。图 3. 14-1 所示是眼的剖面示意图。眼睛的主体是眼球,其外形成球状,直径约为 2. 5 cm,眼球前表面是一层凸出的透明膜称为**角膜**,外面来的光线由此进入眼内。角膜后边是虹膜,虹膜中间有一圆孔,称为**瞳孔**,瞳孔的大小通过肌肉收缩进行调节,从而控制进入眼内的光通量。同时,瞳孔还具有光阑的作用,用以减小像差,以便在视网膜上得到清晰的像。虹膜之后是**晶状体**,它是一种透明而富有弹性的组织,形状如双凸透镜,其表面的曲率半径随睫状肌的收缩而变化。眼球壁的内层是一层透明的薄膜,称为**视网膜**,上面布满了视觉神经,是光线成像的地方。视网膜上正对瞳孔处的小块黄色区域称为**黄斑**。黄斑中央的凹陷称为中央凹,它对光线最敏感。在角膜、虹膜与晶状体之间,充满了透明的房水。晶状体与视网膜之间充满了另一种透明液体,称为**玻璃体**。简言之,物体射入眼睛角膜里的光线(远处射来的光几乎是平行光,而近处射来的光是发散光),经过晶状体(形如双凸透镜)折射后,在视网膜上成像,刺激视网膜上的感光细胞,通过视神经传给大脑,产生视觉而看到物体。

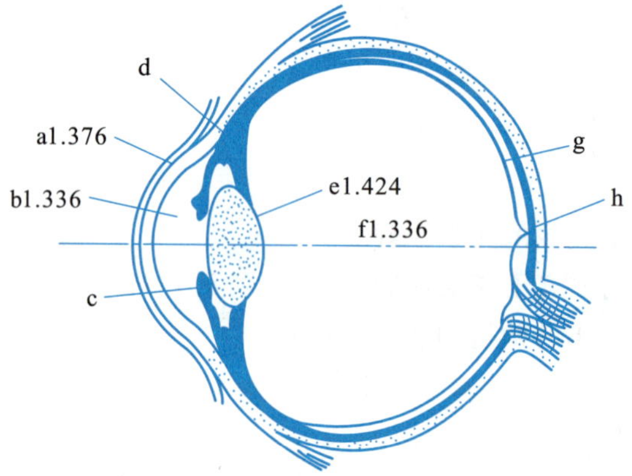

图 3. 14-1 眼球的剖面图

a—角膜;b—房水;c—虹膜;d—睫状肌;e—晶状体;
f—玻璃体;g—视网膜;h—黄斑

通常情况下,眼睛自身通过睫状肌的收缩来控制晶状体的曲率半径,从而控制晶状体的折射本领(焦度),使得远近不同的物体都能成像于视网膜上,这个过程称为**眼的调节**。眼的调节是有一定限度的。当睫状肌完全放松(眼睛不调节)时,能看清的最远点称为**远点**;反之,当睫状肌收缩到最大限度(眼睛处于最大调节状态)时,能看清的最近点称为**近点**。正常眼的远点在无限远处(平行光刚好会聚成像于视网膜上),近点在眼前 10~12 cm 处。

若眼睛通过自身的调节,能够使远近不同的物体成清晰像于视网膜上,这种眼称为正常眼,否则,称为非正常眼(屈光不正)。常见的非正常眼有近视眼、远视眼和散光眼。

(二) 非正常眼及其矫正方法

1. 近视眼

(1) 近视眼的特征　通过自身调节，不能使远处物体清楚地成像于视网膜上，只能看清近处物体，无法看清远处物体。近视眼在处于放松状态(眼睛不调节)时，从无限远处来的平行光进入眼后，将成像于视网膜前，在视网膜上得不到清晰的像。可见，近视眼的远点不在无限远处。

(2) 近视眼产生的原因　角膜或晶状体的曲率半径太小(焦度太大)，对光线偏折太强；或是眼球的前后直径太长；也有复合因素，即以上两种情况同时存在。

(3) 近视眼的矫正　① 在进行近视眼的矫正前，必须先诊断清楚是假性近视，还是真性近视。**假性近视**是指虽为正常眼，但由于长时间近距离用眼或持续误戴凹透镜等原因，使晶状体对光线折射太强而呈现近视状态，此类眼睛即为假性近视。对于假性近视，切勿佩戴眼镜，否则会加重睫状肌的负担造成视疲劳，最终有可能导致真性近视。至于假性近视如何矫正请参看相关书籍。② 对于真性近视的眼睛，其矫正方法是佩戴一副由适当焦度的凹透镜制成的眼镜，使光线进入眼睛之前先适当发散，经眼睛折射后成像于视网膜上。即近视眼所佩戴的凹透镜能使平行光线成虚像在近视眼患者的远点处，这样近视眼在眼睛不调节的情况下即可看清无限远处的物体。

2. 远视眼

(1) 远视眼的特征　远视眼在眼睛处于放松状态(眼睛不调节)时，从无限远处来的平行光线进入眼后，将成像于视网膜后，在视网膜上得不到清晰的像，即远视眼看远处物体时模糊，看近处物体时更模糊。远视眼通常可以通过自身调节看清远处物体，但近处物体仍然看不清。可见，远视眼的近点比正常眼远。

(2) 远视眼产生的原因　角膜或晶状体的曲率半径太大(焦度太小)，对光线偏折太弱；或是眼球的前后直径太短；也有复合因素，即以上两种情况同时存在。

(3) 远视眼的矫正　对于远视眼，其矫正方法是佩戴一副由适当焦度的凸透镜制成的眼镜，使光线进入眼睛之前先适当会聚。再经眼睛折射后成像于视网膜上。由于远视眼的近点较正常眼远一些，因此远视眼在看离眼睛较近的物体时，所选择的凸透镜必须将此物的虚像成像于正常眼的近点处，这样远视眼患者即可看清楚近处物体。

3. 散光眼

(1) 散光眼的特征　近视眼和远视眼都属于屈光不正，其角膜是球面，在各个方向的曲率半径皆相同。但散光眼则不同，其角膜在各个方向的曲率半径不同，则对应的折射能力也不同，所以由点物发出的光线经角膜折射后不能形成清晰的点像，而是弥散在一定范围内，故这种眼称为散光眼。散光眼看正方格时，纵横长度不相等；看正交线时，上下、左右交角不同，且往往不能同时看清楚。若角膜的横向曲率半径大、纵向曲率半径小，点状物体经眼睛折射后，所成的像如图 3. 14-2 所示。点光源 S_1 发出的光经角膜折射后，纵向会聚于 S_1'处，形成一条竖直线条状的像。横向会聚于 S_1''处，形成一条水平线条状的像。可见，有散光眼的人常常把一点看成一条线，这样看东西就模糊不清。

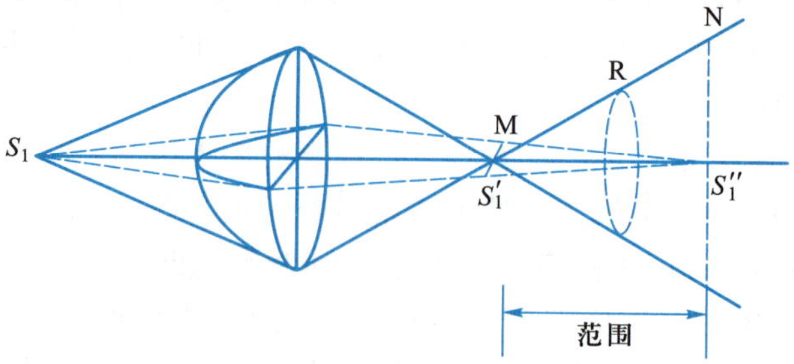

图 3. 14-2 散光眼成像示意图

（2）散光眼产生的原因 散光眼主要由角膜的两个主要径线的弯曲度不一致，即纵横方向曲率半径不同所致。此外，晶状体的位置轻度偏斜，或离开光学系统的轴线也可能导致散光眼。

（3）散光眼的矫正 其矫正方法是佩戴由适当的柱面透镜制成的眼镜。在图 3. 14-2 中，若 M 处是视网膜，这种眼睛就称为远视散光眼。为了矫正眼球在水平方向（或其他方向）会聚能力差的缺陷，需佩戴凸柱面透镜，从而使各个方向的光线同时成像于视网膜上。如果 N 处是视网膜，这种眼睛为近视散光眼，需佩戴凹柱面透镜矫正之。

4. 焦度

在空气或真空中，通常用焦距 f 的倒数表示透镜的折射本领，称为**焦度**，用 $\Phi=\dfrac{1}{f}$表示。当焦距以 m 为单位时，焦度的单位为屈光度（D）。会聚透镜的焦度为正，发散透镜的焦度为负。在配眼镜时常以度为单位来表示透镜对光线的会聚或发散程度，1 D＝100 度。例如，-300 度眼镜的焦度为-3. 00 D。

本实验利用凸透镜的成像来研究眼睛的成像原理及非正常眼的矫正方法。用透镜（编号 A—G）来模拟人眼及眼镜片。其中 A、B、C 为凸透镜，分别模拟正常眼、近视眼、远视眼；D 为正交方向曲率不等的凸透镜，模拟散光眼；E 为凹透镜，模拟近视眼镜片；F 为凸透镜，模拟远视眼镜片；G 为凸圆柱透镜，作为模拟矫正散光眼的眼镜片。

【仪器描述】

光具座是一种多功能的通用光学仪器，主要由导轨、滑动座、各种微调组件、各种夹持器件等组成。常用的导轨长度为 1～2 m，导轨是光具座的基本部件，所有滑动座都能在导轨上作直线运动。导轨上有米尺，滑动座上有定位线，便于确定光学元件的位置。整个实验装置如图 3.14-3 所示，发光体 I、透镜 H、胶木板 J 和屏 K 均安装在光具座上。胶木板 J 的中央挖有直径为 4 cm 的孔。在孔的两侧各嵌有一个 U 形槽，供放置透镜用。胶木板内侧 U 形槽（靠近屏 K 一侧）放置的透镜作为模拟眼，屏 K 作为视网膜，二者构成了一个简约的模拟眼。胶木板的外侧 U 形槽放置相应的透镜作为佩戴的眼镜。

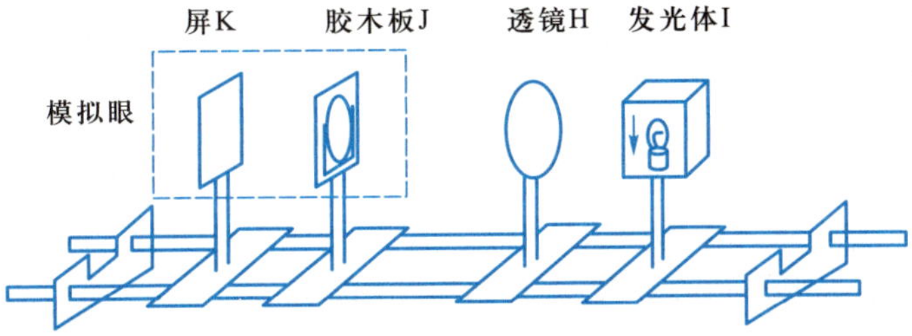

图 3.14-3　光具座实验装置

【实验步骤】

1. 观察各编号透镜的外形，判断透镜的类型。

2. 按图 3.14-3 顺序布置各器件于光具座上，目测估计并上下、左右调节，使这些器件等高共轴。接通发光体电源，利用“自准直法”（见实验 12 薄透镜焦距测量）前后移动透镜 H，直到屏 K 上出现清晰的倒立实像为止。此时，发光体处于透镜 H 的焦平面上，发光体发出的光经透镜 H 后变成平行光线。完成上述步骤，则获得平行光源（无穷远的物）。

3. 透镜 A 模拟正常眼。透镜 A 安装于胶木板 J 的内侧槽中，调节发光体、透镜 H 和 A，使之等高共轴。让平行光线入射到透镜 A 上，用平行光线法调节屏 K 的位置，直至发光体在屏上成清晰像为止。屏 K 的位置即为正常眼的视网膜位置，记下此位置。

4. 近视眼及其矫正。用透镜 B 替换透镜 A，模拟近视眼。由透镜 H 射出的平行光经透镜 B 后，在视网膜（屏 K）上不能形成清晰的像，只有将屏 K 适当向胶木板一侧移动到某一合适位置时，才能在屏 K 上得到清晰的像，说明 B 为近视眼。将屏 K 恢复至正常眼视网膜位置，选择适当焦距的凹透镜 E 模拟近视眼镜，置于胶木板 J 的外侧 U 形槽中，使平行光线入射，观察 K 上的成像情况，如果成像清晰，则 B 眼的缺陷得到了矫正；否则，需要另配眼镜。用自准法测出 E 的焦距，根据 $\Phi=\frac{1}{f}$，求出眼镜 E 的焦度，即可知该近视眼镜的度数。

5. 远视眼及其矫正。用透镜 C 替换透镜 B，模拟远视眼，按步骤 4 的方法，矫正 C 眼的缺陷，求出应佩戴的远视眼镜的度数。

6. 散光眼及其矫正。用透镜 D 替换透镜 C，模拟散光眼，换用“十”形的发光体。让发光体发出的光线经 H 后成为平行光线并入射到 D 上，前后移动 K，观察透镜 D 的成像情况。将 D 当作散光眼，屏 K 置于正常眼视网膜的位置上，选择适当的圆柱透镜 G 作为眼镜，慢慢旋转 G，直至在屏上得到清晰的像为止，这样散光眼的缺陷便得到了矫正。

【数据记录及处理】

1. 在表 3.14-1 中填写数据，并计算出近视眼 B 所需佩戴的眼镜度数、远视眼 C 所需佩戴的眼镜度数。

2. 记录所观察到的近视、远视和散光现象。

表 3.14-1　数据记录表

正常眼（即屏 K 位置）：				
近视眼	屏 K 成清晰像的位置：			
	凹透镜 E 的焦距	$f_1=$	$f_2=$	平均值：
	E 的焦度			
	E 的度数			
远视眼	屏 K 成清晰像的位置：			
	凸透镜 F 的焦距	$f_1=$	$f_2=$	平均值：
	F 的焦度			
	F 的度数			

【注意事项】

1. 实验必须在光线较暗的室内进行，否则将会影响实验结果。

2. 装卸透镜时应手握透镜边缘，不可用手接触镜面，亦不能用粗纸、粗布等擦拭镜面，小心轻放。

3. 实验完毕后，整理好仪器，收好元件。

【思考题】

1. 以小组为单位作一个调查报告：调查班级视力情况，了解近视原因及如何矫正。
2. 通常应该采取哪些措施来预防近视？
3. 在使用光具座测量透镜焦距时，为何要先调节元件共轴？
4. 如何理解“虚物”的概念？

实验 15　人体阻抗的测量

【实验目的】

1. 了解阻抗的概念及人体阻抗的组成。
2. 熟悉人体阻抗的测量方法。
3. 理解人体阻抗的频率特性。

【实验器材】

HB17301SC2A 型直流稳定电源、YB1602 型函数信号发生器（交流电源）、万用电表、UT621 型毫伏表、20 kΩ 电阻、5.1 kΩ 电阻、电极夹、镊子、酒精、棉球、导线。

【预习要求】

1. 了解人体阻抗的组成及其主要影响因素。
2. 复习万用电表及函数信号发生器的使用。
3. 了解实验基本步骤及测量电路原理图。

【实验原理】

阻抗是指在具有电阻、电感和电容的电路里，对交流电所起的阻碍作用，常用 Z 表示，单位为欧姆（Ω）。阻抗是复数，实部称为电阻，虚部称为电抗。电容在电路中对交流电所起的阻碍作用称为**容抗**，而电感在电路中对交流电所起的阻碍作用称为**感抗**，容抗和感抗总称为**电抗**。在生物组织中有一些不同成分的物质表现有电阻和容抗存在。生物组织对交流电所表现的电阻抗称为生物电阻抗，它是评价生物组织电特性的主要指标之一。生物组织的电阻抗与其结构、生理和病理状态密切相关。因此，研究生物电阻抗在生物学及医学中有一定的理论和实际意义。

人体是由多种化学元素组成的，组成人体的元素有 60 多种，比如 Ca、K、Na、P、C、H、O、N 等，这些元素构成人体最主要的五种组成物质，即水、蛋白质、脂肪、无机盐和糖类。人体体液约占体重的 60%～70%，许多元素是以离子的形式存在于体液中的，常见的正离子有 Na^+、K^+、Ca^{2+} 和 Mg^{2+}，负离子有 HCO_3^-、Cl^-、HPO_4^{2-}、SO_4^{2-}。由此可知，人体体液实质上是一种比较特殊的电解质溶液。因此，当外加一定电压时，人体可以导电，而且不同组织的导电性能不同。当电流通过人体时，人体皮肤、血液、肌肉、骨骼、细胞组织等在电路中对电流的阻碍作用称为**人体阻抗**。在临床医学应用上，各种电疗、诊断（心电图、脑电图、肌电图等）需要了解人体阻抗的频率特性，以达到良好的诊断和治疗效果；在运动医学和美容学中，应用人体阻抗法可分析人体的组成成分；在医学影像学中，利用人体不同组织有不同的阻抗来进行医学成像，可帮助医师对病灶进行定位或监测；在安全用电上，不同频率电流下人体有不同的阻抗，对应着不同的安全电压，这也涉及人体阻抗的频率特性。因此，研究人体阻抗显得非常重要。

人体阻抗可以分为两部分，一是皮肤阻抗，二是皮肤下其他组织的阻抗。皮肤阻抗远远大于皮肤下其他组织的阻抗，因此皮肤阻抗很大程度上影响人体阻抗的大小。

1. 皮肤阻抗

人体皮肤由表皮、真皮、皮下组织三层组成，并含有附属器官（如汗腺、皮脂腺）以及血管、淋巴管、神经和肌肉等。皮肤最外层是表皮，包含角质层，其中有汗腺孔，但无血管。表皮下一层是真皮，在真皮的下部是皮下组织，都含有大量的血管。角质层由数层角化细胞组成，含有角蛋白，其导电性能极差，相当于电介质，因此皮肤阻抗大小主要取决于角质层。实验证实，在直流电作用下，有角质层的人体电阻率高达几十万 Ω · cm，没有角质层时为 800～1 000 Ω · cm。表皮阻抗可模拟成纯电容和纯电阻的并联，而真皮和皮下组织可模拟成纯电阻，皮肤阻抗的模拟电路如图 3.15－1 所示。

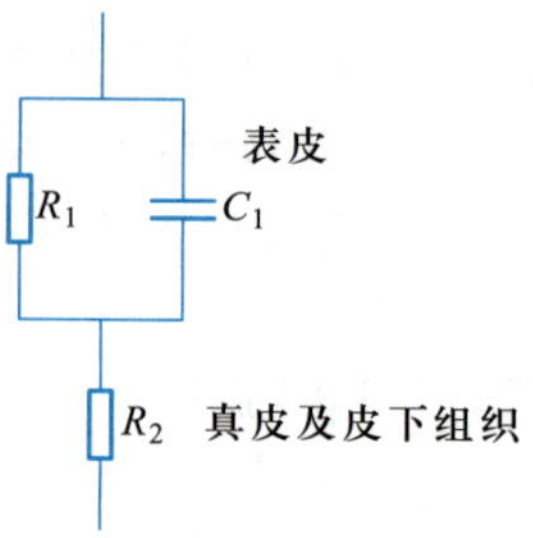

图 3.15－1 皮肤阻抗模拟电路

电流通过皮肤的主要路径是汗腺孔，所以皮肤的干湿程度会影响其阻抗的大小。皮肤潮湿时，水渗透到汗腺孔里使皮肤阻抗下降。相反，皮肤干燥时，汗腺孔里的水分很少，皮肤阻抗增加。另外，电流的形式和频率对皮肤的阻抗也有很大影响。当直流或低频交流电通过人体时，将发生极化现象，体内的离子在电场作用下产生移动，最后在阴极下面的皮肤内聚集大量的正离子，而在阳极下面的皮肤内聚集大量的负离子，从而形成反向电场，阻碍电流通过，因此皮肤呈现出很高的阻抗。当高频交流电通过人体时，由于高频交流电变化太快，极化现象不明显，皮肤阻抗较低。在一定交流电压下，频率越高皮肤阻抗越低。

2. 皮肤下其他组织阻抗

当电流通过皮肤表层后，就进入阻抗远远小于皮肤的其他组织，这些组织的导电性能取决于其含水量和相对密度。组织的含水量越多，离子越多，导电性能越好，阻抗就越小。例如，肌肉的含水量约为 75%，脑组织的含水量约为 68%，因而都是良导体；而肌腱和腱鞘因含水量小，密度大，为不良导体。导电性能较差的是脂肪和骨，尤其是骨，因密度大其导电性能最差。

人体是一个复杂的有机体，构成人体的基本单位是细胞。包裹于细胞表面的是细胞膜，细胞膜主要由脂质、蛋白质和糖类等物质组成。细胞膜不单是细胞的物理屏障，也是在细胞生命活动中有复杂功能的重要结构。细胞膜把两种导电性能很好的溶液隔开，它和内、外溶液也会构成电容器结构。细胞膜具有选择通透性，它能降低甚至阻挡某些离子通过，像充了电的电容器；但它又允许某些离子通透，所以可认为膜具有一定的电阻，像电容器极板间的介质漏电一样。细胞膜阻抗可模拟成电容器和电阻的并联，如图 3.15-2 所示，其阻抗为

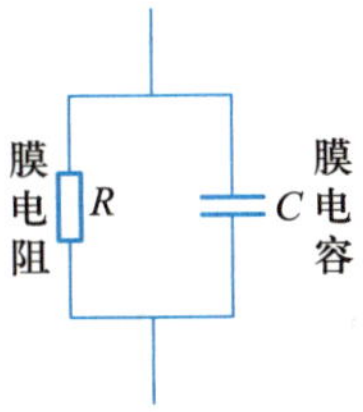

图 3.15-2　细胞膜阻抗模拟电路

$$Z=\frac{R}{\sqrt{1+(\omega RC)^2}}=\frac{R}{\sqrt{1+(2\pi fRC)^2}} \tag{3.15-1}$$

式中 R 为膜电阻，C 为膜电容，ω 为角频率，f 为交流电频率。

对直流电而言，组织及细胞膜都会呈现出很高的阻抗；而对高频交流电，极化现象不明显，组织及细胞膜的阻抗小。交流电频率较高时，其阻抗会随着频率的增大而下降。因此，对于人体内各种组织器官的阻抗大小，既与其本身结构有关，还与电流的形式和频率有关。表 3.15-1 列出了人体部分组织的电阻率（电阻率指单位截面积单位长度某种物质的电阻）。

表 3.15-1　人体组织电阻率　　单位：Ω · cm

组织	直流电	交流电	高频交流电
肝	8 000	1 600	230
肌肉	9 000	1 500	255

续表

组织	直流电	交流电	高频交流电
皮肤(干)	4 000 000	300 000	435
皮肤(湿)	380 000	250 000	435
脂肪	108 000	3 250	2 700
胫骨	22 500	15 400	12 300
脑	10 700	2 170	603

3. 人体阻抗等效电路

在生物体表两点间通电时,电流先通过皮肤,然后经过深部组织,最后又经过皮肤流出体外。人体阻抗是人体皮肤阻抗和其他组织阻抗之和,它由大小不同的电阻和电容组合而成。因此,人体阻抗模型可认为是由电阻和电容组成的复杂串并联电路,整个机体的等效电路如图 3.15-3 所示。

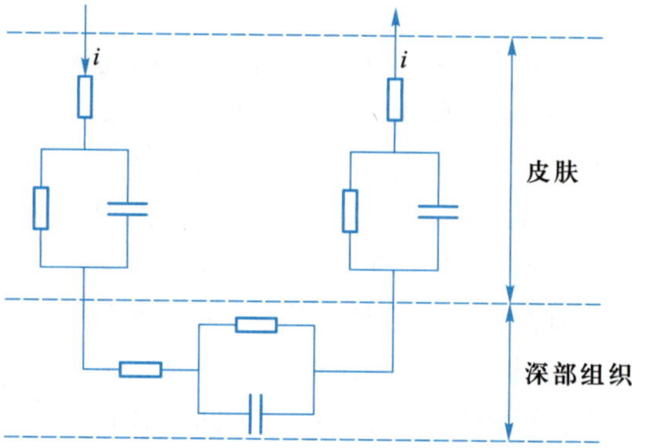

图 3.15-3 人体阻抗等效电路

由以上分析可知,影响人体阻抗的主要因素有电流的形式、频率,皮肤干湿程度等。此外,人体阻抗还与性别、年龄、皮肤的血液循环状况、病理过程、神经系统的活动等有关。若人体遭受突然的生理刺激时,人体阻抗可能明显降低。实际测量的人体阻抗还包括电极夹与皮肤的接触电阻。影响接触电阻的因素主要有电极夹的接触面积、松紧程度、清洁程度以及电极夹与皮肤间有无导电膏等。接触电阻是产生测量误差的主要因素之一,实际测量时要尽可能地减小接触电阻。

【仪器描述】

(一) HB17301SC2A 型直流稳定电源

1. 功能说明

HB17301SC2A 型直流稳定电源是由两路可调输出电源和一路固定输

出5 V/3 A 电源组成，其面板如图 3.15-4 所示。两路可调输出电源能串联或并联使用，也能作可调对称的正负电源使用。电源串联时最高输出电压为两路电压额定值之和；并联时最大输出电流为两路电流额定值之和。可调输出电源的两组指针能同时显示电压和电流，在额定范围内，电压、电流连续可调，并具有稳压与稳流状态自动转换功能。

图 3.15-4 直流稳定电源面板图

主要技术指标：输入电压 220 V（波动范围 5%以下），频率（50±5）Hz，输出电压 0~30 V，输出电流 0~2 A。

2. 使用方法

（1）开机预热 5 分钟以上。

（2）可调电源作稳压源使用。按下“预置/输出”按钮，使电源工作在输出状态。“独立/跟踪”按钮处于“独立”状态，“C. V”灯亮，即可调节电压调节旋钮，把输出电压调至所需值。输出电压的调节应在输出端开路时调节。

（3）可调电源作稳流源使用。先将电流调节旋钮逆时针调到最小，使输出端短路，“C. C”灯亮，再顺时针调节电流调节旋钮，把输出电流调至所需值。

（4）可调电源串联使用。将“独立/跟踪”按钮处于“跟踪”状态，在左路输出负极至右路输出正极之间加一短接线，开启电源开关后，整机即工作在主、从跟踪状态。调节主路（左路）电压调节旋钮，从路（右路）的输出电压严格跟踪主路输出电压，输出电压最高可达到两路额定电压之和。

（二）UT621 型毫伏表

UT621 型交流毫伏表，具有测量交流电压、电平测试、监视输出三大功能。其操作面板如图 3.15-5 所示，测量范围是 100 μV ~ 300 V、10 Hz ~ 2 MHz，分 1、3、10、30、100、300 mV 和 1、3、10、30、100、300 V 共 12 挡。其基本使用方法介绍如下。

图 3.15-5 UT621 交流毫伏表

1. 开机前的准备工作

(1) 将通道输入端测试探头上的红、黑色鳄鱼夹短接。

(2) 将量程开关选最高量程 (300 V)。

2. 操作步骤

(1) 接通 220 V 电源，按下电源开关，电源指示灯亮，仪器立刻工作。为了保证仪器稳定性，需预热 10 秒后使用，开机后 10 秒内指针无规则摆动属正常。

(2) 将输入测试探头上的红、黑色鳄鱼夹断开后与被测电路并联（红色鳄鱼夹接被测电路的正端，黑色鳄鱼夹接地端），观察表头指针在刻度盘上所指的位置，若指针在起始点位置基本不变，说明被测电路中的电压甚小，且毫伏表量程选得过高，此时用递减法由高量程向低量程变换，直到表头指针指到满刻度的 2/3 左右即可。

(3) 读数。表头刻度盘上共刻有四条刻度。第一条刻度和第二条刻度为测量交流电压有效值的专用刻度，第三条和第四条为测量分贝值的刻度。当量程开关分别选 1 mV、10 mV、100 mV、1 V、10 V、100 V 挡时，就从第一条刻度读数；当量程开关分别选 3 mV、30 mV、300 mV、3 V、30 V、300 V 时，应从第二条刻度读数。当用该仪表去测量外电路中的电平值时，就从第三、四条刻度读数，读数方法是，量程数加上指针指示值等于实际测量值。

（三） YB1602 函数信号发生器（参见实验 8）

【实验步骤】

1. 人体直流阻抗的测定

(1) 先用镊子夹住浸有酒精的棉球，清洁手臂欲夹电极夹的部位，晾干。

(2) 将两电极夹分别夹在已清洁好的手臂部位，两电极夹之间的距离约为 10 cm。

(3) 采用串联分压电路，如图3.15-6所示。使用直流稳定电源和$R=20\ \mathrm{k\Omega}$的电阻，把输出电压调为5 V。按照电路图接通电路，待电路稳定后，用万用表直流电压挡分别测量人体手臂上的电压$U_{人}$和电阻上的电压U_R。

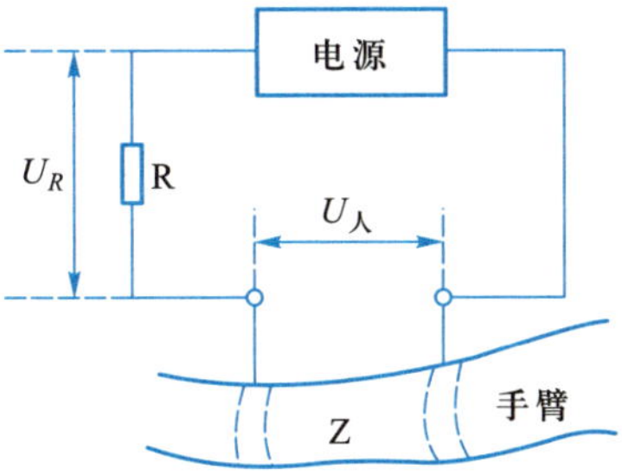

图 3.15-6 手臂阻抗测量电路图

(4) 由欧姆定律可知

$$\frac{U_R}{R}=\frac{U_{人}}{Z} \tag{3.15-2}$$

所以

$$Z=R\frac{U_{人}}{U_R} \tag{3.15-3}$$

即可计算出人体手臂直流阻抗Z。

(5) 重复测量2次，将数据记录于表3.15-2中，计算出人体手臂直流阻抗的平均值。

2. 人体交流阻抗的测定

(1) 在图3.15-6所示电路图中，把直流稳定电源换成函数信号发生器，用5.1 kΩ电阻取代原先的20 kΩ电阻。

(2) 把函数信号发生器的实际输出电压调为0.4 V，信号频率调为30 Hz，接通电路。待电路稳定后，用交流毫伏表分别测出$u_{人}$和u_R，根据式(3.15-3)计算出手臂的交流阻抗$Z_{人}$。

(3) 保持函数信号发生器的输出电压0.4 V不变，如表3.15-3所示依次改变信号频率f大小，重复测量并将数据记入该表中。

(4) 绘出交流阻抗$Z_{人}$和频率f的变化曲线，分析人体阻抗与频率的关系。

【数据记录及处理】

表 3.15-2 人体直流阻抗数据记录表

R/kΩ	$U_{人}$/V	U_R/V	Z/kΩ	$\overline{Z}$/kΩ

表 3.15-3 人体交流阻抗数据记录表

频率 f/Hz	30	100	300	500	1 000	3 000	5 000	10 000
R/kΩ								
$u_{人}$/V								
u_R/V								
$Z_{人}$/kΩ								

【注意事项】

1. 电极夹与手臂皮肤必须紧密接触。

2. 待测手臂部位应该选择在没有伤口的地方。

3. 正确使用万用表和交流毫伏表,并选择正确量程。

4. 实验过程中,注意观察直流电源和函数信号发生器的输出是否稳定,输出电压不能与规定值相差太大,更不能把市电直接接入人体,防止电击,注意安全。

【思考题】

1. 人体阻抗分为皮肤阻抗和体内其他组织阻抗,两者之间是并联还是串联?

2. 实验中为什么要在手臂上涂抹酒精并晾干?

3. 在皮肤沾水或出汗的情况下,人体阻抗会降低还是增加?若皮肤受损,又会造成什么影响?

4. 用交流电测人体阻抗时,频率增加人体阻抗会怎样变化?为什么?

5. 受到突然的生理刺激时,人体阻抗会发生什么变化?为什么?

实验 16 X-CT 模拟实验

【实验目的】

1. 掌握重建 X-CT 像的基本原理,学会运用迭代法进行图像重建。

2. 理解窗宽、窗位的大小对 CT 图像质量的影响。

3. 了解进行模拟 X-CT 实验在临床上的意义。

【实验器材】

计算机、MCT－D1 型模拟 CT 实验仪及配件、模拟 CT 软件。

【预习要求】

1. 熟悉计算机的基本操作。
2. 了解 X－CT 图像重建的基本算法与重建步骤。
3. 了解体素、像素、线性衰减系数 μ、CT 值、窗宽、窗位等概念。

【实验原理】

X 射线计算机断层成像（X－ray computed tomography）技术，简称 X-CT，是一种与一般辐射成像完全不同的成像方法。一般传统辐射成像是将三维物体投影到二维平面成像，各层面影像重叠，造成相互干扰，不仅图像模糊，而且损失了深度信息，不能完全满足分析评价要求。X-CT 是把被测体所检测断层孤立出来成像，避免了其余部分的干扰和影响，图像质量高，能清晰、准确地展示所测部位内部的结构关系、物质组成及缺陷状况。

X-CT 图像重建是运用一定的物理技术，获取生物体某断层上的生物信息，即对生物体扫描后，获取足够的投影数据，然后采用一种数学算法，求解出人体组织的线性衰减系数 μ 在某剖面上的二维分布矩阵 $\mu(x,y)$，再将 μ 值分布转换成对应像素的 CT 值分布 $CT(x,y)$。此后，通过计算机技术再把图像画面上的 CT 值分布转换成灰度图像。重建过程用方框图表示如图 3.16-1 所示。

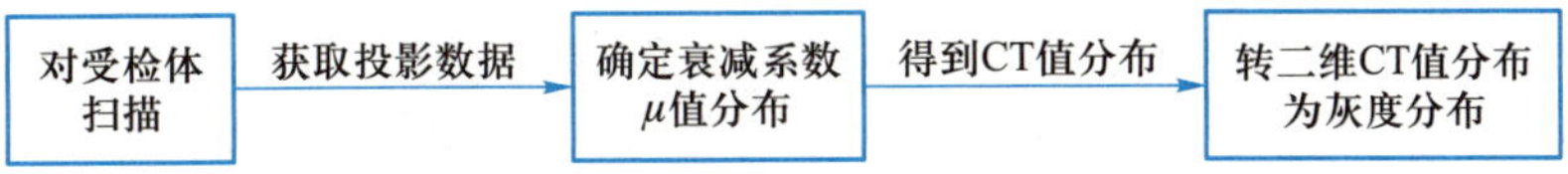

图 3.16-1 X-CT 重建过程

X-CT 扫描是为获取投影数据而采用的物理技术，是用近似于单能窄束的 X 射线束以不同的方式、沿不同的方向、按照一定的顺序对受检体体层进行投照。扫描的方式有多种，比如有单束平移-旋转扫描、窄扇形束平移-旋转扫描、旋转-旋转扫描、静止-旋转扫描、动态空间扫描和电子束扫描等。

根据扫描所获取的投影值来求解成像剖面（实为断层）上线性衰减系数 μ 的分布，是选择数学算法的基本思路。X-CT 三维图像重建的基本算法包括：迭代法、矩阵法、傅里叶变换法、反投影法，其中反投影法包括滤波反投影法和卷积反投影法。在实用 X-CT 机中，图像重建的算法常采用滤波反投影法。反投影法又称总和法，先通过 X 射线束在体层的各个方向上对各体素进行扫描，测得一系列的投影值，然后，把各个方向的投影值沿原路径反方向投影回与原体素空间位置一样的体素上，得到该体素在各方向上反投影值总和，通过计算机运算，求出各体素 μ 值，以实现图像的重建。

X-CT 图像重建的原理源于 X 射线通过介质时衰减的物理规律。当理想单能窄束 X 射线透射各向同性均匀连续介质时，强度衰减的物理规律符合朗伯（Lambert）定律

$$I=I_0 e^{-\mu x} \tag{3.16-1}$$

式中，I_0 是入射 X 射线的强度，I 是通过厚度为 x 的均匀介质后的 X 射线出射强度，μ 是均匀介质的线性衰减系数。对式（3.16-1）两边同取对数并整理可得

$$\mu=\frac{1}{x}\ln\frac{I_0}{I} \tag{3.16-2}$$

此式是测定物质线性衰减系数的基本关系式和基本依据，重建 CT 像的重要环节就是从这一基本关系出发的。因此，X-CT 像的本质是衰减系数成像。但人体内大部分软组织的线性衰减系数 μ 都与水的 μ 值相接近。比如，水的 μ 值为 0.19 cm^{-1}，脂肪的 μ 值为 0.18 cm^{-1}，两者仅差 0.01 cm^{-1}。若直接以这些 μ 值成像，则软组织间的差异很难区别。为了显著反映组织间的差异，引入 CT 值，它的定义式为

$$\mathrm{CT}=\frac{\mu-\mu_w}{\mu_w}\times 1\ 000\ \mathrm{HU} \tag{3.16-3}$$

式中 $\mu_w=19\ m^{-1}$，为能量 73 keV 的 X 射线在水中的衰减系数值，CT 值的单位为亨氏单位（HU）。按 CT 值的定义，可得水的 CT 值为 0 HU，空气的 CT 值接近-1 000 HU，致密骨约为+1 000 HU，脑灰质为 36~46 HU，脑白质为 22~32 HU，脂肪为-100~-80 HU，血液约为 12 HU 等。人体组织（包括空气）CT 值约为-1 000~+1 000 HU，即约有 2 000 个 CT 值。

【仪器描述】

MCT-D1 型模拟 CT 实验仪由主机、游标卡尺、万用表、串口线、八面体若干、三个长度不等的有机玻璃长方体、四种不同介质玻璃拼接的四方块等组成。实验仪主机由电源模块、激光发射模块、电机驱动模块、数据采集模块等构成，其面板如图 3.16-2 所示。

键盘区 5 分为 6 个按键，采用薄膜开关设计，其上有箭头指示方向，分别表示电机不同的旋转方向；键盘上方的“单步”按键短按下时表示电机

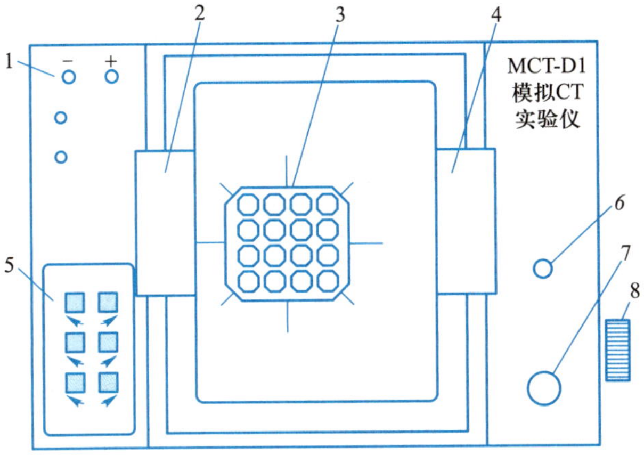

图 3.16-2 MCT-D1 型模拟 CT 实验仪面板

1—万用表接口;2—激光发射器;3—载物托盘;4—激光接收器;
5—键盘区;6—电机开关;7—电源开关;8—调节手轮

作单步运行;中间“45°”按键短按下时,电机沿相应方向转动 45°运转;键盘下方两只按键长按下时,电机按箭头方向持续运转。开机状态时,激光束从激光发射器 2 射出打在激光接收器 4 上。旋转调节手轮 8 可以使激光发射器和接收器前、后移动。按下电机开关 6,键盘区若有按键按下电机不能运转;未按下电机开关时,键盘区有按键按下则电机能运转。

利用该模拟实验仪及软件可进行六个实验的模拟。

1. 万用表-朗伯定律实验

该模拟实验用激光光束透过长度可调的有机玻璃长方体,来模拟 X 射线穿过不同体素的衰减情形。将投射出来的光线投射到硅光电池上,通过光电转换将光强大小转换成电压大小。同样的激光束,透过不同长度 d_1、d_2、d_3 的长方体后,产生不同的电压 U_1、U_2、U_3。电压由连接硅光电池的数字万用表直接读出。计算机根据长方体长度和电压,采用特定的算法,得出每个长方体的线性衰减系数 μ_1、μ_2、μ_3。

2. 自动测量朗伯定律实验

与“万用表-朗伯定律实验”的界面及操作方法都类似,不同之处在于用计算机代替万用表来采集数据。

3. 灰度的认识

计算机将纯黑到纯白分成 256 个等级,用数字 0~255 一一对应。输入不同的数字,显示不同的灰度,可以直观地理解灰度概念。

4. 迭代法测 CT 值

利用迭代法,计算机软件自动计算每个长方体的 CT 值,并得出不同 CT 值的灰度值,对比呈现于同一个平面,即 CT 图像平面。一个灰度值小方块,可以认为是 CT 图像的一个像素单位。

5. 窗宽、窗位的认识

在模拟实验软件界面中,可设置 CT 值、窗宽和窗位,同时有自动图像重建显示。

6. 16 个体素单元的图像重建

用八面体代替人体的体积元,将 16 个八面体摆放在一起模拟人体,通过激光束穿射八面体模拟 CT 机对人体的扫描,将扫描的结果转换成 CT 图像。

【实验步骤】

1. 打开计算机,先安装 X-CT 模拟实验软件。打开光盘上的“模拟 CT 实验仪”安装包,点击“模拟 CT 实验仪 . exe”,按默认安装路径安装。

2. 打开模拟 CT 实验仪,预热 5 min。

3. 运行计算机“开始”菜单里的“模拟 CT 实验”即可进入软件开始界面,如图 3.16-3 所示。六个按钮分别表示 6 个不同的实验进入口。“选择串口”栏可以设置通信连接,默认设置为“串口 1”。

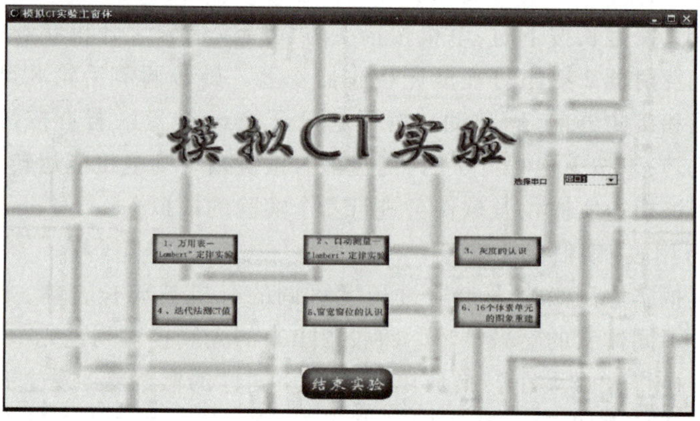

图 3.16-3 模拟 CT 实验开始界面

4. 选择第 1 个实验入口,即万用表-朗伯定律实验,其界面如图 3.16-4 所示。

(1) 将万用表接在模拟 CT 实验仪的电压输出端,将三个长度不等的有机玻璃长方体按图 3.16-4 所示顺序依次放入载物托盘上,用激光束穿射长方体,每穿射一次从万用表上读取一次电压值,并将数据填写到相应的文本框内。

(2) 用游标卡尺测量长方体的长度,将其输入相应的文本框。

(3) 根据朗伯定律计算出 μ 值并填入文本框,并用计算机验证计算结果。如有错误,按照计算机提示进行更正。

5. 选择其他实验入口,各实验界面如图 3.16-5 至图 3.16-8 所示,根据实验情况填入数据进行计算。

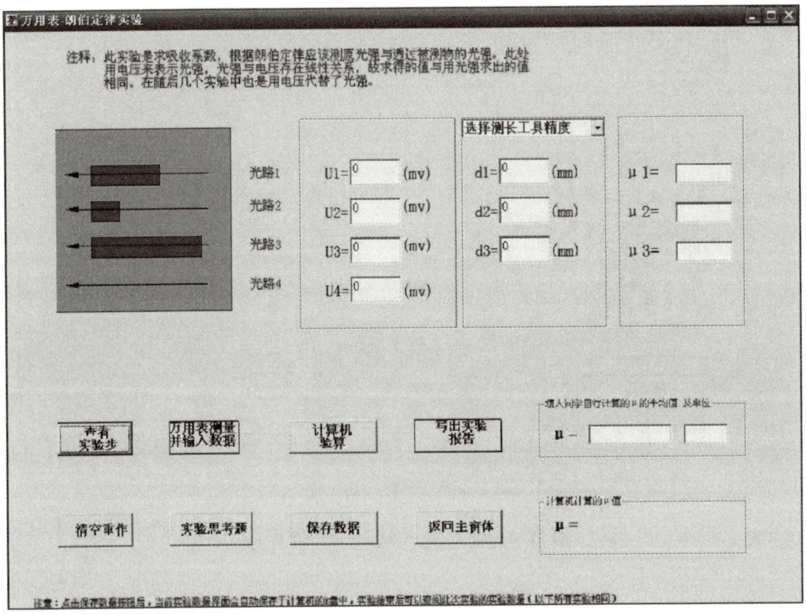

图 3.16-4　万用表-朗伯定律界面

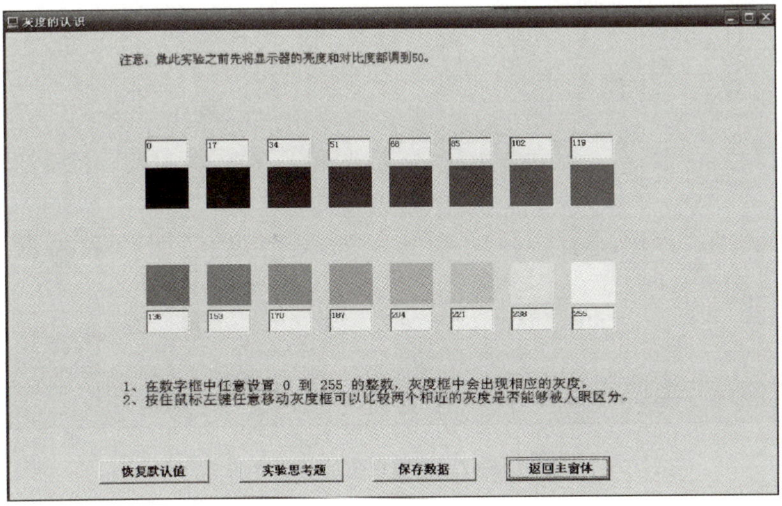

图 3.16-5　灰度的认识界面

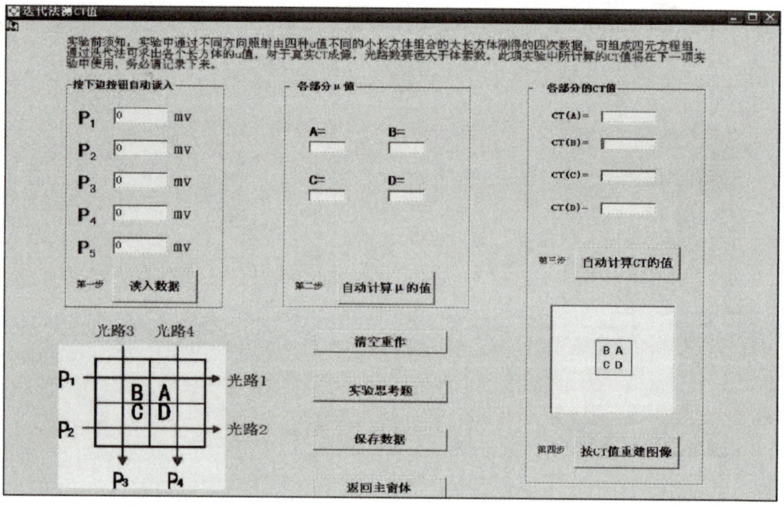

图 3.16-6 迭代法测 CT 值界面

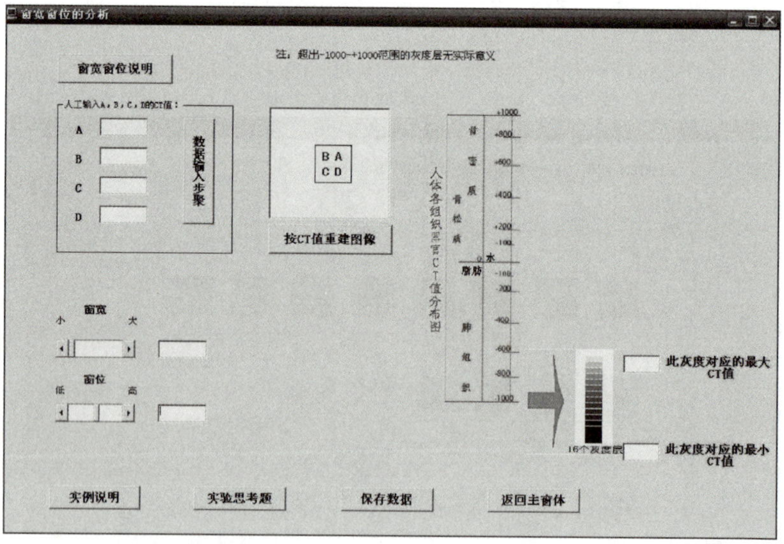

图 3.16-7 窗宽窗位的分析界面

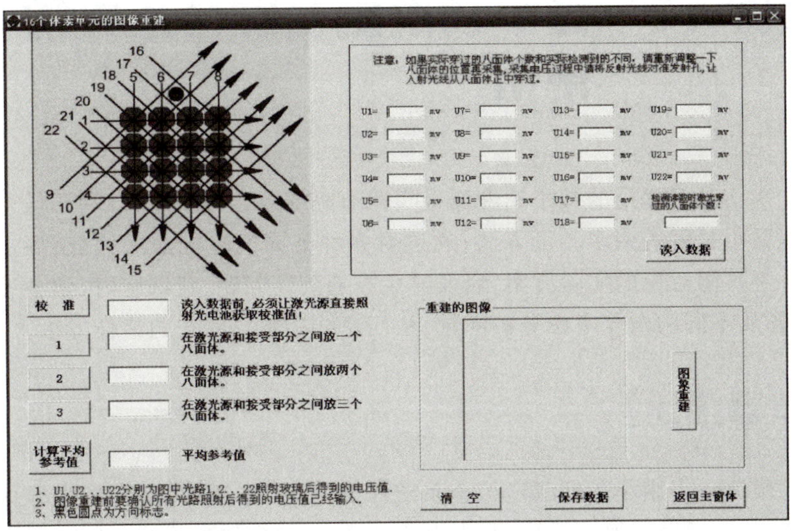

图 3.16-8 16 个体素单元的图像重建界面

6. 实验完成后，按“保存数据”按钮保存数据。点击“返回主窗体”回到开始界面，按“结束实验”按钮即退出本实验程序。

【注意事项】

1. X-CT 模拟实验应用程序所涉及的文件夹及所有文件不要作任何修改，以保证实验顺利进行。

2. 激光照射待测物有一定的反射，反射回来的光束应对准激光器发射中心。

3. 做灰度认识实验前，先将显示器的亮度和对比度均调整到 50%，便于分辨灰度大小对图像的影响。

4. 本仪器采集电压范围为 0~5 V，由于长方体和八面体的工艺问题，激光照射后可能会有部分散射光或反射光，导致实验过程中采集电压过大，此时需要重新采集数据。

【思考题】

1. CT 像的重建过程有哪几个步骤？简述其成像原理。
2. CT 扫描的目的是什么？扫描方式有哪几种？
3. 采用各种数学算法的目的是什么？
4. 窗宽、窗位如何计算？图像矩阵大小对 CT 像有何影响？

实验 17 微小长度测量综合系统的使用

本实验将常用的微小长度测量实验有机地组合在一起，以利于较全面了解微小长度的诸多测量方法；通过对多种不同实验方法的比较，探求最适合于被测对象的实验方案，启发学生在遇到新问题、新课题时，学会多思考、并从不同的角度考虑分析问题，从而总结出解决问题的最佳方法。

【仪器描述】

DHTM-1 微小长度测定综合系统如图 3.17-1 所示，主要由半导体激光器、双光栅微弱振动系统、肌张力测试系统、霍尔测试系统、光杠杆系统、千分尺调节机构、读数显微镜测量系统、劈尖、透镜、振动力学信号源、测试仪等组成。

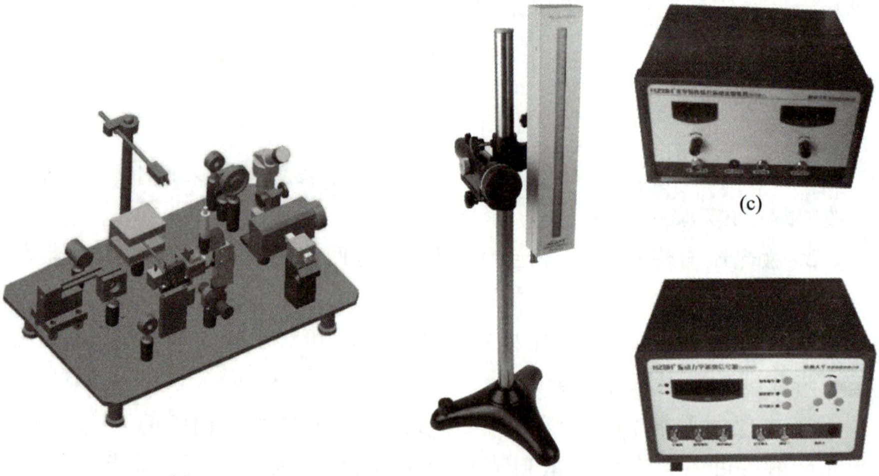

(a) (b) (c) (d)

图 3.17-1 DHTM-1 微小长度测定综合系统

(a) 测试平台；(b) 望远镜；(c) 测试仪；(d) 振动力学信号源

（一）振动力学信号源

振动力学信号源面板如图 3.17-2 所示。

1. 频率显示窗口。

2. 频率调节：按键按下后，对应指示灯亮，表示可以用编码开关调节输出频率，编码开关下面的按键用于切换频率调节位。

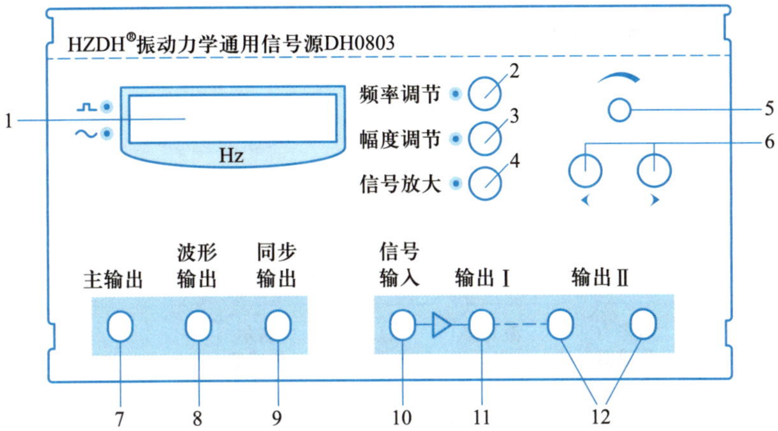

图 3.17-2 振动力学信号源面板

3. 幅度调节:按键按下后,对应指示灯亮,表示可以用编码开关调节输出信号幅度,可在 0~100 挡间调节,输出幅度不超过 $V_{p-p}=20\ V$。

4. 信号放大:按键按下后,对应指示灯亮,表示可以用编码开关调节信号放大倍数,可在 0~100 挡间调节,实际放大倍数不超过 55 倍。

5. 编码开关:可以单击或者旋转,单击旋钮可用来切换正弦波和方波输出;旋转旋钮可用于调节输出信号频率、幅度以及信号放大倍数。正弦波输出频率范围是 20~100 000 Hz,方波的输出频率是 20~1 000 Hz。

6. 按键开关:用于切换频率调节位,仅用于信号频率调节。

7. 主输出:接音叉驱动器,驱动音叉振动。

8. 波形输出:可接示波器观察主输出的波形。

9. 同步输出:为输出频率同主输出,且与主输出相位差固定的正弦波信号,作为观察拍频波的触发信号。

10. 信号输入:连接光电传感器,对光电信号进行放大。

11. 输出Ⅰ:接示波器通道 1,光电传感器信号放大输出,用于观察拍频波。

12. 输出Ⅱ:光电传感器信号放大输出,可接耳机。

(二) 微小长度测定综合系统测试仪

微小长度测定综合系统测试仪面板如图 3.17-3 所示。

1. 毫伏电压表:三位半 200.0 mV,用于测量肌张力传感器输出电压。

2. 调零电位器:对肌张力传感器输出信号进行调零。

3. 肌张力传感器接口:用于连接肌张力传感器。

4. 激光器电源输出接口:DC5 V 输出,用于连接半导体激光器。

5. 风扇电源输出接口:DC12 V 输出,用于连接测试架上的激光散斑消除风扇。

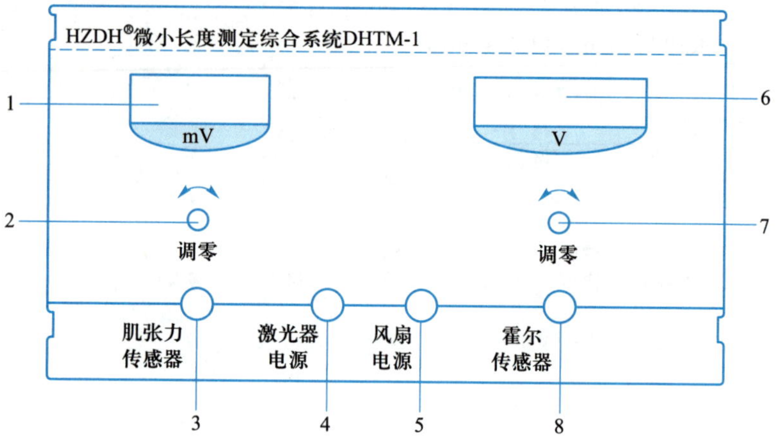

图 3.17-3 微小长度测定综合系统测试仪面板图

6. 电压表:四位半 2.000 0 V 数字电压表,用于测量霍尔传感器输出电压。

7. 调零电位器:对霍尔传感器输出电压调零。

8. 霍尔传感器接口:用于连接霍尔传感器。

(三) 微小长度测定综合系统测试架

微小长度测定综合系统测试架如图 3.17-4 所示。

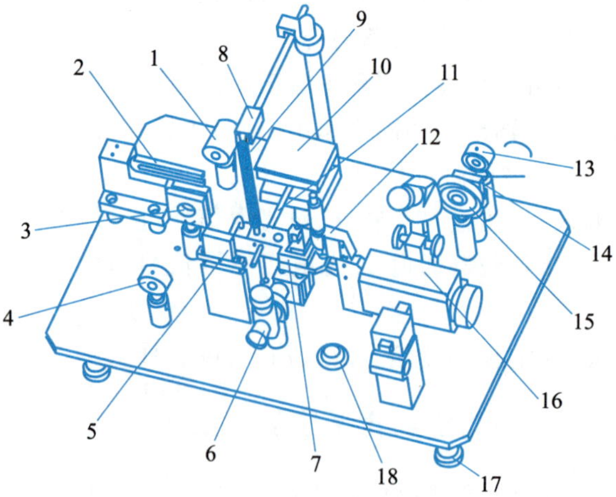

图 3.17-4 微小长度测定综合系统测试架

1. 光电传感器:探测接收到的激光光强信号,与 DH0803 的"信号输入"端口相连,对接收信号进行放大输出。

2. 音叉系统:音叉的末端有音叉驱动器线圈,与 DH0803 信号源的"主输出"相连;音叉的前端固定有一个光栅片,随音叉一起振动,称为动光栅。

3. 静光栅二维调节架：架子上固定有一个光栅片，通过二维调节使与动光栅片正交；调整完毕后，一般固定不动，故称为静光栅。

4. 半导体激光器：工作电源为+5 V，与 DHTM-1 测试仪上的"激光器电源"相连。

5. 光杠杆机构：与望远镜配合使用，构成光杠杆测量系统。

6. 测量显微镜：用于测量移动平台位移。

7. 移动平台：通过千分尺上下调节平台位置。

8. 肌张力传感器：用于测量弹簧伸长量，与 DHTM-1 测试仪上的"肌张力传感器"相连。

9. 弹簧：一端与肌张力传感器相连，另一端与移动平台相连。

10. 磁铁：提供均匀梯度磁场。

11. 霍尔传感器：与 DHTM-1 测试仪上的"霍尔传感器"相连。

12. 千分尺：带数显，最小读数分辨率 0.001 mm。

13. 半导体激光器：工作电源为+5 V，与 DHTM-1 测试仪上的"激光器电源"相连。

14. 激光散斑消除风扇：用于消除激光散斑，与 DHTM-1 测试仪上的"风扇电源"相连。

15. 透镜：对激光束进行均匀放大。

16. 读数显微镜：用于测量劈尖等厚干涉。

17. 可调机脚：调节实验台水平。

18. 水泡：指示实验平台水平状态。

【主要技术指标】

1. 读数显微镜：
测量范围：50 mm；
放大率：30×；
最小读数：0.01 mm；
测量精度≤0.02 mm；
目镜筒 360°可调，可调式半反镜。

2. 望远镜：放大率 30×，口径 42 mm，视场角 1°26′，视距>200 cm，带 LED 照明标尺。

3. 肌张力传感器：量程 0~100 g，三位半 200.0 mV 数字电压表测量，带调零功能。

4. 霍尔位置传感器：工作电压 5 V，4 位半 2.000 0 V 数字电压表测量，带调零功能。

5. 测量显微镜：目镜放大率 10×，目镜测微尺 0~8 mm，测微鼓轮最小分度值 0.01 mm，物镜放大率 2×，系统放大率 20×。

6. 千分尺：数显+鼓轮读数，测量范围 0~25 mm，最小分辨率 0.001 mm，准确度 4 μm。

7. 半导体激光器：工作电压 5 V，波长 650 nm。

8. 扩束镜：f=16 mm。

9. 光栅：100 线/mm，静光栅架带二维调节系统，确保静光栅和动光栅完全正交。

10. 劈尖尺寸：48 mm×25 mm。

11. 音叉谐振频率：500 Hz 左右。

12. 信号发生器：DDS 信号发生器，能产生方波和正弦波，频率 20.001~100 000 Hz 连续可调；编码开关和数字按键联合进行频率调节，最小步进值 0.001 Hz，6 位数码管显示；信号输出幅度 0~20V_{p-p}可调，编码开关调节幅度大小；带主输出、波形输出和同步输出接口。

13. 信号放大器：放大倍数通过数字电位器调节，输出接口有 Q9 示波器接口和 52 插座两种，前者用于示波器观测，后者用于驱动耳机或外部负载。

【注意事项】

1. 使用千分尺时，在测微螺杆快靠近被测物体时应停止使用粗调旋钮，而改用微调旋钮，当棘轮发出声音时，停止调节，既可使测量结果精确，又能保护螺旋测微器。

2. 劈尖为玻璃器件，轻拿轻放；注意构成劈尖的两平板玻璃方向。

3. 眼睛不能直视半导体激光器。

4. 肌张力传感器最大受力不能超过 100 g。

5. 请仔细使用测量显微镜、读数显微镜和望远镜系统。

一、微小长度的多途径测量

【实验目的】

1. 掌握数显千分尺的使用方法。

2. 用千分尺测量微小长度。

3. 用霍尔位置传感器测量微小长度。

4. 用肌张力传感器测量弹簧的微小长度。

5. 学会用测量显微镜测量微小长度。

【实验器材】

DHTM-1 微小长度测定综合系统。

【预习要求】

熟悉 DHTM-1 微小长度测定综合系统。

【实验原理】

1. 霍尔位置传感器工作原理

霍尔元件置于磁感强度为 B 的磁场中，在垂直于磁场方向通以电流 I，则与这二者垂直的方向上将产生霍尔电势差 U_H：

$$U_H = K \cdot I \cdot B \tag{3.17-1}$$

式(3.17-1)中 K 为元件的霍尔灵敏度。如果保持霍尔元件的电流 I 不变，而使其在一个均匀梯度的磁场中移动时，则输出的霍尔电势差变化量为

$$\Delta U_H = K \cdot I \cdot \frac{\mathrm{d}B}{\mathrm{d}Z} \cdot \Delta Z \tag{3.17-2}$$

式(3.17-2) 中 ΔZ 为位移量，此式说明若$\frac{\mathrm{d}B}{\mathrm{d}Z}$为常数时，$\Delta U_H$ 与 ΔZ 成正比。

为实现均匀梯度的磁场，可以如图 3.17-5 所示两块相同的磁铁(磁铁截面积及表面感应强度相同)相对位置，即 N 极与 N 极相对，两磁铁之间留一等间距间隙，霍尔元件平行于磁铁放在该间隙的中轴上。间隙大小要根据测量范围和测量灵敏度要求而定，间隙越小，磁场梯度就越大，灵敏度就越高。磁铁截面要远大于霍尔元件，以尽可能地减小边缘效应的影响，提高测量精确度。

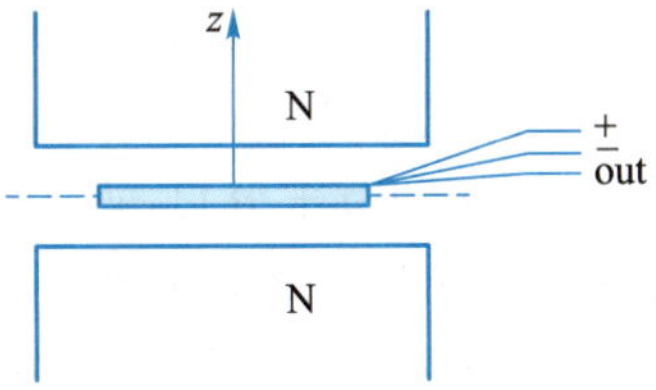

图 3.17-5

若磁铁间隙内中心截面处的磁感应强度为零，霍尔元件处于该处时，输出的霍尔电势差应该为零。当霍尔元件偏离中心沿 z 轴发生位移时，由于磁感应强度不再为零，霍尔元件也就产生相应的电势差输出，其大小可以用数字电压表测量。由此可以将霍尔电势差为零时元件所处的位置作为位移参考零点。

霍尔电势差与位移量之间存在一一对应关系，当位移量较小(<2 mm)，这

一一对应关系具有良好的线性。

2. 肌张力传感器

硅压阻式肌张力传感器由弹性梁和贴在梁上的传感器芯片组成，其中芯片由四个硅扩散电阻集成一个非平衡电桥，当外界压力作用于金属梁时，在压力作用下，电桥失去平衡，此时将有电压信号输出，输出电压大小与所加外力成正此，即

$$\Delta U=KF \tag{3.17-3}$$

式中，F 为外力的大小，K 为硅压阻式力敏传感器的灵敏度，ΔU 为传感器输出电压的大小。

3. 弹簧弹性系数

弹簧在外力作用下会产生形变。由胡克定律可知：在弹性变形范围内，外力 F 和弹簧的形变量 Δy 成正比，即

$$F=-K\Delta y \tag{3.17-4}$$

式中，K 为弹簧的弹性系数，它与弹簧的形状、材料有关。通过测量 F 和相应的 Δy，就可推算出弹簧的弹性系数 K。

【实验步骤】

1. 将测试架上的肌张力传感器和霍尔传感器分别与测试仪面板上对应接口连接起来，检查无误后开启电源。

2. 调节千分尺上的微调旋钮，改变移动平台到适当位置，此时霍尔位置传感器、弹簧以及移动平台上的刻线均将发生平移。

3. 确保千分尺的调节带来霍尔位置传感器、弹簧以及移动平台联动后，将千分尺进行调零，将肌张力传感器测量电压表和霍尔传感器测量电压表分别调零，同时记下平台刻线在测量显微镜上的初始读数。

4. 再次调节千分尺，改变移动平台的位置，记下千分尺读数的变化量，该变化量即为弹簧的伸长量。

5. 记录测量显微镜测得的平台刻线的变化值，该变化量与千分尺读数的变化量一致，同时也表征弹簧的伸长量。

6. 记录肌张力传感器测得的电压变化量，计算灵敏度并定标。

7. 记录霍尔传感器测得的电压变化量，计算灵敏度并定标。

8. 将所有的测量数据填入表格 3.17-1，分析各种方法测量微小长度的优缺点和误差来源。

【数据记录及处理】

表 3.17-1

测量方法	初始值	位置 1	位置 2	位置 3	位置 4
千分尺/mm	0				
测量显微镜/mm					
肌张力传感器/mV	0				
霍尔传感器/mV	0				

二、用光杠杆法测量微小长度

【实验目的】

1. 掌握用光杠杆法测量微小位移的基本原理。
2. 用光杠杆法测量弹簧的微小位移并与千分尺测量结构进行比较。

【实验原理】

如图 3.17-6 所示，光杠杆结构主要由平面镜 M、横梁 b 以及三个支点 f_1、f_2 和 f_0 组成；支点 f_1 和 f_2 放置于固定座上，支点 f_0 放置于移动平台上。当通过千分尺调节移动平台位置时，支点 f_0 将随平台一起移动，从而改变平面镜的仰角。光杠杆测量系统的工作原理如图 3.17-7 所示，当移动平台下移 δL 后，原来与水平面成 90°的平面镜 M 角度变化量为 α，而此时对应的从望远镜看到的标尺刻度像从起初的 n_0 变化为 n_1，变化量 $\delta n = |n_1 - n_0|$；由几何光学的基本原理可知：

$$\tan a = \frac{\delta L}{b} \tag{3.17-5}$$

$$\tan 2\alpha = \frac{|n_1 - n_0|}{D} = \frac{\delta n}{D} \tag{3.17-6}$$

由于角度变化量 α 较小，所以 $\tan a \approx \alpha$，$\tan 2\alpha \approx 2\alpha$，代入式(3.17-5)、式(3.17-6)可得到：

$$\delta L = \frac{b}{2D} \times \delta n \tag{3.17-7}$$

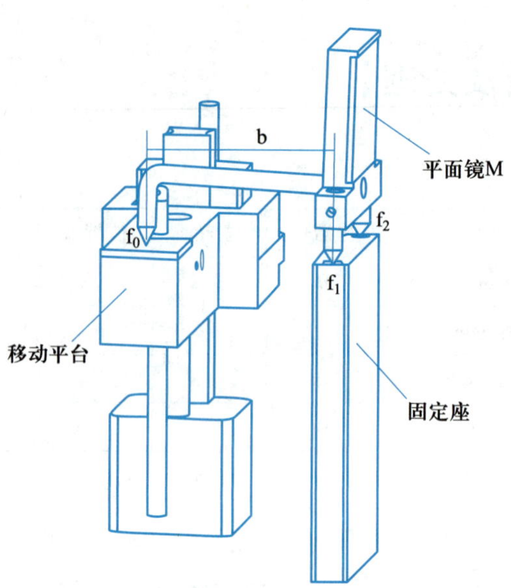

图 3.17-6 光杠杆结构图

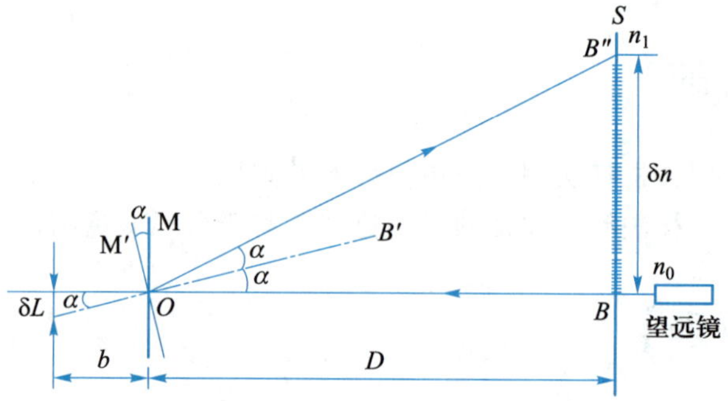

图 3.17-7 光杠杆测量系统工作原理图

式(3.17-7)中，$\frac{2D}{b}$叫作光杠杆镜的放大倍数，由于 $D \gg b$，所以 $\delta n \gg \delta L$，从而获得对微小量的线性放大，提高了 δL 的测量精度，这就是光杠杆的放大原理。

【实验内容】

1. 如图 3.17-6 所示，利用千分尺结构，把光杠杆镜面法线调到水平位置。在平面镜正对面 1~1.5 m 处的地方安放望远镜支架，将望远镜的光轴调节到与光杠杆镜同轴等高。

2. 调整望远镜使其与光杠杆镜面在同一高度，先在望远镜外面附近找到光杠杆镜面中标尺的像（如找不到，应左右或上下移动标尺的位置或微调光杠杆镜面的垂直度)。再把望远镜移到眼睛所在处,结合调整望远镜的角度,在望远镜中便可看到光杠杆镜面中标尺的反射像。

3. 调节目镜,看清十字叉丝,调节调焦旋钮,看清标尺的反射像,而且无视差。若有视差,应继续细心调节目镜,直到无视差为止。检查视差的办法是使眼睛上下移动,看叉丝与标尺的像是否相对移动;若有相对移动,说明有视差,就应再调节目镜直到叉丝与标尺像无相对运动(即无视差)为止。记下水平叉丝(或叉丝交点)所对准的标尺的初读数 n_0,n_0 一般应调在标尺 0 刻线附近,若差得很远,应上下移动标尺或检查光杠杆反射镜面是否竖直。调节完毕后,应保持望远镜的位置不变,直至测量过程结束。

4. 调节千分尺,使弹簧长度逐渐伸长,每调节 0.200 mm 读取一次望远镜中标尺的读数,共测量 5 次数据,将数据填入表 3.17-2 中,依次记录为 n_1,n_2,n_3,n_4 和 n_5。

5. 测量光杠杆镜前后脚距离 b。

6. 测量光杠杆镜镜面到望远镜标尺的距离 D。

7. 根据公式 $\delta L=\dfrac{b}{2D}\times\delta n$,计算测得的微小长度 δL 并与实际值进行对比。

【数据记录及处理】

表 3.17-2 光杠杆法测量微小长度

测量次数	1	2	3	4	5
标准值/mm	0.200	0.400	0.600	0.800	1.000
$b/2D$					
$\delta n(n_i-n_0)$					
测量值 $\delta L=\dfrac{b}{2D}\times\delta n$					

三、用光的等厚干涉法测量微小厚度

劈尖干涉现象在科学研究和计量技术中有着广泛的应用,如测量光波波长检查表面的平整度、球面度、粗糙度、精确测量长度、微小形变以及研究工件的内应力分布等。

【实验目的】

1. 了解光的等厚干涉基本原理。
2. 用光的等厚干涉法测量微小待测物的厚度。
3. 掌握读数显微镜的使用方法。

【实验原理】

取两块光学平面玻璃板，使其一端接触，另一端夹着细丝（或薄片），则在两玻璃板之间形成一个空气劈尖，如图 3.17-8 所示。当用单色光垂直照射时和牛顿环一样，在劈尖薄膜上、下两表面反射的两束光发生干涉。产生的干涉条纹是一族与棱边相平行、间隔相等、且明暗相间的干涉条纹，它也是一种等厚干涉条纹。

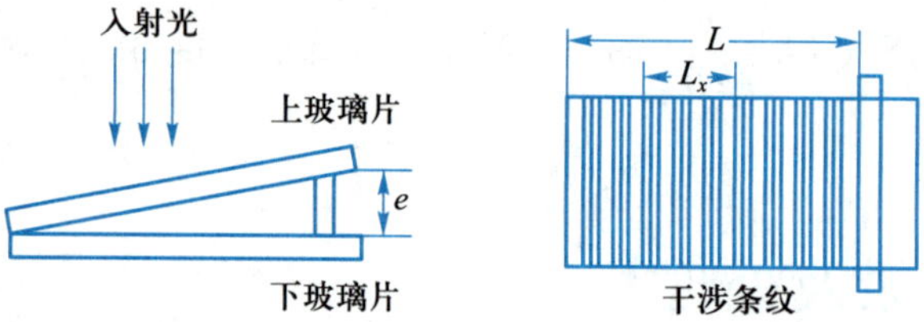

图 3.17-8 劈尖干涉

设入射的平行单色光的波长为 λ，在劈尖厚度为 e 处产生干涉的两束光线的光程差为 Δ，n 为劈尖中介质的折射率，$\lambda/2$ 为光线从劈尖下表面反射时产生的半波损失。

当光程差满足半波长的奇数倍时

$$\Delta = 2ne+\frac{\lambda}{2} = (2K+1)\frac{\lambda}{2} \quad (K=0,1,2,3,\cdots) \qquad (3.17-8)$$

形成暗条纹，K 为干涉条纹级数。上式化简后

$$e=\frac{K\lambda}{2n} \quad K=0,1,2,3,\cdots \qquad (3.17-9)$$

对于空气劈尖 $n=1$，则式(3.17-9)为

$$e=K\frac{\lambda}{2} \qquad (3.17-10)$$

由于 K 值一般较大，为了避免数错，在实验中可先测出某长度 L_x 内的干涉条纹的间隔数 x，则单位长度内的干涉条纹数为 $n=x/L_x$。若棱边与薄片的距离为 L，则薄片处出现的暗条纹的级数为 $K=nL$，可得薄片的厚度

$$e=nL\frac{\lambda}{2}=\frac{x}{L_x}L\frac{\lambda}{2} \qquad (3.17-11)$$

【实验仪器】

实验仪器由读数显微镜、劈尖、半导体激光器、激光散斑消除器以及透镜等组成，详细的实验装置如图 3.17-9 所示。

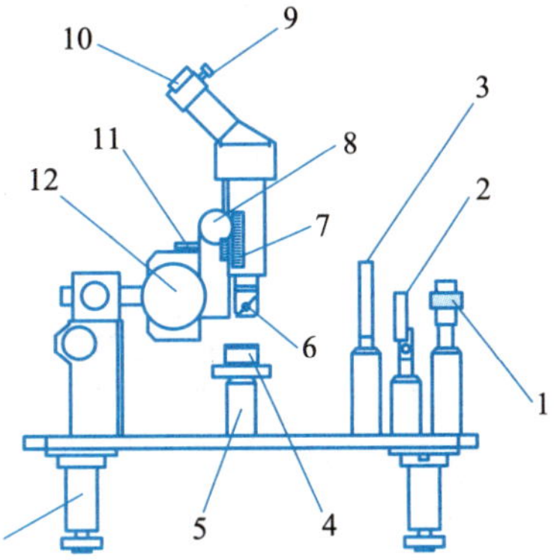

图 3.17-9 劈尖等厚干涉测量装置图

1—半导体激光器；2—激光散斑消除器；3—透镜；4—劈尖；5—载物台；6—半反镜；7—垂直标尺；8—聚焦调节手轮；9—目镜锁紧螺钉；10—目镜；11—水平标尺；12—测微鼓轮；13—水平调节机脚；

【实验步骤】

1. 按图 3.17-8 所示，在两块玻璃片一端夹入平直薄纸（或细丝），构成劈尖。

2. 将劈尖置于读数显微镜的载物台上，注意让玻璃片边线与读数显微镜标尺平行，同时确保劈尖处于物镜正下方。

3. 开启激光器，调节光路，使激光通过散斑消除器，再经过透镜扩束后，入射到 45°半反射镜上。

4. 转动 45°半反射，使目镜中看到的视场均匀明亮，调节聚焦调节手轮直至观察到清晰的干涉图样（明暗相间的平行线）；调节目镜使目镜中的叉丝与劈尖干涉条纹平行。

5. 取 $x=10$，调节测微鼓轮，多次测量 10 条条纹的间距 L_{10}，将数据填入表 3.17-3 中。测量 5 次，求平均值。

6. 测出两玻璃片接线到薄片（或细丝）的有效距离 L，将数据填入表 3.17-2，测量 5 次，求平均值。

7. 根据式（3.17-11），求出待测物体的厚度 $e=nL\dfrac{\lambda}{2}=\dfrac{x}{L_x}L\dfrac{\lambda}{2}=5\lambda\dfrac{L}{L_{10}}$。

【数据记录及处理】

表 3.17-3 等厚干涉测量微小厚度 $\lambda = 650$ nm

测量次数	1	2	3	4	5	平均值
L_{10}/mm						$\overline{L}_{10}=$
L/mm						$\overline{L}=$
$e=5\lambda\dfrac{\overline{L}_{10}}{\overline{L}_{10}}$/mm						

实验 18 心电图机的使用及其技术指标的测量

【实验目的】

1. 了解心电图机的原理。
2. 熟悉心电图机的主要技术指标。
3. 掌握心电图机的使用方法和注意事项。
4. 学会心电图机技术指标的检测方法。

【实验器材】

XD-7100 单道心电图机、心电图记录纸、低频信号发生器、秒表、直尺。

【预习要求】

1. 熟悉心电图机面板上各键的功能和使用方法。
2. 心电图机有哪些技术指标？怎样测定心电图机的技术指标？

【仪器描述】

本实验使用的是一台具有交直流两用功能的 XD-7100 单道心电图机，面板如图 3.18-1 所示。面板上各部分名称和作用如下（按标注序号）：

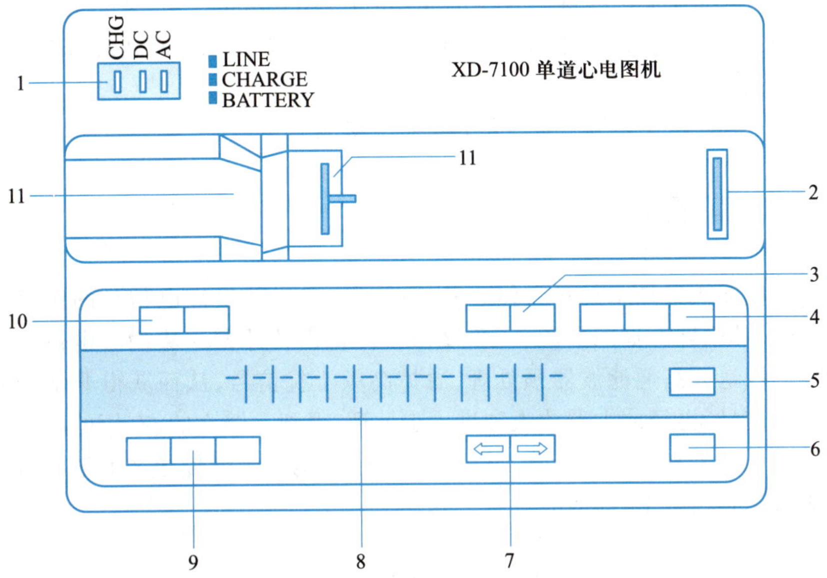

图 3.18-1　XD-7100 单道心电图机面板示意图

1. 电源选择开关　AC 为接通交流电源、DC 为接通电池电源、CHG 为电池充电，其右侧有交流电指示（LINE）、电池指示（BATTERY）和充电指示（CHARGE）。

2. 基线调节旋钮　改变记录描笔位置。

3. 滤波控制键（FILTER）　由肌电干扰抑制（EMG）和交流干扰抑制键（HUM）两键组成。当有交流干扰时，可按动 HUM 键；当人体肌电干扰强烈时，可按动 EMG 键。

4. 增益选择键或灵敏度选择键（SENSITIVITY）由 1/2、1、2 三键组成，按动三键中的任一键，增益可在 1/2、1、2 间切换，其中 1 为标准增益。

5. 复位键（RESET）　封闭输入信号使记录装置停止摆动。

6. 定标键　控制 1 mV 定标信号通或断以供作标准电压用，用作心电图波形的幅度校正和时间常量检查。

7. 导联选择键（LEAD　SELECTOR）　由左、右两键组成，当按动左键（⇦）或右键（⇨）时，可选择所需导联，使之左移或右移，完成 12 个导联间的转换。

8. 导联显示器　当按动导联选择键时，导联显示器显示导联当时所处的位置，显示器上导联所在位置对应的灯发光。

9. 记录-停止键　由停止键(STOP)、观察键(CHECK)和开始键(START)三键组成,用于控制传动走纸及记录装置。按动停止键(STOP)时,记录纸停止,记录描笔停止工作、处于预热状态;按动观察键(CHECK)时,记录纸停止,记录描笔工作、处于预热状态;按动开始键(START)时,记录纸走动,记录描笔工作、处于加热状态。

10. 走纸速度选择键(PAPER SPEED)　由 25 $mm\cdot s^{-1}$ 及 50 $mm\cdot s^{-1}$ 两键组成,走纸速度可在 25 $mm\cdot s^{-1}$、50 $mm\cdot s^{-1}$ 间切换,其中 25 $mm\cdot s^{-1}$ 为标准走速。

11. 走纸传导装置　记录纸传导固定装置。

【实验原理】

心电图机是用来记录人体心脏活动时所产生的生理电信号的医学电子仪器,其原理方框图如图 3.18-2 所示。把由传感器采集的心电信号通过导连线送入高通滤波器预处理,滤掉高频干扰信号,从而获得非常微弱的心电信号,再经放大器放大和进一步处理,得到足够大的、有用的心电信号电流和功率来推动记录器工作,然后通过描笔和走纸传导装置把心电信号波形记录在纸上,即为**心电图**。

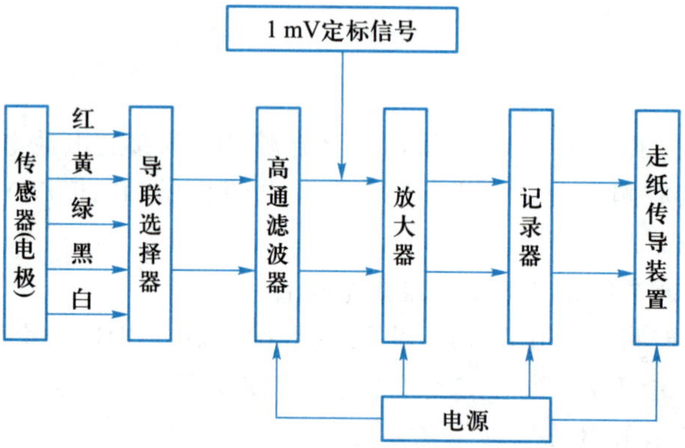

图 3.18-2　心电图机原理方框图

心电图机能否准确记录心电图,取决于心电图机的性能好坏,由其技术指标来衡量,主要有灵敏度、噪声和漂移、阻尼、记录速度、放大器的线性、时间常量和频率响应特性等。

灵敏度(放大器的增益)是指输入 1 mV 定标信号电压时,描笔偏转的幅度,单位是 $mm\cdot mV^{-1}$,它反映了心电图机放大倍数的大小。一般将心电图机的灵敏度分为三挡(5 $mm\cdot mV^{-1}$、10 $mm\cdot mV^{-1}$和 20 $mm\cdot mV^{-1}$),且分挡可调。正常状态下,心电图机的标准灵敏度为 10 $mm\cdot mV^{-1}$,规定标准灵敏度的目的是为了便于对各种心电图进行比较。

噪声和漂移是由于心电图机内部电路元器件和外界干扰引起的无用信号。**噪声**是指心电图机没有输入信号时仍有微小的杂乱信号输出，主要来自心电图机内部电路元器件，表现为描笔不能稳定在正中位置，而作微小的上下颤动。**漂移**是指输出电压偏离原来起始点而上下漂动缓慢变化的现象，表现为基线不稳，描笔缓慢地上下飘动。

心电图机的**阻尼**是指抑制记录器产生自激振荡的能力，是通过对记录笔所加的一个反抗力矩来实现的，只要调节适当就可防止记录笔按固有频率振荡运动。阻尼是否正常，对描记的心电图有很大的影响，阻尼过大或过小都会引起心电图的失真。如图 3.18-3 所示，是输入 1 mV 信号电压时阻尼的正常与异常情况。

图 3.18-3 阻尼正常与异常

记录速度就是心电图机的走纸速度，一般有 25 $mm \cdot s^{-1}$和 50 $mm \cdot s^{-1}$两挡。走纸速度是否准确，直接影响到对心电图的分析。

心电图机放大器的**线性**是指放大器对输入相等幅度的正、负信号是否成线性比例放大的性质。它包括两个方面：一是基线移位线性，是指心电图机的描笔在描记宽度允许范围内，基线处于任何位置（偏上或偏下）时，输入相等幅度的信号，描笔偏转的幅度应相同；二是测量电压的线性，是指输入信号幅度变化时，输出信号应与输入信号成线性比例变化，如心电图机处于 10 $mm \cdot mV^{-1}$标准灵敏度，给心电图机分别输入 0.1 mV、0.2 mV、0.3 mV 等不同幅度的信号时，其输出描记下来的信号高度应分别为 1 mm、2 mm、3 mm。实际上由于心电放大器的非线性等原因，心电图总是存在一定的线性误差，当工作频率在 0.05~100 Hz 范围内时，要求描笔记录幅度在±20 mm 之内，线性误差应小于±10%。

时间常量是指在直流输入时，心电图机描记出的信号幅度将随时间的增加而逐渐下降，输出信号幅度自 100%下降到 37%所需要的时间。一般在 1.5~3.2 s 之间，若时间常量过小，则输出信号幅度下降过快，甚至会使输入的方波信号变成尖峰波信号输出，从而无法反映心电图波形的真实情况。

频率响应特性是指心电图机输入幅度相同而频率不同的信号时，输出信号幅度随频率的变化关系特性。因为心电图波形可以看成是许多不同频率、不同振幅的正弦波信号合成的，所以要求心电图机放大器对不同频率的信号有相同的放大倍数。但是由于放大器和记录器的非线性，使得心电图机对不同频率信号的放大能力并不完全相同，一般要求在 0.05~

150 Hz(-3 dB)。

正确定期检测心电图机的各项技术指标，对于保证心电图机良好的工作状态，准确诊断心脏的各种疾病具有十分重要的意义。

【实验步骤】

1. 开机前的准备工作

（1）按要求正确安放好记录纸。为了保护打印头，在记录纸没有安放好之前，请不要进行打印记录。

（2）连接电源线及接地线。通过三芯电源线把心电图机与 220 V、50 Hz 的交流电源相接；在心电图机使用交流电源时，必须接可靠的专用地线（接地电阻应小于 0.5 Ω），这样既可保证安全，又能大大降低交流干扰和其他电磁波干扰。

（3）连接导连线、安放电极。电极标志符号及相连的导连线的颜色、电极在人体表面的部位，国际上均有统一规定，如表 3.18-1 所示。从标准附件中取出导连线和各电极，导连线一端插入心电图机的导连插座中，另一端具有十个插头，按表 3.18-1 的规定插入四肢电极和胸电极的插孔中。要求各导连电极对接正确、连接牢固，各导连线存放规整有序。

表 3.18-1 电极符号与导连线颜色的配置及电极位置

	电极标志符号	导连线颜色	电极在人体表面的位置
肢体	R	红	右臂
	L	黄	左臂
	F	绿	左腿
	RF	黑	右腿
胸部	C_1、C_2、C_3、C_4、C_5、C_6 分别插入已安装好的对应胸电极上（本实验不作要求）		

2. 练习心电图机的使用方法

（1）开机，电源开关置于“ON”位置。

（2）电源选择开关置于“AC”位置，交流指示器“LINE”发亮；若使用机内电池电源，电源选择开关置于“DC”位置（可拔掉交流电源线），电池指示器“BATTERY”发亮。这时导联显示器上“TEST” 发亮，纸速选择键位于“25 mm · s^{-1}”，增益选择键位于标准增益“1”。

（3）调节基线控制旋钮应能改变描笔的位置，使之停在记录纸中央附近。

（4）按动“CHECK”键，再用一定节律按动 1 mV 定标键，描笔应随定标键的按动而作相应摆动。

（5）按动“START” 键，记录纸走动，其走纸速度应为 25 mm · s^{-1}。

(6) 连续按动定标键,在走动的记录纸上可看到一清晰的定标方波,其振幅应为 10 mm。

(7) 按动走纸速度选择键和增益选择键“SENSITIVITY”,可改变走纸速度和输出定标方波振幅。

3. 心电图机技术指标的测量

(1) 心电图机增益的测量 按增益选择键(SENSITIVITY)使增益为标准增益“1”,按动“START”键,记录纸走动。再以一定节律按动 1 mV 定标键,记录纸上不断打出定标方波,测出这个方波的振幅,正常标准为 10 mm。若增益不符合要求,可取下记录盖板,用小螺丝刀对“GAIN”电位器进行调整。

(2) 噪声和漂移的测量 在没有信号输入时,将增益选择键(SENSITIVITY)置于“2”,按动“START”键,记录纸走动,如果描笔在记录纸正中描出一条平稳的直线,说明机器没有噪声和漂移。如果描笔不能稳定在正中位置,而作上下微小颤动,则是噪声所致;如果描笔上下缓慢摆动,则是漂移所致。

(3) 阻尼的测量 按照心电图机增益的测量方法,在记录纸上打出几个定标方波。把记录的方波与图 3.18-3 中的几种情形进行比较,判断阻尼是否正常,若阻尼过大或过小,可通过调节固定在描笔杆上的固定螺丝来调整描笔对纸面的压力,也可以通过调节笔温,使阻尼达到正常。

(4) 走纸速度的测量 按走纸速度选择键,使走纸速度为 25 $mm \cdot s^{-1}$。按动“START”键,记录纸走动,按一下定标键,同时用秒表计时,经过时间 T(最好取 $T = 10$ s)再按一下定标键,同时使秒表停止计时,在记录纸上打下两个定标方波,停止走纸。用直尺测出两个方波前沿之间的距离 L,如图 3.18-4 所示,则走纸速度为 $v = L/T$($mm \cdot s^{-1}$)。

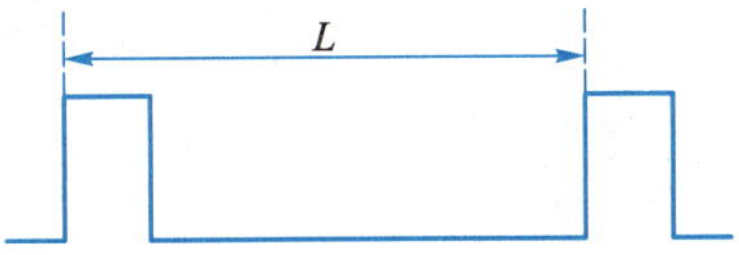

图 3.18-4 走纸速度的测量

(5) 心电图机线性的测量 调基线调节旋钮,把描笔调至记录纸中心位置,按增益选择键(SENSITIVITY)使增益为标准增益“1”,按动“START”键,记录纸走动。然后按下定标键不松手,待描笔回到原来基线位置时,再松手,等到记录纸走一段距离后停止走纸,于是描笔在记录纸中心线的上、下两侧打出波形。分别测量出向上波形的幅度和向下波形的幅度,若两者相等,说明心电图机线性好,如图 3.18-5(a)所示,否则线性不好。基线偏上或基线偏下的线性测量方法同前面的测量方法一样,只是将描笔调至记录纸中心位置的上方 8~10 mm 或者下方 8~10 mm。质量较差的心电图机,在基线偏上时,通常是向上波形振幅小于向下波形振幅,如图 3.18-5(b)所示;在基线偏下时,通常是向下波形振幅小于向上波形振幅,如图 3.18-5(c)所示。按技术要求,如果向上波形和向下波形振幅之差不超过 1.5 mm,也属于正常。

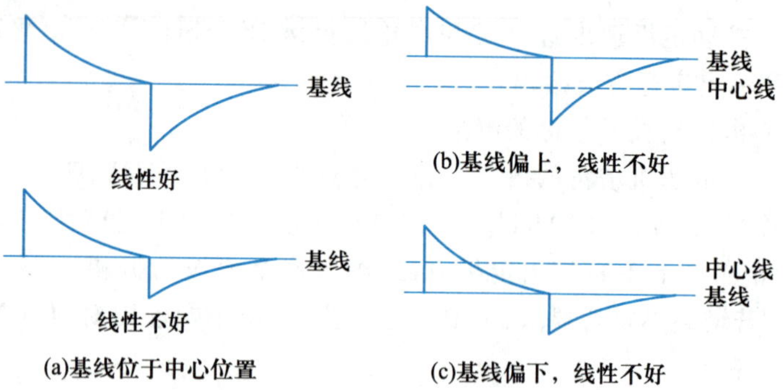

图 3.18-5 心电图机线性的测量

（6）时间常量的测量 使增益为标准增益“1”,走纸速度为 25 mm · s^{-1},按动“START” 键,记录纸走动。按下定标键不松手,直到描笔下降到原来基线位置时,松开定标键,停止走纸。测出幅度从 10 mm 下降到达 3.7 mm 处所经过的时间,就是该机的时间常量,如图 3.18-6 所示。心电图记录纸每小格长度为1 mm,则每一小格代表的时间为 1/25 s=0.04 s,输出幅度从 10 mm 下降到3.7 mm 所经过的小横格数目为 N,便可算出时间常量为 N×0.04(s)。

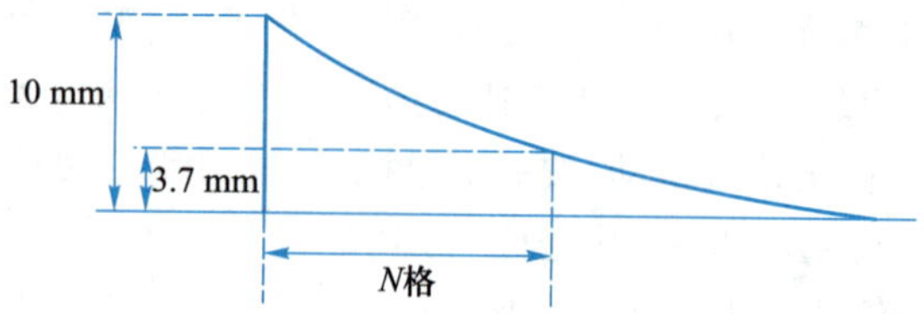

图 3.18-6 心电图机时间常量的测量

（7）频率响应特性的测量 将低频信号发生器的输出信号从某一肢体导联线输入到心电图机,例如低频信号发生器的输出信号从“Ⅲ”导联输入心电图机时,“L” 电极与低频信号发生器输出的正端相联,“F” 和“RF” 电极与低频信号发生器输出的接地端相联。心电图机增益选择键(SENSITIVITY)置于“1”,按导联选择键(LEAD SELECTOR)调至“Ⅲ”位置,走纸速度为 25 mm · s^{-1},按动“START” 键,记录纸走动。把低频信号发生器的输出信号调整为 1.5 mV 保持不变,使其频率从 10 Hz 缓慢增至 100 Hz,在记录纸上描绘出频率响应特性曲线。

【数据记录及处理】

1. 心电图机的使用方法

通过心电图机使用方法的练习,在记录纸上分别打出增益为“1” 和

"2"、走纸速度为 25 mm · s^{-1}和 50 mm · s^{-1}的 1 mV 定标信号方波。

2. 心电图机技术指标的测量

把实验步骤 3 测得的心电图机主要技术指标填入表 3.18-2 中，并与各指标的正常标准比较，从而判断心电图机的性能和工作状态。

表 3.18-2　心电图机主要技术指标的正常标准及测量结果

性能指标	正常标准	测量结果
灵敏度	1 mV→10 mm	
噪声和漂移	平稳直线	
阻尼	1 mV 定标信号为标准方波	
走纸速度	25 mm · s^{-1}	
线性	正、负信号输入时，描笔在基线上、下位移相等	
时间常量	1.5~3.2 s	
频率响应特性	近似直线	

【注意事项】

1. 心电图机是比较精密的仪器，使用时应避开强电场和强磁场，尽量远离高压电缆、X 射线机、超声仪器、电疗机及电梯等以减少和避免干扰。

2. 心电图主机应避免高温、日晒、受潮、尘土或撞击，安放于具有合适温度与湿度的房间内（温度过低或过高对被检查人的心电图正确性均有影响，而湿度过高会对仪器产生很不良的影响），并尽可能减少搬动。

3. XD-7100 型心电图机使用的是市电（220 V、50 Hz）电源或机内直流电池电源，如果保护接地有问题或市电电压波动很大时，应立即拔掉电源线，启用本机内的电池电源。

4. 为了安全起见，本机不要与高频手术设备同时并联工作。

5. 心电图机可直接应用于临床心脏疾病检测，此时患者不要与其他设备有电气方面的联系。

【思考题】

1. 心电图机板面上各按键有何作用？
2. 心电图机有哪些主要的技术指标？如何测量这些技术指标？
3. 如果心电图机的阻尼过大，如何调节？

实验19 迈克耳孙干涉仪的使用

【实验目的】

1. 了解迈克耳孙干涉仪的工作原理和结构,掌握其调整和使用方法。
2. 观察等倾干涉、等厚干涉以及白光干涉现象。
3. 测量钠黄光波长及钠黄双线的波长差。

【实验器材】

SGM-Ⅰ型迈克耳孙干涉仪、钠光灯、小孔光阑、扩束镜、白炽灯。

【预习要求】

1. 如何产生等倾干涉、等厚干涉和白光干涉?
2. 如何测量单色光波长、钠黄双线波长差?

【实验原理】

迈克耳孙干涉仪是1883年美国物理学家迈克耳孙(A. A. Michelson)和莫雷(E. W. Morley)合作,为研究"以太"漂移实验而设计制造出来的精密光学仪器,用它可以准确地测定微小长度、光的波长、透明体的折射率等。后人利用该仪器的原理,研究出了多种专用干涉仪,这些干涉仪在近代物理和近代计量技术中被广泛应用。

1. 光路原理

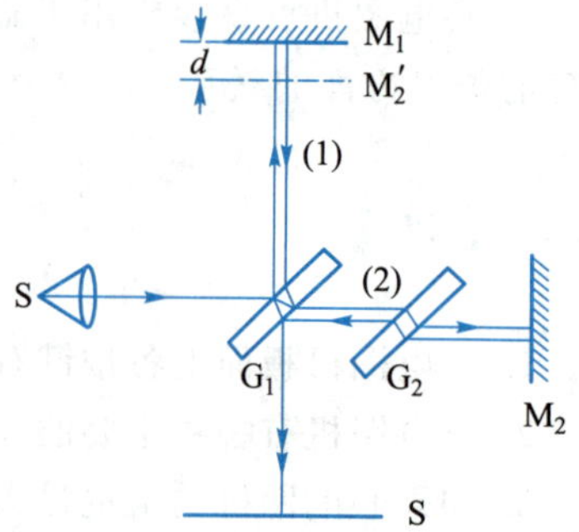

图3.19-1 迈克耳孙干涉仪光路原理图

图3.19-1所示是迈克耳孙干涉仪的光路原理图。光源上一点发出的光线射到分光板 G_1 上被分为两部分光束(1)和(2)。光束(1)射到平面镜 M_1 上被反射回来后,透过 G_1 到达E处;光束(2)透过补偿板 G_2 射到平面镜 M_2,被 M_2 反射回来后再透过 G_2 射到 G_1 上,反射到达E处。这两光束是由同一光束分出来的,故它们是相干光。光束(2)也可视为从 M_2 在 G_1 中的虚像 M_2'

反射来的。在研究干涉时，M_2' 与 M_2 是等效的。调整迈克耳孙干涉仪，使之产生的干涉现象可以等效为 M_1 与 M_2' 之间的空气薄膜产生的薄膜干涉。补偿板是一个与分光板平行放置且材料、厚度完全相同的玻璃板，其作用是补偿两束光使得两束光在玻璃中的光程相等。由于玻璃的色散，不同波长的光在干涉仪中具有不同的光程差，无法观测白光干涉条纹，在分光板 G_1 和反射镜 M_2 之间加入补偿板，这两束光在相同的玻璃中都穿过三次，不同波长的光在干涉仪中具有相同的光程差，这对观察白光干涉很有必要。

2. 点光源产生的非定域干涉条纹及激光波长的测量

激光经短透镜会聚后成为一点光源，水平入射到分光板上，经 M_1、M_2 反射后产生的干涉现象等效于两个虚光源 S_1、S_2' 发出的光产生的干涉，如图 3.19-2 所示。S_1、S_2' 分别是点光源经 G_1 被 M_1、M_2 反射所成的像，虚光源 S_1、S_2' 发出的光由于是同一束光分出的两束光，具有相干性，在其相遇的空间处处相干，因此是非定域干涉。用观察屏观察干涉条纹时，在不同的位置可以观察到不同的干涉条纹（如圆、椭圆、双曲线、直线），在迈克耳孙干涉仪的实际情况下，放置屏的空间是有限的，一般能观察到圆和椭圆形状。当把观察屏放在垂直于 S_1、S_2' 的连线上时，观察到的条纹是一组同心圆。

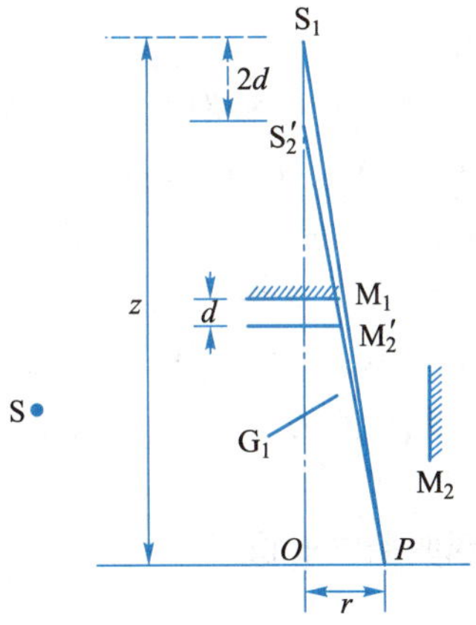

图 3.19-2 非定域干涉

由 S_1、S_2' 到达观察屏上任一点 P 两束光的光程差为 $\Delta L=|S_2'P|-|S_1P|$。当 $r\ll z$ 时，有

$$\Delta L=2d\cos\theta\approx 2d\left(1-\frac{r^2}{2z^2}\right) \tag{3.19-1}$$

出现明条纹的位置为

$$2d\left(1-\frac{r_k^2}{2z^2}\right)=k\lambda \tag{3.19-2}$$

由式(3.19-2)可知：

① r_k 越小，k 越大，即靠近中心的干涉条纹干涉级次高，靠近边缘的干涉条纹干涉级次低。

② 改变动镜的位置，两束光的光程差发生变化，因此干涉条纹也发生变化。当 M_1、M_2' 之间的距离 d 增大时，对于同一级干涉，r_k 也增大，条纹向外扩展，圆心处有条纹“涌出”；当其间的距离减小时，条纹向中心“涌入”，中心条纹消失。涌入或涌出一条干涉条纹动镜位置的变化为 $\lambda/2$，设涌入

或涌出 N 个干涉圆环动镜位置的变化为 Δd，则有

$$\Delta d = N \cdot \frac{\lambda}{2} \tag{3.19-3}$$

由上式可知，改变动镜的位置，测出涌入或涌出 N 个干涉圆环对应动镜位置的变化 Δd，就可以算出激光的波长。

③ 相邻两条干涉条纹之间的距离为

$$\Delta r = r_{k-1} - r_k \approx \frac{\lambda z^2}{2 r_k d} \tag{3.19-4}$$

越靠近中心（r_k 越小），Δr 越大，即干涉条纹中间稀边缘密；d 越小，Δr 越大，即减小 M_1、M_2' 之间的距离，条纹变疏；增大 M_1、M_2' 之间的距离，条纹变密；z 越大，Δr 越大，即点光源、观察屏距分光板越远，条纹越疏。

3. 扩展光源产生的等倾干涉条纹

用扩展光源照射，当 M_1、M_2' 平行时，被 M_1、M_2' 反射的两束光互相平行，若用透镜接收这两束光，则这两束光在透镜的焦平面上相遇发生干涉，如图 3.19-3 所示。两束光光程差为

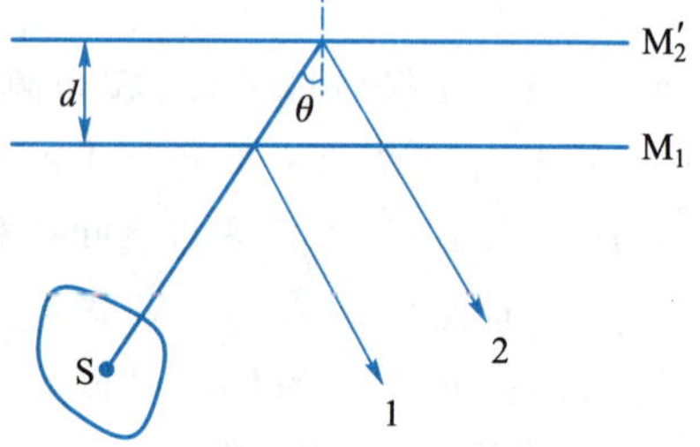

图 3.19-3 等倾干涉

$$\Delta L = 2d\cos\theta \tag{3.19-5}$$

出现明条纹的位置为

$$2d\cos\theta = k\lambda \tag{3.19-6}$$

由式（3.19-6）可知：

① 在 d 一定时，倾角相同的入射光束，对应同一级干涉条纹，因此称为**等倾干涉**，倾角相同的光在透镜的焦平面上对应同一干涉圆环，因此其干涉条纹为一组同心圆。放置一个会聚透镜，在其后焦平面上用观察屏可观察到等倾干涉条纹。

② 中心干涉圆环干涉级次高，当 d 增加时，条纹从中心涌出向外扩展，d 减小时，条纹向中心涌入，每涌出或涌入一条干涉条纹，d 增加或减小了 $\lambda/2$。

③ 相邻两条干涉圆环之间的距离为

$$\Delta\theta_k \approx \frac{\lambda}{2d\theta_k} \tag{3.19-7}$$

越靠近中心的干涉圆环，$\Delta\theta_k$ 越大，条纹越疏，即干涉条纹中间疏边缘密；d 越小，$\Delta\theta_k$ 越大，即条纹随着 d 的变化而变化，当 d 增大时，条纹变密；当 d 减小时，条纹变疏。

4. 扩展光源产生的等厚干涉条纹

用扩展光源照射，当 M_1、M_2' 之间有一小的夹角时，被 M_1、M_2' 反射的两束光在镜面附近相遇发生干涉，如图 3.19-4 所示，在入射角不大的情况

下，其光程差为

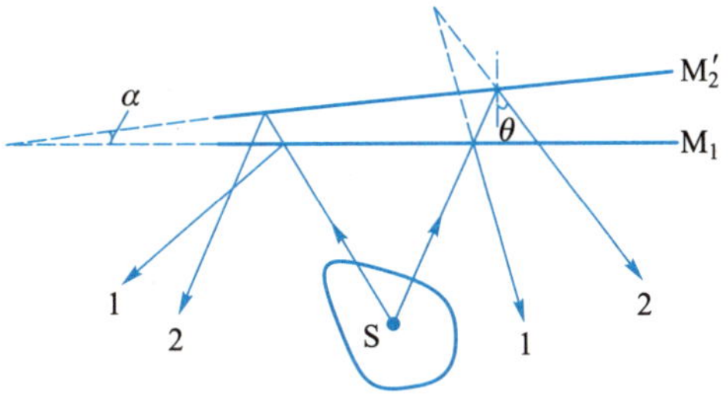

图 3.19-4 等厚干涉

$$\Delta L=2d-d\theta^2 \tag{3.19-8}$$

出现明条纹位置为

$$2d-d\theta^2=k\lambda \tag{3.19-9}$$

在两镜面交线附近，$d\theta^2$ 可以忽略，光程差主要决定空气膜的厚度，厚度相同的地方对应同一级干涉条纹，因此称为**等厚干涉**，其干涉条纹为平行于两镜面交线的等间隔的直条纹。远离两镜面交线处，$d\theta^2$ 不能忽略，其干涉条纹发生弯曲，并凸向两镜面交线的方向。用眼睛向镜面附近观察就可以观察到等厚干涉条纹。

5. 条纹视见度及钠光双线波长差的测量

通常用视见度来描述干涉条纹的清晰程度，其定义为

$$V=\frac{I_{max}-I_{min}}{I_{max}+I_{min}} \tag{3.19-10}$$

式中 I_{max}、I_{min} 分别为明、暗条纹的光强。$V=1$ 时视见度最大，条纹最清楚，$V=0$ 时视见度最小，条纹最模糊。

用钠光灯作光源，由于钠光含有波长非常相近的两条谱线，每条谱线都各自产生一套干涉条纹，改变动镜的位置，这两套干涉条纹交叉重叠，条纹的视见度随之发生周期性变化，当

$$2d=k_1\lambda_1=\left(k_2+\frac{1}{2}\right)\lambda_2 \tag{3.19-11}$$

时，条纹视见度为零，设相邻两次视见度为零时，M_1 移动的距离为 Δd，则钠光两条谱线的波长差为

$$\Delta\lambda=\frac{\lambda_1\lambda_2}{2\Delta d}\approx\frac{\overline{\lambda}^2}{2\Delta d} \tag{3.19-12}$$

由上式可知，测出相邻两次视见度为零时 M_1 移动的距离 Δd，可求出钠光双线的波长差。

【仪器描述】

SGM-1 型迈克耳孙干涉仪如图 3.19-5 所示，分光板 3、补偿板 4 和两

个平面镜 5、6 及其调节架安装在平台式的基座上。利用镜架背后的螺丝可以调节镜面的倾角。6 是可移动镜，它的移动量由螺旋测微器 8 读出，经过传动比为20 : 1 的机构，从读数头上读出的最小分度值相当于动镜 0.000 5 mm 的移动。在参考镜 5 和分光板 3 之间有可以锁紧的插孔，以便做空气折射率实验时固定小气室 A，气压(血压)表可以挂在表架上。扩束器 2 可作上下左右调节，不用时可以转动 90°，离开光路。毛玻璃架有两个位置，一个靠近光源(毛玻璃起扩展光源作用)，另一个在观测位置，用于接收激光干涉条纹。

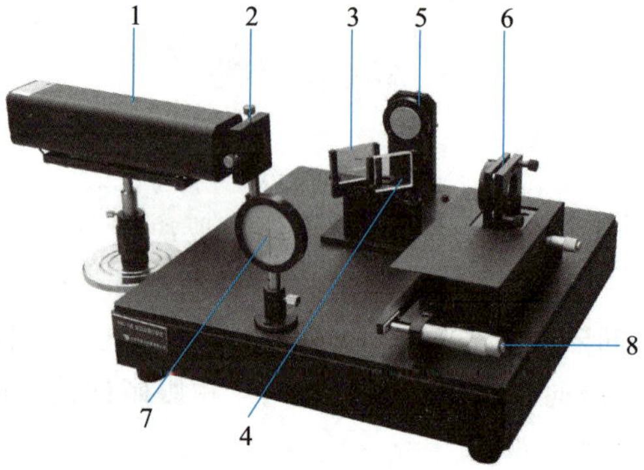

图 3.19-5 迈克耳孙干涉仪

1—He-Ne 激光管；2—扩束器；3—分光板；4—补偿板；5—参考镜；6—动镜；7—毛玻璃；8—螺旋测微器

主要技术参量和规格：

分束器和补偿板平面度：$\leqslant \frac{1}{2}\lambda$

微动测量分度值：相当于 0.000 5 mm

移动镜行程：1.25 mm

气压表量程：0~40 kPa

钠钨双灯功率：钠灯 10 W；溴钨灯 15 W，6 V/3 V

He-Ne 激光器功率：0.7~1 mW

气室长度：80 mm

波长测量准确度：当条纹计数 100 时，相对误差<2%

仪器外形尺寸(mm)：350×350×285

【实验步骤】

在做各项测量实验之前，先要检查动镜的移动方向是否正常。使测微螺旋单向转动约 20 mm，等倾干涉条纹的中心位置应无移动，否则须调节两个平面镜的倾斜度，直到满足这个条件。

1. 获得干涉条纹

将扩束器转移到光路以外，毛玻璃屏安置在图 3.19-1 中的 E 处，调节He-Ne 激光器支架，使光束平行于仪器的台面，从分光板平面的中心入射，使各光学镜面的入射点和出射点至台面的距离约为 70 mm，并以此为准，调节平面镜 5 和 6 的倾斜，使毛玻璃中央两组光点重合。然后再将扩束器置入光路，即可在毛玻璃屏上获得干涉条纹。为防止补偿板反射光刺眼，可用针孔屏遮挡。

使用钠灯作光源时，可在灯罩上置一针孔屏，并调节两个平面镜，同时直接向视场观察，直到两组光点在适当水平上重合后，移开针孔屏，在光源和分光板之间插入毛玻璃屏，即有干涉条纹出现。

2. 等倾干涉

面对毛玻璃屏上的激光干涉条纹，只要仔细调节平面镜，逐步把干涉环的圆心调到视场中央，即可认为获得了等倾干涉图样。而面对钠黄光产生的干涉圆环，还须对 5 和 6 做更细致的调节，直到眼睛上下左右移动时，环心虽然也随之移动，但无明暗变化，即无干涉环涌出或消失，所得一系列明暗相间的同心圆环，即相当于某一厚度的平行空气膜产生的等倾干涉图样。

3. 等厚干涉

使动镜向条纹逐一消失于环心的方向移动，直到视场内条纹极少时，仔细调节平面镜，使其稍许倾斜，转动测微螺旋，使弯曲条纹向圆心方向移动，可看见陆续出现一些直条纹，即等厚干涉条纹。

4. 白光干涉

在等厚干涉产生直条纹之后，适当调高钠钨双灯位置，并接通钨灯电源，加入白光照明视场的下半部分，向直条纹比较弯曲的一侧继续缓慢地转动测微螺旋，待逐渐出现彩色条纹时，可在其中辨认出中央暗条纹，这是光程差为零处的干涉。

5. 测钠黄光波长

取等倾干涉条纹的清晰位置，记下测微螺旋读数 d_0，沿此前方向转动测微螺旋，同时数出冒出或消失的条纹，每 50 环记一次读数，测到第 250 环为止，用逐差法计算出 Δd。由式(3.19-3)算出钠黄光波长。

6. 测钠双黄线的波长差

钠黄光含两种波长相近的单色光，所以在干涉仪动镜移动过程中，两种黄光产生的干涉条纹叠加的干涉图样会出现清晰与模糊的周期性变化(光拍现象)。根据式(3.19-12)计算钠双黄线的波长差。

【数据记录及处理】

自行设计表格记录。

【注意事项】

迈克耳孙干涉仪是精密光学仪器，使用中一定要小心爱护，要认真做到：

1. 切勿用手触摸光学表面，防止唾液溅到光学表面上。
2. 调节螺钉和转动手轮时，一定要轻、慢，绝不允许强扭硬扳。
3. 反射镜背后的粗调螺钉不可旋得太紧，以防止镜面变形。
4. 调整反射镜背后粗调螺钉时，先要把微调螺钉调在中间位置，以便能在两个方向上作微调。
5. 测量中，转动手轮只能缓慢地沿一个方向前进（或后退），否则会引起较大的空回误差。

【思考题】

1. 在什么条件下产生等倾干涉条纹？什么条件下产生等厚干涉条纹？
2. 迈克耳孙干涉仪中补偿板、分光板的作用是什么？
3. 在迈克耳孙干涉仪实验中，用激光作光源的调整过程中，看到的是两排光点还是两个光点？为什么？
4. 举例说明迈克耳孙干涉仪还有什么其他用途？

实验20 人耳听阈曲线的测定

【实验目的】

1. 理解听觉实验仪测定人耳听力的原理。
2. 熟悉听觉实验仪的使用方法。
3. 学会使用听觉实验仪测定人耳的听阈曲线。

【实验器材】

听觉实验仪、立体声耳机等。

【预习要求】

1. 了解实验目的，熟悉听觉实验仪面板上各键的功能和使用方法。

2. 熟悉测定人耳听阈曲线的实验原理，明确怎样测定人耳的听觉阈值。

【仪器描述】

本实验使用的是 EP304S 型听觉实验仪。EP304S 型听觉实验仪用单片正弦波发生集成电路、高保真音频集成放大电路获得波形失真小的正弦波以驱动耳机输出纯音；采用了先进的数字显示音量调节电路、电子开关和数字式频率显示，使用极为方便；是较先进的听觉实验仪。其操作控制面板如图 3.20-1 所示。面板上各部分名称和作用如下（按标注序号）：

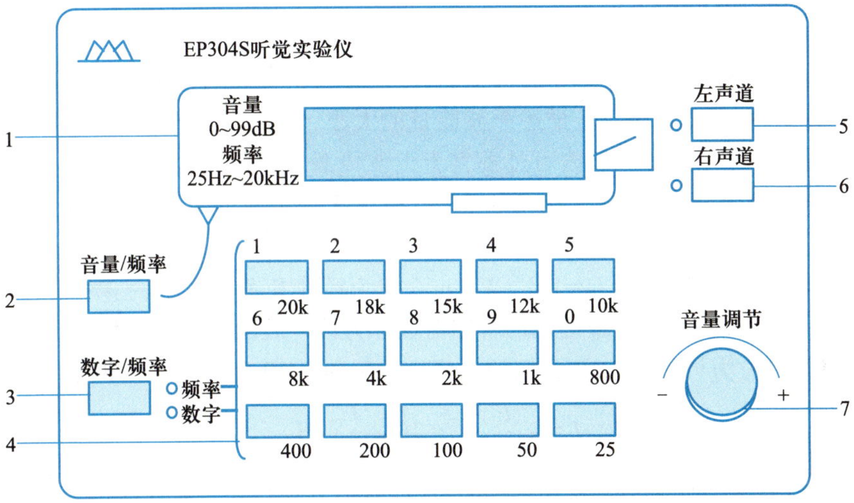

图 3.20-1　EP304S 型听觉实验仪面板图

1. 数字显示屏　数字式显示音量值或频率值。

2. 音量/频率键　切换显示音量值和频率值，在任何时间，按下此键，可从显示屏上查看对应的音量值和频率值。

3. 数字/频率选择键　用于选择固定点频率方式或自由输入频率方式，按下此键，若“数字”对应的指示灯亮表示选择自由输入频率方式，如要输入 2 738 Hz 频率，则按下上方标有 2、7、3、8 的按键，显示屏上会显示“2738”，若输入数字有误，可按下上方标有“删除”的按键，逐一删除，当确定输入正确后按下上方标有“确定”的按键，此时被测试者可听到的频率是 2 738 Hz 的音频信号；再次输入新的频率时，可按上方标有“0”到“9”的按键重新输入数字，此时原先输入的音频信号频率保持到新的频率输入完毕且按下“确定”键后，输入频率值范围为 25 Hz~20 kHz，若低于下限值或高于上限值，仪器会自动设置为下限值或上限值。若“频率”对应的指示灯亮，表示选择固定点频率方式，如需 15 kHz 频率，则按下下方标有

15 kHz 的按键，显示屏上频率显示“15000”，此时被测试者可听到的频率是 15 kHz 的音频信号。仪器默认状态为固定点频率方式。

4. 固定点频率方式或自由输入频率方式输入键　用于固定点频率方式或自由输入频率方式输入音频信号频率。

5. 左声道开关键　用于开、关仪器输送到耳机的左声道音频信号。

6. 右声道开关键　用于开、关仪器输送到耳机的右声道音频信号。

7. 音量调节旋钮　顺时针方向旋转，音量增强，逆时针方向旋转，音量减弱。

在仪器左侧面板上有主机电源开关，右侧面板上有四个耳机输出插孔。

【实验原理】

频率在 20～20 000 Hz 的机械纵波，能够在听觉器官引起人们对声音的感觉，称为**可闻声波**。描述声波能量的大小，常用声强和声强级两个物理量。**声强**是单位时间内通过垂直于声波传播方向的单位面积的声波能量，用符号 I 表示，其单位为 $\mathrm{W \cdot m^{-2}}$。**声强级**是声强的对数标度，它是根据人耳对声音强弱变化的分辨能力来定义的。在声学中通常取 1 000 Hz 声音的最低可闻声强 $I_0 = 10^{-12}\ \mathrm{W \cdot m^{-2}}$ 作为标准参考声强，任一声波的声强 I 与标准参考声强 I_0 之比的常用对数称为该声波的声强级，用符号 L 表示，其单位为贝尔(B)，更常用的单位是贝尔的 1/10 称为分贝(dB)，则有

$$L = \lg \frac{I}{I_0}(\mathrm{B}) = 10\lg \frac{I}{I_0}(\mathrm{dB})$$

无论是声强还是声强级，都是声波能量的客观描述。人耳对声音强弱的主观感觉称为**响度**。一般来说，它随着声强的增大而增加，但两者不是简单的线性关系，因为响度不仅取决于声强的大小，而且还与声波的频率有关，不同频率的声波在人耳中引起相等的响度时，它们的声强级并不相等。为了区分各种不同声音响度的大小，引入**响度级**的概念，选取频率为 1 000 Hz 的纯音为基准声音，并规定它的响度级在数值上等于其声强级，其单位为方(phon)。然后将被测的某一频率声音与此基准声音比较，若该被测声音听起来与基准声音的某一声强级一样响，则这时基准声音的声强级就是该被测声音的响度级。例如：频率为 100 Hz、声强级为 37 dB 的声音，与频率为 1 000 Hz、声强级为 0 dB 的基准声音等响，则频率为 100 Hz、声强级为 37 dB 的声音，其响度级为 0 方；而 1 000 Hz、40 dB 的声音，其响度为 40 方。以频率为横坐标，声强或声强级为纵坐标，绘出不同频率的声音与 1 000 Hz 的标准声音等响时的声强级与频率的关系曲线，称为**等响曲线**。图 3. 20-2 为正常人耳的等响曲线。

实验表明，能够引起听觉的声音，不仅在频率上有一定范围，而且在声强上也有一定范围。也就是说，对于任意在声波频率(20～20 000 Hz)范围

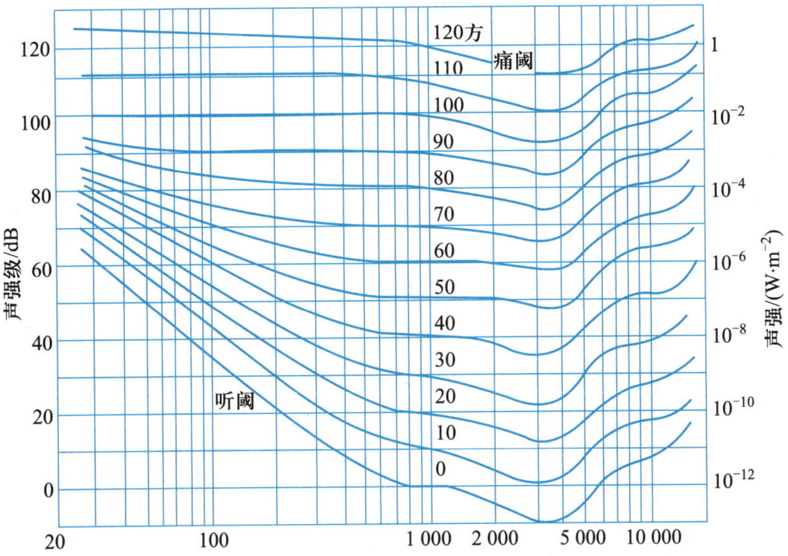

图 3.20-2 纯音的听觉域和等响曲线

内的声音来说，声强还必须达到某一数值才能引起人耳听觉。能引起人耳听觉的最小声强称为**听阈**，对于不同频率的声波听阈值不同，把听阈值与频率的关系曲线称为听阈曲线，由图 3.20-2 可知听阈曲线即为响度级为 0 方的等响曲线。随着声强的增大，人耳感到声音的响度也提高了，当声强超过某一最大值时，声音在人耳中会引起疼痛的感觉，不能产生听觉，这个最大声强值称为**痛阈**。对于不同频率的声波，痛阈值也不同，把痛阈值与频率的关系曲线称为痛阈曲线。图 3.20-2 中 120 方的等响曲线就是痛阈曲线。把听阈曲线、痛阈曲线、频率 20 Hz 线和频率 20 000 Hz 线所围成的区域称为听觉区域。

在临床上常用听力计测定病人对各种频率声音的听阈值，与正常人的听阈进行比较，借以诊断病人的听力是否正常。

【实验步骤】

1. 熟悉听觉实验仪面板上各键的功能，将耳机插头插入右侧面板耳机插孔（可插一到四副耳机）。

2. 接通电源，打开电源开关，指示灯亮，显示屏上显示“40—0”，40 表示仪器输出纯音信号初始音量为 40 dB，0 表示仪器输出纯音信号初始频率为0 Hz，预热 2 分钟。

3. 调节“数字/频率”选择键，使“频率”对应的指示灯亮，按下下方标有各固定点频率的任一按键，选择所要测试的固定点信号频率，戴上耳机，开始测量。

4. 按下左声道(或右声道)按键,打开相应的左声道(或右声道),对应的指示灯亮。

5. 选定一个信号频率,用响度渐增法测定。将音量调节旋钮逆时针调至被测者听不到声音开始,然后顺时针调节音量调节旋钮,逐渐增大音量,直到被测试者刚听到声音时,停止旋转音量调节旋钮,此时的声强(或声强级)为被测试人在所选频率的听觉阈值,记录下此时显示屏上显示的分贝值 L_1。

6. 在同一频率条件下,用响度渐减法测定。将音量调节旋钮顺时针调至被测试者能听得到的某一强度处,然后逆时针调节音量调节旋钮,逐渐减小音量,直到被测试者刚好听不到声音时,停止旋转音量调节旋钮,记录下此时显示屏上显示的分贝值 L_2。

7. 求出分贝值 L_1 和 L_2 的平均值 $(L_1+L_2)/2$,即为该频率下分贝数的测量值 $L_{测}$。

8. 改变频率,重复4到7的实验步骤,分别对25 Hz,50 Hz,100 Hz,…,15 kHz,18 kHz,20 kHz等15个固定点频率的纯音信号进行测量,得到各固定点频率分贝数的测量值。

9. 计算被测试者在各频率点的听觉阈值。听觉实验仪所附的耳机,经过了改装校正。耳机在各个频率上转换效率不同,导致在同样电平的驱动下,不同频率声强不同。因耳机频率响应对测量结果的修正值列于表3.20-1。

表3.20-1 耳机频率响应对测量值的修正声响分贝数

频率/Hz	25	50	100	200	400	800	1k	2k
修正声响分贝数 L_0/dB	-23	-23	-22	-7	-5	-3	0	5
频率/Hz	4k	8k	10k	12.5k	15k	18k	20k	
修正声响分贝数 L_0/dB	-7.5	5.5	-4	-0.5	-4	-13	-16	

某频率下人耳的听觉阈值等于实际测得的分贝数加上因耳机频率响应对测量结果的修正声响分贝数 L_0,即 $L=L_{测}+L_0$。

【数据记录及处理】

1. 人耳听觉阈值的测定

将实验测得的左、右耳在各频率点纯音的分贝数填入表3.20-2中,并计算出左、右耳在各频率点的听觉阈值。

表 3.20-2　左、右耳在各频率点乐音的分贝数及听觉阈值

频率/Hz		50	100	200	400	800	1k	2k	4k	8k	10k	12.5k	15k	18k
L_1/dB	左耳													
	右耳													
L_2/dB	左耳													
	右耳													
$L_{测}$/dB	左耳													
	右耳													
听阈值	左耳													
	右耳													

2. 绘制听阈曲线

根据表 3.20-2 测得的实验数据，在坐标纸上分别绘出被测试者左耳和右耳的听阈曲线。

【注意事项】

1. 必须在外界干扰很小的条件下，使用听觉实验仪对被测试者进行测试（最好能在隔声室内进行）。

2. 测试时听觉实验仪应远离强无线电干扰源和强动力源（如大功率动力变压器和大功率电机、电焊机、高频感应炉等）。

3. 禁止在开机状态下，插拔耳机插头。

4. 耳机为经过改装校正后的听觉实验仪专用耳机，不能用作他用。

【思考题】

1. 人耳对声强级相同的声音的主观感觉一定相同吗？为什么？

2. 将实验绘出的被测试者左耳和右耳的听阈曲线与正常人耳的听阈曲线进行比较，判断被测试者的听力是否正常？

实验 21 A 型超声诊断仪的原理和使用

【实验目的】

1. 了解 A 型超声诊断仪的基本结构和探测原理。
2. 学习 A 型超声诊断仪的使用方法,熟悉超声波的测距原理。
3. 学会用 A 型超声诊断仪测量距离和物体的厚度。

【实验器材】

A 型超声诊断仪(JTC-5A)、稳压器、探头和连接电缆线、水槽、有机玻璃试块、不锈钢直尺(150 mm)、液态石蜡、毛笔、卫生纸。

【预习要求】

1. 熟悉 A 型超声诊断仪面板上各键的功能和使用方法。
2. 明确 A 型超声诊断仪的探测原理,怎样用 A 型超声诊断仪测量距离和物体的厚度?

【仪器描述】

超声诊断仪由超声频脉冲发生器、晶体换能器(探头)和示波器等部分组成。超声频脉冲发生器由电子电路组成,其功能是产生超声频电振荡。A 型超声诊断仪的超声频脉冲发生器主要由主控电路、发送电路、延迟电路、时标电路、扫描电路、放大电路、电源电路等单元电路组成,如图 3.21-1 所示。主控电路输出三路同步信号,分别送至延迟电路、时标电路和扫描电路。三单元电路接收到同步信号后,扫描电路产生脉冲锯齿波,送到示波器的水平偏转板,在显示屏上显示一条基线;时标电路在屏幕上产生上下两条扫描线,并在下扫描线上产生时标;延迟电路经延迟一定时间后触发发送电路,使其产生高频脉冲电压,加到探头的晶片上,利用晶片的电致伸缩效应产生超声波,同时该高频脉冲电压经放大电路放大后送到示波器,在示波器显示屏上出现始波脉冲。当超声波进入被探测物体遇到声阻抗不同的介质界面时,产生反射回波,探头接收到反射回波并通过晶片的压电效应转换成电信号,此信号经放大电路放大后又送到示波器,从而在示波器上显示出回波脉冲。

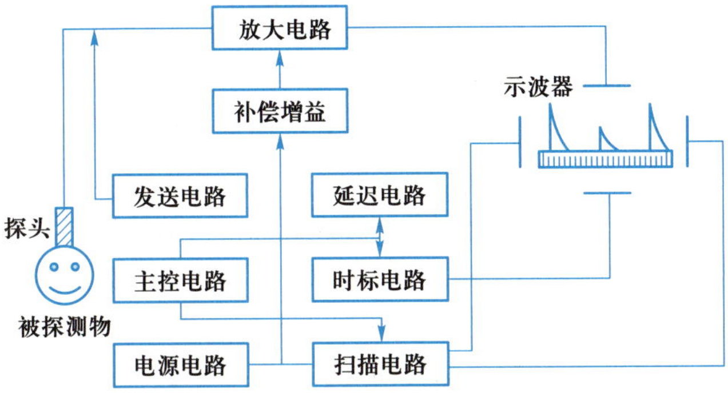

图 3.21-1　A 型超声诊断仪电路框图

本实验使用 JTC-5A 型超声诊断仪,属于 A 型示波法,是目前超声诊断最基本的一种方法,为幅度调制型,示波器显示屏的横坐标表示超声波的传播时间,纵坐标表示反射回波脉冲幅度,用反射信号去调制显示屏上的幅度,以波的形式显示出回声图。JTC-5A 型超声诊断仪的面板如图 3.21-2 所示。面板上各部分名称和作用如下:

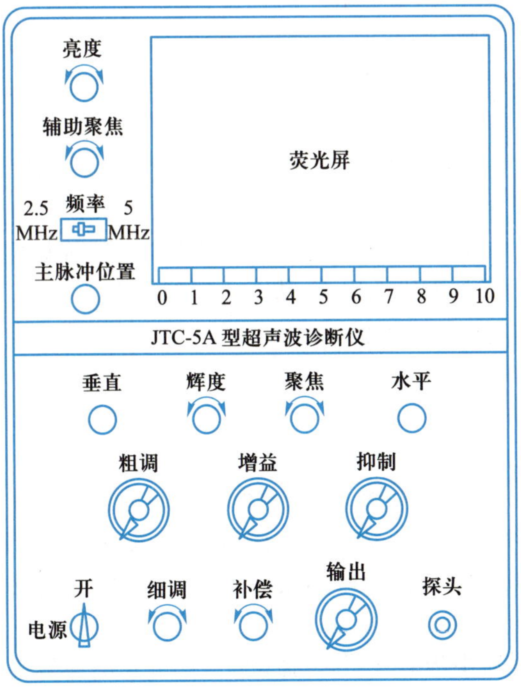

图 3.21-2　JTC-5A 型超声诊断仪面板图

1. 电源开关　用于接通或断开仪器的电源,往上为接通,往下为断开。

2. 亮度　控制荧光屏照明指示灯,顺时针方向旋转,照明指示灯变亮,逆时针方向旋转,照明指示灯变暗。

3. 辉度　控制荧光屏上光迹的明暗程度,顺时针方向旋转为增亮。

4. 垂直　控制显示迹线在荧光屏 Y 方向的位置,顺时针方向旋转迹线上移,逆时针方向旋转迹线下移。

5. 水平　控制显示迹线在荧光屏 X 方向的位置,顺时针方向旋转迹线右移,逆时针方向旋转迹线左移。

6. 聚焦/辅助聚焦　控制扫描基线和脉冲波形清晰度。

7. 频率　用于选择仪器输出超声波频率,本机提供 2.5 MHz 和 5 MHz 两种工作频率。

8. 粗调/细调　用于探测深度调节,“粗调”旋钮有 1、2、3 挡。“粗调”置于 1 时,调节“细调”旋钮,使标距脉冲宽度与荧光屏上 1 cm 标尺宽度一致,则最大可测探距约为 10 cm;“粗调”置于 2 时,调节“细调”旋钮,使 2 个标距脉冲宽度与荧光屏上 1 cm 标尺宽度一致,则最大可测探距约为 20 cm;“粗调”置于 3 时,调节“细调”旋钮,使 3 个标距脉冲宽度与荧光屏上 1 cm 标尺宽度一致,则最大可测探距约为 30 cm。

9. 主脉冲位置　用于调节始波位置,调节“主脉冲位置”旋钮,使始波脉冲与第一个标距脉冲对齐,以便利用标距脉冲读出探测深度距离。

10. 增益/抑制　用于灵敏度的调整,仪器出厂时,灵敏度调整至“增益”位于 4~6,“抑制”位于 7~9;调节“增益”旋钮可使回波幅度成比例地放大或缩小,调节“抑制”旋钮可使小回波信号被淹没,只对大回波信号进行观察。

11. 输出　用于改变探头的输出强度和改变仪器灵敏度,仪器出厂时,“输出”位于 6~7。

12. 补偿　用于探测深度补偿,适当调节“补偿”旋钮可使反射波的幅度随反射距离的增加而线性增大,从而达到深度补偿。

13. 探头　超声探头连接口。

【实验原理】

超声波是一种频率高、波长短、方向性强和能量集中的机械纵波。超声波易于产生和控制,对人体无损伤作用,并对软组织可明显鉴别,从而弥补了 X 射线诊断和同位素诊断的某些不足,是临床上重要的现代诊断方法之一。

超声波在介质中传播时,其传播速度 c 与介质的声阻抗 Z 和介质的密度 ρ 之间的关系为

$$Z=\rho c \qquad (3.21-1)$$

当超声波遇到声阻抗不同的介质界面时,将产生反射波,称为**回波**。把反射波强度 I_r 和入射波强度 I_i 之比,称为**强度反射系数** a_{ir}。理论证明,在超声波垂直于界面入射的情况下,强度反射系数 a_{ir} 为

$$a_{ir}=\frac{I_r}{I_i}=\left(\frac{Z_2-Z_1}{Z_2+Z_1}\right)^2 \qquad (3.21-2)$$

上式表明，两种介质的声阻抗差越大，其分界上的反射波越强，荧光屏上的回波幅度就越大，这就是超声诊断的依据。

如果从超声波离开探头进入被探测物体内，到遇到反射界面产生的回波并被探头接收到所用的时间为 t，则该反射界面与探头之间的距离 D 为

$$D=\frac{1}{2}ct \qquad (3.21-3)$$

式中 t 由荧光屏上回波与始波的相对位置及标距脉冲的大小确定。

【实验步骤】

1. 超声诊断仪的调节

(1) 熟悉仪器面板上各个旋钮的位置和作用。

(2) 做好开机前的准备工作：连接好电源电缆线，使输出电缆线与仪器连好，并将 2.5 MHz 的探头接在输出电缆线的插座上；仪器面板上“频率”置于2.5 MHz，“垂直”旋钮、“水平”旋钮置于中间，“增益”旋钮置于 4~6 之间，“抑制”旋钮置于 5~7 之间，“粗调”旋钮置于 1，“输出”旋钮置于 10。

(3) 开机预热 2~3 min，顺时针方向转动“亮度”，适当调节“辉度”“垂直”“水平”“聚焦/辅助聚焦”等旋钮，使波形明暗适宜、位置适中、清晰。此时荧光屏上显示两条基线，上基线显示始波位置，下基线为标距方波脉冲，标距脉冲的时间间隔为 $\tau=13.3\ \mu s$（仪器内设定的固定值），如果超声波在水中或人体脏器等软组织中传播，相邻标距脉冲所标示的距离可由 $d=\frac{1}{2}\tau c$（$c=1\ 503.8\ m\cdot s^{-1}$ 为超声波在水中的传播速度）算得为 1 cm，调节“微调”，使时标 1 格对准荧光屏上标尺 1 大格，则标尺每格表示 1 cm。

2. 测量水深

(1) 在长度为 15 cm 的水槽注入约 2/3 容积的清水，将与水槽等高并带有空气夹层的有机玻璃挡板置于水槽中适当位置处，如图 3.21-3 所示。用钢尺测出水槽壁到有机玻璃挡板的距离 D_0。本实验中，D_0 表示水槽壁到有机玻璃挡板距离的近真值。

(2) 将探头涂抹少许液态石蜡后与水槽壁面密接，观察荧光屏上回波情况。适当调节“增益”和“抑制”旋钮，使回波杂波少且幅度适中，读出第一回波与始波间标尺格数 n，即为水槽壁到有机玻璃挡板距离的超声波测量值 $D_{测}$。

(3) 将“粗调”旋钮置于 2，调节“微调”，使时标 2 格对准荧光屏上标尺 1 大格，则标尺每格表示 2 cm。重复上一实验步骤，此时水槽壁到有机玻璃挡板距离的超声波测量值 $D_{测}=2n$。

（4）将结果记录于表 3.21-1 中。

3. 测量物体厚度

（1）用钢尺测出有机玻璃块两竖直平行平面间的距离 L_0 作为有机玻璃块厚度的近真值。

（2）将有机玻璃块置于水槽中，并使其两竖直平行平面与水槽侧面平行，以保证超声波垂直入射，如图 3.21-4 所示。

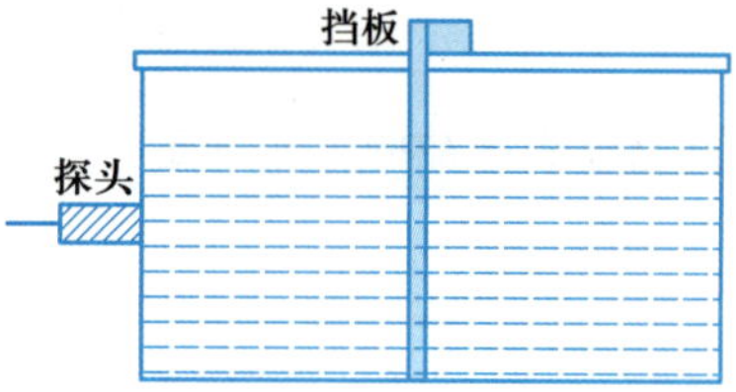

图 3.21-3 测量水深

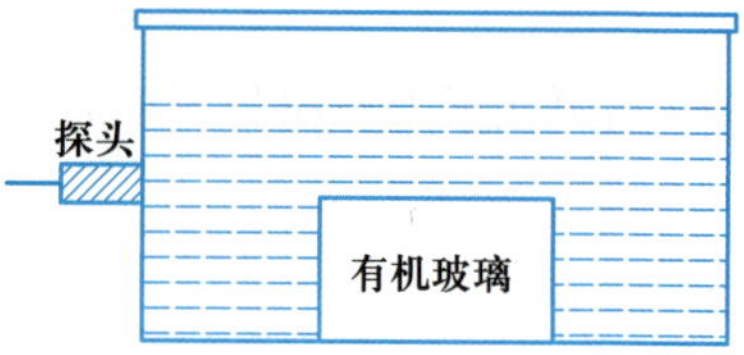

图 3.21-4 测量物体厚度

（3）重新将“粗调”旋钮置于 1，调节“微调”，使时标 1 格对准荧光屏上标尺 1 大格。再将探头涂抹少许液态石蜡后与水槽壁面密接，观察荧光屏上有机玻璃块两界面的反射回波情况，读出第一反射回波与第二反射回波之间的标尺格数 N。

（4）改变有机玻璃块到探头的距离，重复（1）到（3）的实验步骤再测 2 次。

（5）计算有机玻璃块厚度的超声波测量值 $L_{测}$。如果超声波在有机玻璃中传播，相邻标距脉冲所标示的距离可由 $l=\frac{1}{2}\tau v$ 计算，其中 τ 为标距脉冲的时间间隔，仍然是 13.3 μs（仪器内设定的固定值），v 为超声波在有机玻璃中的传播速度，其值等于 2 692 $m\cdot s^{-1}$，从而可得有机玻璃块厚度的超声波测量值为 $L_{测}=\frac{1}{2}N\tau v$。

（6）将结果记录于表 3.21-2 中。

【数据记录及处理】

1. 测量水深

表 3.21-1 测量水深数据记录表

项目	钢尺测量值 D_0/cm	标尺格数 n	超声波测量值 $D_{测}$/cm	绝对误差
1			$D=n=$	
2			$D_{测}=2n=$	

2. 测量物体厚度

表 3.21-2　测量物体厚度数据记录表

项目	1	2	3	平均值
钢尺测量值 L_0/cm				
回波间标尺格数 N				
超声波测量值 $L_{测}\left(=\frac{1}{2}N\tau v\right)$/cm				
误差计算	绝对误差$\overline{\Delta L}$=		相对误差 E=	

【注意事项】

1. 超声诊断仪是比较精密的仪器，使用时应避开高频电场、磁场、强电流环境，尽量远离发电机组、电焊场所、电疗机及 X 射线机等以减少和避免干扰。

2. 超声诊断仪主机应避免高温、日晒、受潮、尘土或撞击，安放于具有合适温度与湿度的房间内，并尽可能减少搬动。

3. 配置可靠的稳压器，有良好的接地，保证持续稳压电源供应，防止经常断电。

4. 超声探头的装拆应在关闭整机电源后进行，使用过程中应轻拿轻放，避免撞击、落地。

5. 实验中，有机玻璃挡板和有机玻璃块摆放在水槽中的位置要正确，以保证超声波在界面上垂直入射。

【思考题】

1. 超声诊断仪面板上各旋钮有何作用？

2. A 型超声诊断仪成像的基本原理是什么？

3. 如果在含有空气夹层的有机玻璃挡板后面再放置一块有机玻璃挡板，能否观察到后一挡板的反射回波？为什么？

实验22 核磁共振

【实验目的】

1. 了解核磁共振现象及其原理。
2. 掌握测量核旋磁比的方法。
3. 学习用核磁共振方法测量磁场的不均匀性。

【实验器材】

核磁共振实验仪、测试样品。

【预习要求】

1. 何谓核磁共振?
2. 对核磁共振的测试对象有哪些要求?
3. 如何用调频法来实现核磁共振?当频率正好等于共振频率时,示波器上的NMR信号有什么特征?
4. 什么是核磁共振共振峰的半峰宽?

【实验原理】

核磁共振是指具有磁矩的原子核在恒定磁场中由电磁波引起的共振跃迁现象。1945年12月,美国哈佛大学的珀塞尔等人,报道了他们在石蜡样品中观察到质子的核磁共振吸收信号;1946年1月,美国斯坦福大学布洛赫等人,也报道了他们在水样品中观察到质子的核感应信号。两个研究小组用了稍有不同的方法,几乎同时在凝聚物质中发现了核磁共振。因此,布洛赫和珀塞尔荣获了1952年的诺贝尔物理学奖。此后,许多物理学家进入这个领域,取得了丰硕的成果。目前,核磁共振已经广泛地应用到许多科学领域,是物理、化学、生物和医学研究中的一项重要实验技术。它是测定原子的核磁矩和研究核结构的直接而又准确的方法,也是精确测量磁场的重要方法之一。

下面以氢核为主要研究对象,介绍核磁共振的基本原理和观测方法。氢核虽然是最简单的原子核,但同时也是目前在核磁共振应用中最常见和最有用的核。下面给出核磁共振的量子力学描述。

1. 单个核的磁共振

通常将原子核的总磁矩在其角动量 $\boldsymbol{P}$ 方向上的投影 $\boldsymbol{\mu}$ 称为核磁矩，它们之间的关系通常写成 $\boldsymbol{\mu}=\gamma\boldsymbol{P}$ 或

$$\boldsymbol{\mu}=g_{\mathrm{N}}\frac{e}{2m_{\mathrm{p}}}\boldsymbol{P} \tag{3.22-1}$$

式中 $\gamma=g_{\mathrm{N}}\cdot\frac{e}{2m_{\mathrm{p}}}$ 称为旋磁比，e 为电子电荷绝对值，m_{p} 为质子质量，g_{N} 为朗德因子。对氢核来说，$g_{\mathrm{N}}=5.585\ 1$。

按照量子力学，原子核角动量的大小由下式决定

$$P=\sqrt{I(I+1)}\,\hbar \tag{3.22-2}$$

式中 $\hbar=\frac{h}{2\pi}$，h 为普朗克常量，$\hbar$ 为约化普朗克常量，也称为狄拉克常量。I 为核的自旋量子数，可以取 $I=0,\frac{1}{2},1,\frac{3}{2},\cdots$。对氢核来说，$I=\frac{1}{2}$。

把氢核放入外磁场 $\boldsymbol{B}$ 中，可以取坐标轴 z 方向为 $\boldsymbol{B}$ 的方向。核的角动量在 $\boldsymbol{B}$ 方向上的投影值为

$$P_B=m\hbar \tag{3.22-3}$$

式中 m 称为磁量子数，可以取 $m=I,I-1,\cdots,-(I-1),-I$。核磁矩在 $\boldsymbol{B}$ 方向上的投影值为

$$\mu_B=g_{\mathrm{N}}\frac{e}{2m_{\mathrm{p}}}P_B=g_{\mathrm{N}}\left(\frac{e\hbar}{2m_{\mathrm{p}}}\right)m$$

将它写为

$$\mu_B=g_{\mathrm{N}}\mu_{\mathrm{N}}m \tag{3.22-4}$$

式中 $\mu_{\mathrm{N}}=5.050\ 787\times10^{-27}\ \mathrm{J\cdot T^{-1}}$ 称为核磁子，是核磁矩的单位。

磁矩为 $\boldsymbol{\mu}$ 的原子核在恒定磁场 $\boldsymbol{B}$ 中具有的势能为

$$E=-\boldsymbol{\mu}\boldsymbol{B}=-\mu_B B=-g_{\mathrm{N}}\mu_{\mathrm{N}}mB$$

则任何两个能级之间的能量差为

$$\Delta E=E_{m1}-E_{m2}=-g_{\mathrm{N}}\mu_{\mathrm{N}}B(m_1-m_2) \tag{3.22-5}$$

考虑最简单的情况，对氢核而言，自旋量子数 $I=\frac{1}{2}$，所以磁量子数 m 只能取两个值，即 $m=\frac{1}{2}$ 和 $m=-\frac{1}{2}$。磁矩在外场方向上的投影也只能取两个值，如图 3.22-1(a) 所示，与此相对应的能级如图 3.22-1(b) 所示。

根据量子力学中的选择定则，只有 $\Delta m=\pm1$ 的两个能级之间才能发生跃迁，这两个跃迁能级之间的能量差为

$$\Delta E=g_{\mathrm{N}}\mu_{\mathrm{N}}B \tag{3.22-6}$$

由式(3.22-6)可知，相邻两个能级之间的能量差 ΔE 与外磁场 $\boldsymbol{B}$ 的大小成正比，磁场越强，则两个能级分裂也越大。

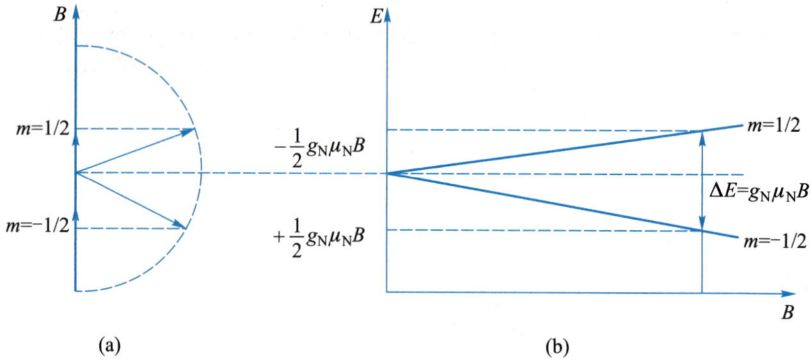

图 3.22-1 氢核能级在磁场中的分裂

实验时外磁场为 $\boldsymbol{B}_0$，在该恒定磁场区域又叠加一个电磁波作用于氢核，若电磁波的能量 $h\nu_0$ 恰好等于这时氢核两能级的能量差 $g_N\mu_N B_0$，即

$$h\nu_0 = g_N\mu_N B_0 \tag{3.22-7}$$

则氢核就会吸收电磁波的能量，由 $m=-\frac{1}{2}$ 的能级跃迁到 $m=\frac{1}{2}$ 的能级，这就是**核磁共振吸收现象**。式(3.22-7)就是核磁共振条件。为了应用上的方便，常写成 $\nu_0=\left(\frac{g_N\mu_N}{h}\right)B_0$，即

$$\omega_0=\gamma B_0 \tag{3.22-8}$$

2. 核磁共振信号的强度

上面讨论的是单个核置于外磁场中的核磁共振理论，但实验中所用的样品是大量同类核的集合。如果处于高能级上的核数目与处于低能级上的核数目没有差别，则在电磁波的激发下，上、下能级上的核都要发生跃迁，并且跃迁概率是相等的，吸收能量等于辐射能量，就观察不到任何核磁共振信号。只有当低能级上的原子核数目大于高能级上的核数目，吸收能量比辐射能量多，这样才能观察到核磁共振信号。在热平衡状态下，核数目在两个能级上的相对分布由玻耳兹曼因子决定

$$\frac{N_1}{N_2}=\exp\left(-\frac{\Delta E}{kT}\right)=\exp\left(-\frac{g_N\mu_N B_0}{kT}\right) \tag{3.22-9}$$

式中 N_1 为低能级上的核数目，N_2 为高能级上的核数目，ΔE 为上下能级间的能量差，k 为玻耳兹曼常量，T 为热力学温度。当 $g_N\mu_N B_0 \ll kT$ 时，上式可以近似写成

$$\frac{N_1}{N_2}=1-\frac{g_N\mu_N B_0}{kT} \tag{3.22-10}$$

式(3.22-10)说明，低能级上的核数目比高能级上的核数目略微多一些。对氢核来说，如果实验温度 $T=300\ \text{K}$，外磁场 $B_0=1\ \text{T}$，则 $\frac{N_2}{N_1}=1-6.75\times$

10^{-6},或 $\frac{N_1-N_2}{N_1}\approx 7\times 10^{-6}$。说明,在室温下,每百万个低能级上的核比高能级上的核大约只多出 7 个。表明,在低能级上参与核磁共振吸收的每一百万个核中只有 7 个核的核磁共振吸收未被共振辐射所抵消。所以核磁共振信号非常微弱,检测如此微弱的信号,需要高质量的接收器。

由式(3.22-10)可以看出,温度越高,粒子差数越小,对观察核磁共振信号越不利。外磁场 B_0 越强,粒子差数越大,越有利于观察核磁共振信号。一般核磁共振实验要求磁场强一些,其原因就在于此。

另外,要想观察到核磁共振信号,仅仅磁场强一些还不够,磁场在样品范围内还应高度均匀,否则不管磁场多么强也观察不到核磁共振信号。原因之一是,核磁共振信号由式(3.22-7)决定,如果磁场不均匀,则样品内各部分的共振频率不同。对某个频率的电磁波,将只有少数核参与共振,结果信号被噪声所淹没,难以观察到核磁共振信号。

3. 弛豫

在实验中研究的样品不是单个核磁矩,而是由这些磁矩构成的磁化强度矢量 $\boldsymbol{M}$,所以有

$$\frac{\mathrm{d}\boldsymbol{M}}{\mathrm{d}t}=\gamma\cdot(\boldsymbol{M}\times\boldsymbol{B}) \tag{3.22-11}$$

上式表明磁化强度矢量 $\boldsymbol{M}$ 围绕着外磁场 $\boldsymbol{B}_0$ 作进动,进动的角频率 $\omega=\gamma B$;现在假定外磁场 $\boldsymbol{B}_0$ 沿着 z 轴方向,再沿着 x 轴方向加上一射频场

$$\boldsymbol{B}_1=2B_1\cos(\omega t)\boldsymbol{e}_x \tag{3.22-12}$$

式中 $\boldsymbol{e}_x$ 为 x 轴上的单位矢量,$2B_1$ 为振幅。这个线偏振场可以视为左旋圆偏振场和右旋圆偏振场的叠加,如图 3.22-2 所示。在这两个圆偏振场中,只有当圆偏振场的旋转方向与进动方向相同时才起作用。所以对于 γ 为正的系统,起作用的是顺时针方向的圆偏振场,即 $M_z=M_0=\chi_0 H_0=\chi_0 B_0/\mu_0$,$\chi_0$ 是静磁化率,μ_0 为真空中的磁导率,M_0 是自旋系统与晶格达到热平衡时自旋系统的磁化强度。

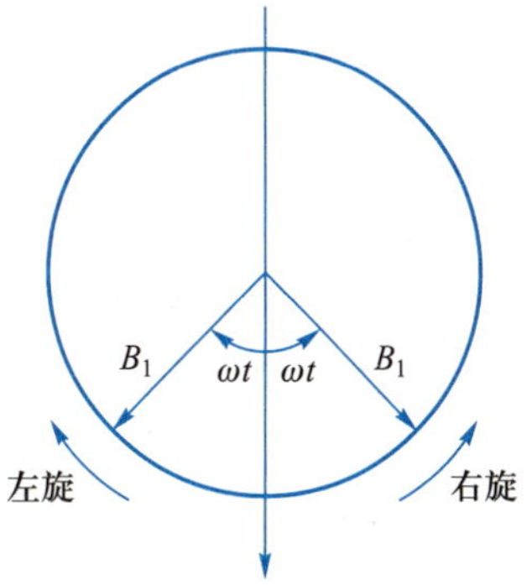

图 3.22-2 线偏振磁场分解为圆偏振磁场

原子核系统吸收了射频场能量之后,处于高能态的粒子数目增多,亦使得 $M_z<M_0$,偏离了热平衡状态。由于自旋与晶格的相互作用,晶格将吸收核的能量,使原子核跃迁到低能态而向热平衡过渡。表示这个过渡的特征时间称为纵向弛豫时间,用 T_1 表示(它反映了沿外磁场方向上磁化强度矢量 M_z 恢复到平衡值 M_0 所需时间的大小)。假定 M_z 向平衡值 M_0 过渡的速度与 M_z 偏离 M_0 的程度 (M_0-M_z) 成正比,即有

$$\frac{\mathrm{d}M_z}{\mathrm{d}t}=-\frac{M_z-M_0}{T_1} \tag{3.22-13}$$

此外，自旋与自旋之间也存在相互作用，M 的横向分量也要由非平衡态时的 M_x 和 M_y 向平衡态时的值 $M_x=M_y=0$ 过渡，表征这个过程的特征时间为横向弛豫时间，用 T_2 表示。与 M_z 类似，可以假定

$$\begin{cases}\dfrac{\mathrm{d}M_x}{\mathrm{d}t}=-\dfrac{M_x}{T_2}\\[2ex]\dfrac{\mathrm{d}M_y}{\mathrm{d}t}=-\dfrac{M_y}{T_2}\end{cases} \tag{3.22-14}$$

前面分别分析了外磁场和弛豫过程对核磁化强度矢量 $\boldsymbol{M}$ 的作用。当上述两种作用同时存在时，描述核磁共振现象的基本运动方程为

$$\frac{\mathrm{d}\boldsymbol{M}}{\mathrm{d}t}=\gamma\cdot(\boldsymbol{M}\times\boldsymbol{B})-\frac{1}{T_2}(M_x\boldsymbol{i}+M_y\boldsymbol{j})-\frac{M_z-M_0}{T_1}\boldsymbol{k} \tag{3.22-15}$$

式(3.22-15)称为**布洛赫方程**。式中 $\boldsymbol{i}$、$\boldsymbol{j}$、$\boldsymbol{k}$ 分别是 x、y、z 方向上的单位矢量。

在各种条件下来解布洛赫方程，可以解释各种核磁共振现象。一般来说，布洛赫方程求解困难，通常是根据实验条件来进行简化。如果磁场或频率的变化十分缓慢，则可以认为 μ、ν、M_z 都不随时间发生变化，$\dfrac{\mathrm{d}\mu}{\mathrm{d}t}=0$，$\dfrac{\mathrm{d}\nu}{\mathrm{d}t}=0$，$\dfrac{\mathrm{d}M_z}{\mathrm{d}t}=0$，即系统达到稳定状态，此时上式的解称为**稳态解**

$$\begin{cases}\mu=\dfrac{\gamma\cdot B_1T_2^2(\omega_0-\omega)M_0}{1+T_2^2(\omega_0-\omega)^2+\gamma^2B_1^2T_1T_2}\\[2ex]\nu=\dfrac{\gamma\cdot B_1M_0T_2}{1+T_2^2(\omega_0-\omega)^2+\gamma^2B_1^2T_1T_2}\\[2ex]M_z=\dfrac{[1+T_2^2(\omega_0-\omega)]M_0}{1+T_2^2(\omega_0-\omega)^2+\gamma^2B_1^2T_1T_2}\end{cases} \tag{3.22-16}$$

根据式(3.22-16)中前两式可以画出 μ 和 ν 随 ω 而变化的函数关系曲线。根据曲线知道，当外加旋转磁场 $\boldsymbol{B}_1$ 的角频率 ω 等于 $\boldsymbol{M}$ 在磁场 $\boldsymbol{B}_0$ 中的进动角频率 ω_0 时，吸收信号最强，即出现共振吸收现象。

由上面得到的布洛赫方程的稳态解可以看出，稳态共振吸收信号有几个重要特点：

(1) 当 $\omega=\omega_0$ 时，ν 值为极大，可以表示为 $\nu_{极大}=\dfrac{\gamma\cdot B_1T_2M_0}{1+\gamma^2B_1^2T_1T_2}$，可见，$B_1=\dfrac{1}{\gamma\cdot(T_1T_2)^{1/2}}$ 时，ν 达到最大值 $\nu_{\max}=\dfrac{1}{2}\sqrt{\dfrac{T_2}{T_1}}M_0$。由此表明，吸收信号的最大值并不是要求 B_1 无限地弱，而是要求它有一定的大小。

(2) 共振时 $\Delta\omega=\omega_0-\omega=0$，则吸收信号的表示式中包含有 $S=\dfrac{1}{1+\gamma^2\cdot B_1^2T_1T_2}$项，也就是说，$B_1$增加时，$S$ 值减小，这意味着自旋系统吸收的能量减少，相当于高能级部分地被饱和，所以人们称 S 为饱和因子。

实际的核磁共振吸收不是只发生在由式(3.22-7)所决定的单一频率上，而是发生在一定的频率范围内，即谱线有一定的宽度。通常把吸收曲线半高度的宽度所对应的频率间隔称为**共振线宽**。由弛豫过程造成的线宽称为**本征线宽**。外磁场 $\boldsymbol{B}_0$不均匀也会使吸收谱线加宽。由式(3.22-16)可以看出，吸收曲线半宽度为

$$\omega_0-\omega=\frac{1}{T_2(1-\gamma^2B_1^2T_1T_2^{1/2})} \qquad (3.22-17)$$

可见，线宽主要由 T_2值决定，所以横向弛豫时间是线宽的主要参量。

【仪器描述】

核磁共振实验仪主要包括磁铁及调场线圈、探头与样品、边限振荡器、扫描磁场电源、频率计及示波器，实验装置示意图如图 3.22-3 所示。

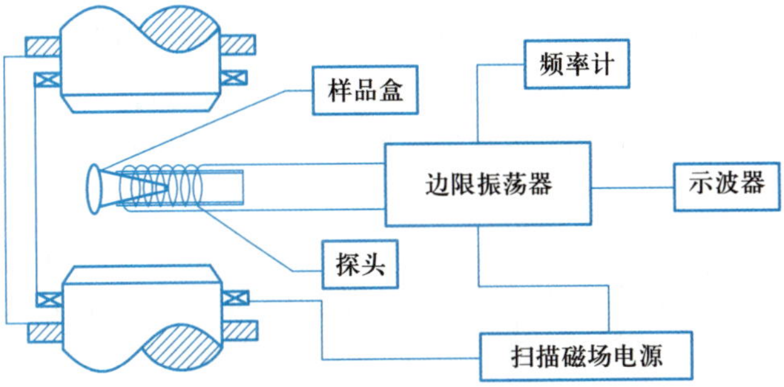

图 3.22-3 核磁共振实验装置示意图

1. 磁铁结构

磁铁的作用是产生恒定磁场 $\boldsymbol{B}_0$，它是核磁共振实验装置的核心，要求磁铁能够产生尽量强的、非常稳定、非常均匀的磁场。首先，强磁场有利于更好地观察核磁共振信号；其次，磁场空间分布均匀性和稳定性越好则核磁共振实验仪的分辨率越高。核磁共振实验装置中的磁铁有三类：永久磁铁、电磁铁和超导磁铁。**永久磁铁**的优点是，不需要磁铁电源和冷却装置，运行费用低，而且稳定度高。**电磁铁**的优点是通过改变励磁电流可以在较大范围内改变磁场的大小。为了产生所需要的磁场，电磁铁需要很稳定的大功率直流电源和冷却系统，另外还要保持电磁铁温度恒定。**超导磁铁**最大的优点是能够产生高达十几特斯拉的强磁场，对大幅度提高核磁共振谱仪的灵敏度和分辨率极为有益，同时磁场的均匀性和稳定性也很好，是现

代谱仪较理想的磁铁,但仪器使用液氮或液氦给实验带来了不便。

2. 边限振荡器

边限振荡器具有与一般振荡器不同的输出特性,其输出幅度随外界吸收能量的轻微增加而明显下降,当吸收能量大于某一阈值时即停振,因此通常被调整在振荡和不振荡的边缘状态,故称为**边限振荡器**。

样品放在边限振荡器的振荡线圈中,振荡线圈放在固定磁场 $\boldsymbol{B}_0$ 中,由于边限振荡器是处于振荡与不振荡的边缘,当样品吸收的能量不同(即线圈的 Q 值发生变化)时,振荡器的振幅将有较大的变化。当发生共振时,样品吸收增强,振荡变弱,经过二极管的倍压检波,就可以把反映振荡器振幅大小变化的共振吸收信号检测出来,进而用示波器显示。由于采用边限振荡器,所以射频场 $\boldsymbol{B}_1$ 很弱,饱和的影响很小。但如果电路调节得不好,偏离边线振荡器状态很远,一方面射频场 $\boldsymbol{B}_1$ 很强,出现饱和效应;另一方面,样品中少量的能量吸收对振幅的影响很小,这时就有可能观察不到共振吸收信号。这种把发射线圈兼作接收线圈的探测方法称为**单线圈法**。

3. 扫场单元

观察核磁共振信号最好的手段是使用示波器,但是示波器只能观察交变信号,所以必须想办法使核磁共振信号交替出现。有两种方法可以达到这一目的。一种是扫频法,即让磁场 $\boldsymbol{B}_0$ 固定,使射频场 $\boldsymbol{B}_1$ 的频率 ω 连续变化,通过共振区域,当 $\omega=\omega_0=\gamma B_0$ 时出现共振峰。另一种方法是扫场法,即把射频场 $\boldsymbol{B}_1$ 的频率 ω 固定,而让磁场 $\boldsymbol{B}_0$ 连续变化,通过共振区域。这两种方法是完全等效的,显示的都是共振吸收信号 ν 与频率差 $(\omega-\omega_0)$ 之间的关系曲线。

由于扫场法简单易行,确定共振频率比较准确,所以现在通常采用大调制场技术;在恒定磁场 B_0 上叠加一个低频调制磁场 $B_m \sin \omega' t$,这个低频调制磁场就是由扫场单元(实际上是一对亥姆霍兹线圈)产生的。那么此时样品所在区域的实际磁场为 $(B_0+B_m \sin \omega' t)$。由于调制场的幅度 B_m 很小,总磁场的方向保持不变,只是磁场的幅值按调制频率发生周期性变化[其最大值为 (B_0+B_m),最小值 (B_0-B_m)],相应的拉莫尔进动频率 ω_0 也相应地发生周期性变化,即

$$\omega_0=\gamma(B_0+B_m \sin \omega' t) \tag{3.22-18}$$

这时只要射频场的角频率 ω 调在 ω_0 变化范围之内,同时调制磁场扫过共振区域,即 $B_0-B_m \leqslant B_0 \leqslant B_0+B_m$,则共振条件在调制场的一个周期内被满足两次,所以在示波器上观察到如图 3.22-4(b)所示的共振吸收信号。此时若调节射频场的频率,则吸收曲线上的吸收峰将左右移动。当这些吸收峰间距相等时,如图 3.22-4(a)所示,则说明在这个频率下的共振磁场为 B_0。

值得指出的是,如果扫场速度很快,也就是通过共振点的时间比弛豫时间小得多,这时共振吸收信号的形状会发生很大的变化。在通过共振点

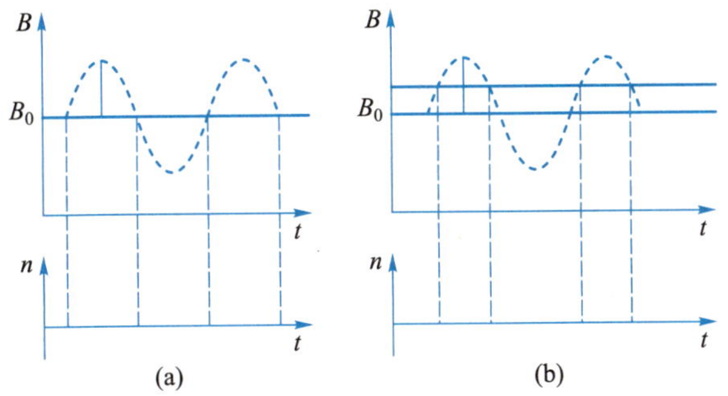

图 3.22-4 扫描法检测共振吸收信号

之后,会出现衰减振荡。这种衰减的振荡称为“**尾波**”,这种尾波非常有用,因为磁场越均匀,尾波越大。所以应调节匀场线圈使尾波达到最大。

4. 使用方法

(1) 将样品为水的探头插入磁隙中,使之大致处于中间位置。

(2) 将“频率测试”端与频率计相接,“检波输出”与示波器纵轴连接,用来观察共振信号。

(3) 将可调变压器的输出端与交流“0~220 V 输入”相接,把可调变压器调至 100 V 左右。

(4) 改变频率,当示波器出现共振信号后,在木座上左右移动电路盒,使共振信号幅度最大、尾波振荡次数最多。并调节幅度旋钮,使共振信号幅度最大。

(5) 逐步减少扫场幅度,并相应调节频率,使共振信号间隔相等,此时的频率就是共振频率。

(6) 换上聚四氟乙烯的探头,并使电路盒处于同一位置,调节频率,找到氟的共振信号。重复步骤(4)、(5)。

【实验步骤】

1. 熟悉仪器的性能并用相关线连接

(1) 首先将探头旋进边限振荡器后面板指定位置,并将测量样品插入探头内。

(2) 将磁场扫描电源上“扫描输出”的两个输出端接磁铁面板中的一组接线柱(磁铁面板上共有四组,是等同的,实验中可以任选一组),并将磁场扫描电源机箱后面板上的接头与边限振荡器后面板上的接头用相关线连接。

(3) 将边限振荡器的“共振信号输出”用 Q9 线接示波器“CH1 通道”或者“CH2 通道”,“频率输出”用 Q9 线接频率计的 A 通道(频率计的通道选择:A 通道,即 1 Hz~100 MHz;FUNCTION 选择:FA;GATE TIME

选择:1 s)。

(4) 移动边限振荡器,将探头连同样品放入磁场中,并调节边限振荡器机箱底部四个调节螺丝,使探头放置的位置保证使内部线圈产生的射频磁场方向与恒定磁场方向垂直。

(5) 打开磁场扫描电源、边线振荡器、频率计和示波器的电源,准备后面的仪器调试。

2. 核磁共振信号的调节

FD-CNMR-I 型核磁共振仪配备了 5 种样品:1#——硫酸铜、2#——三氯化铁、3#——氟碳、4#——甘油、5#——纯水。实验中,因为硫酸铜的共振信号比较明显,所以开始时应该用 1#样品,熟悉了实验操作之后,再选用其他样品调节。

(1) 将磁场扫描电源的"扫描输出"旋钮顺时针调节至接近最大(旋至最大后,再往回旋半圈,因为最大时电位器电阻为零,输出短路,因而对仪器有一定的损伤),这样可以加大捕捉信号的范围。

(2) 调节边限振荡器的频率"粗调"电位器,将频率调节至磁铁标志的 H 共振频率附近,然后旋动频率调节"细调"旋钮,在此附近捕捉信号,当满足共振条件 $\omega=\gamma B_0$ 时,可以观察到如图 3.22-5 所示的共振信号。调节旋钮时要尽量慢,因为共振范围非常小,很容易跳过。

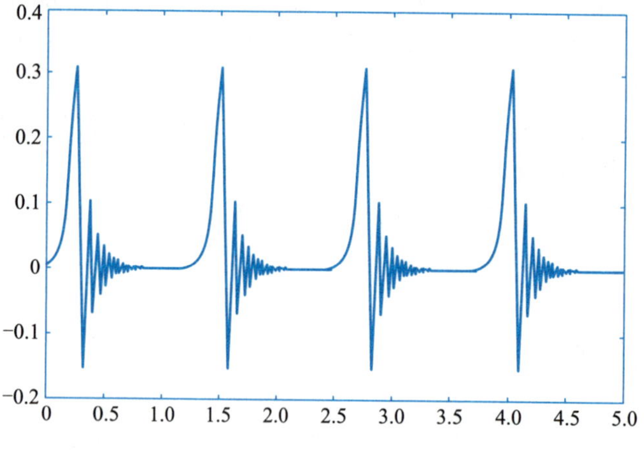

图 3.22-5 示波器观察核磁共振信号

注:因为磁铁的磁感应强度随温度的变化而变化(成反比关系),所以应在标志频率附近±1 MHz 的范围内进行信号的捕捉!

(3) 调出大致共振信号后,降低扫描幅度,调节频率"微调"至信号等宽,同时调节样品在磁铁中的空间位置以得到最多的共振信号。

(4) 测量氟碳样品时,将测得的氢核的共振频率除以 42.577,再乘以40.055,即得到氟的共振频率(例如:测量得到氢核的共振频率为 20.000 MHz,则氟的共振频率为 20.000÷42.577×40.055 MHz = 18.815 MHz)。

将氟碳样品放入探头中，将频率调节至磁铁上标志的氟的共振频率值，并仔细调节得到共振信号。由于氟的共振信号比较小，故此时应适当降低扫描幅度（一般不大于 3 V），这是因为样品的弛豫时间过长导致饱和现象而引起信号变小。射频幅度随样品而异。表 3.22-1 列举了部分样品的最佳射频幅度，在初次调试时应注意，否则信号太小不容易观测。

表 3.22-1 部分样品的弛豫时间及最佳射频幅度范围

样品	弛豫时间（T_1）	最佳射频幅度范围
硫酸铜	约 0.1 ms	3~4 V
甘油	约 25 ms	0.5~2 V
纯水	约 2 s	0.1~1 V
三氯化铁	约 0.1 ms	3~4 V
氟碳	约 0.1 ms	0.5~3 V

【数据记录及处理】

1. 自拟表格，记录不同条件下的共振频率 f、NMR 幅度和相应的射频电流等参量。

2. 作出射频电流和 NMR 信号幅度的关系图。

3. 计算 $CuSO_4$ 水溶液、^1H 的 g 因子和旋磁比 γ，并与标准值比较，求百分误差。

4. 计算 $CuSO_4$ 水溶液的 NMR 线宽 ΔH 和弛豫时间 T_2。

5. 作 $CuSO_4$ 水溶液的共振峰幅度与浓度的关系图。

已知核磁子标准值：$\mu_N = 5.050\ 787\times10^{-27}$ J · T^{-1}；质子 g 因子标准值：$g_H = 5.581\ 0$；质子旋磁比标准值：$\gamma_H = 26.752\times10^7$ rad · T^{-1} · s^{-1}。

【注意事项】

1. 边限电流取最大幅度后再减小 1~3 μA，如果边限电流过大（信号饱和现象）或太小（边限振荡器停振）都会导致没有信号。在观测 HF 信号样品中的 ^1H、^{19}F 信号时，边限电流应略小（2~5 μA），这样能观测到质量比较好的 ^1H、^{19}F 信号。

2. 边限电流调节会对频率产生影响。因此，在调节好边限电流应对频率重新进行调节，使每一次测量频率保持一致，电位器应慢慢旋转。

3. 样品应安置在磁场均匀区域内，否则，很难观察到共振信号。

4. 扫场电压一般取 1~2 V 即可，HF 样品略取大些（3~5 V）。

5. 为减少各类干扰，本电源插座必须有良好的接地措施，由于射频线圈既是发射线圈又是信号接收器，容易受到空间周围环境的影响，实验室周围应无明显的高频信号和无线电干扰源。

6. 取放样品时要轻拿轻放，特别是 HF 样品，切不可自行揭开样品盖。

【思考题】

1. 实验中不加扫场信号，能否观察到共振信号？能否产生共振？为什么？

2. 什么叫扫场法、扫频法？两者有什么不同？

3. 核磁共振实验中共用了几种磁场？各起什么作用？

实验 23 血液黏度的测量

【实验目的】

1. 掌握血液黏度测量的原理，了解血液黏度检测的临床意义。

2. 了解锥板式黏度计的结构和原理，并掌握其使用方法。

【实验仪器】

锥板式黏度计、试管、抗凝全血。

【预习要求】

1. 了解血液黏度与疾病的关系。

2. 理解牛顿流体黏度测量装置的结构和使用方法。

【实验原理】

1. 血液的流动特性

血液在心脏的推动下，在体内不断循环流动，把各种营养物质和氧运送到全身各组织细胞，同时将各种代谢产物和二氧化碳通过排泄器官排出体外，这对保持机体的正常生理状态有着重要的作用。因此血液在体内血管网中的流动状态就成为值得关注的一个问题，影响血液流动的一个重要因素就是血液的黏度。高血压、缺血性疾病甚至癌症等虽有诸多致病因素，但均与血液黏度异常相关。

血液黏度是衡量血液流动性的指标。血液属于非牛顿流体，所以全血黏度在体内不是一个物理常量，在大血管和微血管中血液黏度也不一样。一般情况下全血黏度和血浆黏度的测定采用离体（在体外）测量。测定须在不同的剪变率下进行，结果表明，在低剪变率下血液黏度较高，当剪变率逐渐升高时，血液黏度逐渐降低，血液在一定的剪变率范围内表现出非牛顿流体性质。血液的非牛顿流体性质意味着血流快速流动比慢速流动更为容易，有利于血液的循环。

2. 血液的组成

血液的非牛顿特性主要取决于血液的组成。血液由红细胞、白细胞、血小板和血浆组成，全血 pH 在 7.35~7.45 之间，血浆约占血液总体积的 55%。血浆中水占 91%，蛋白质占 7%，其他有机物和无机物各占 1%。对血浆力学性质影响最大的是各种蛋白质，其中白蛋白分子量最小，约 6.9×10^4，含量最多，主要作用是调节血浆容量及 pH 值，球蛋白种类多，分子量在 $3.5\times10^4\sim1.0\times10^6$ 之间，主要参与各种反应。血纤维蛋白原分子量达 1.3×10^6，含量最少，在凝血过程中起作用。血液的有形成分约占血液体积的 45%，红细胞的容积对全血容积的百分比称为红细胞压积。红细胞的形状为双凹圆盘形，直径约为 8 μm，中心厚度 1.0 μm。红细胞膜很薄，为 $3\times10^{-3}\sim7\times10^{-3}$ μm，细胞质是血红蛋白的水溶液，浓度约 33%，影响血液流动性质的主要成分是红细胞。

3. 影响血液黏度的因素

（1）血浆的黏度　血浆一般被认为是牛顿流体，影响血浆黏度的主要因素是温度和血浆组分，其中纤维蛋白原对黏度的影响最大，它使血浆黏度比血清黏度约高 20%。病理情况下，如创伤、手术、急性感染导致球蛋白浓度增加，也可使血浆黏度增高。正常血浆的黏度随温度的升高而下降。

（2）血细胞压积　血细胞中，红细胞约占 95%，随着红细胞压积增高，流动所需的能量增加，表观黏度随之增高。另一方面，低剪变率下红细胞间可以发生聚集，彼此连接，构成空间结构，使低剪变率下表观黏度增高。临床上原发性红细胞增多症、肺心病、高山病等病人的红细胞压积明显增高，这些病人的血液黏度比健康人明显增高，尤其在低剪变率下表观黏度增高更明显。白细胞和血小板对血液黏度影响不明显，但在白血病情况下白细胞数量增加，白细胞的刚性大于红细胞，这时白细胞对血液黏度的影响增大，血液黏度增高。

（3）红细胞聚集和聚集性的影响　正常的血液中含有纤维蛋白原和球蛋白，具有桥联作用，使红细胞在低剪变率下会聚集成缗钱状、分枝状、网络状结构，形成聚集体，说明红细胞具有聚集性。研究表明，红细胞聚集将使血液的黏度显著提高，是低剪变率下影响血液黏度的主要因素。

(4) 红细胞变形性　红细胞的细胞质是血红蛋白的水溶液，浓度约33%，因而红细胞细胞质的黏度很低；另外，红细胞的外形为双面凹形的圆盘状，这使红细胞的变形能力很强。在流场中，红细胞会由圆形变为椭圆形，而其长轴平行于流线方向，这种变化有利于血液的流动。如果增加红细胞内液黏度，使其刚性增加，或者改变其球形指数，则高剪变率下血液的黏度会明显增加。

(5) 温度的影响　一般来讲，温度升高使液体黏度下降，温度降低使液体黏度升高。但血液情况较为复杂，温度降低，血浆黏度升高，导致全血黏度增高。温度升高，血浆黏度降低，但温度升高将使红细胞聚集增多，使低剪变率下表观黏度增高，而且过高的温度使血浆蛋白和红细胞膜蛋白均出现变化，导致红细胞刚性增加，造成全血黏度升高。

4. 血液黏度的测量方法

目前，黏度计的种类非常繁多，按类型、适用对象不同就有二十多种，其中常用于测定血液黏度的主要有旋转式黏度计和毛细管黏度计。由于血浆、血清通常被视为牛顿流体，其黏度与剪变率关系不大，一般采用**毛细管黏度计**（奥氏黏度计）测定其黏度。毛细管黏度计中的毛细管部分由玻璃组成，内径匀直光滑，检测全血黏度的剪变率可调的毛细管黏度计的管内径不能大于0.5 mm，管长管径之比应大于2 000。毛细管黏度计具体测量方法参见实验5。剪变率可调的毛细管黏度计反映的是平均剪变率，只有旋转式黏度计可以准确给出剪变率，因此测量血液在不同剪变率下的黏度，大多采用旋转式黏度计。

目前常用的**旋转式黏度计**有圆筒式黏度计、锥板式黏度计两种，而又以锥板式黏度计最为常用。锥板式黏度计最大优点是可以通过改变旋转速度改变剪变率，可以在剪变率很广的范围内（0.04～4 000 s^{-1}）测量液体的黏度，包括非牛顿流体的黏度，尤其适合全血黏度的测定，所以锥板式黏度计在研究全血的凝固过程、黏弹性及红细胞变形性、聚集性等方面都有很好的应用。

锥板式黏度计现在已经有很多产品，但主要结构和测量原理都一样，锥板式黏度计的主要结构为一旋转的圆板和同轴心的圆锥，内层靠金属扭丝悬吊起来，在圆锥与锥板之间加入被测液体，两旋转物体间缝隙很小，故取很少的液体样品即可测量，并有很高的精确度。图3.23-1所示为锥板式黏度计的结构原理图，测试系统由一个平板和圆锥组成，在半径为 R 的圆锥上设置较大的顶

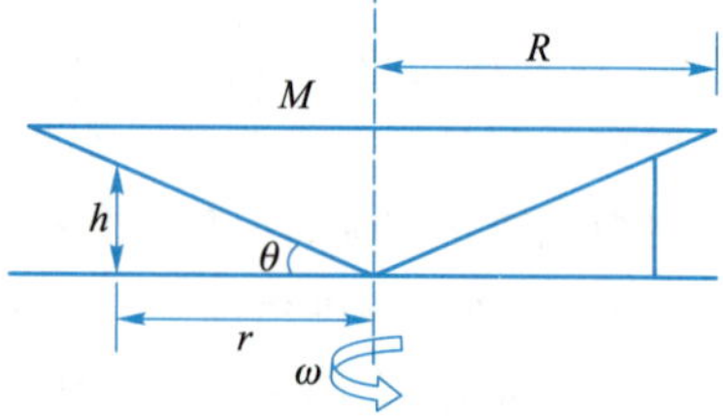

图3.23-1　锥板黏度计原理示意图

角，即圆锥和平板之间的夹角 θ 很小，圆锥和一个调速电机相连，血液充满在圆锥和平板之间狭窄的间隙中。当圆锥以一定的角速度旋转时，由于血液的黏稠性，与圆锥相连的弹簧则产生一个复原力矩 M，黏度的大小与复原力矩 M 呈正相关，复原力矩通过一个测力传感器检测并经计算机处理后表观黏度值显示于仪器屏幕上。改变圆锥的角速度（对应不同的剪变率），即可测得不同剪变率下的全血黏度。

目前应用的锥板式黏度计按自动化程度又可分成全自动和半自动两大类。全自动式仪器可以自动完成检测，根据仪器的大小和检测速度的不同，仪器可有一个或多个进样盘和采探针，多采用吞吐式样品自动混匀技术，由操作者根据实际情况选择混匀的次数。采样完成后，自动进行采样针的内外清洗及吹干。半自动型仪器比较小、价格便宜、由操作者人工混匀血样，送到仪器的采样针下完成血样的采集工作。

【实验步骤】

利用全自动式黏度计测量全血黏度、红细胞压积以及血浆黏度，测量完毕注意清洗系统，实验步骤自行设计。

【数据记录及处理】

1. 自行设计表格记录测量结果。
2. 结果分析，重点分析血液黏度与剪变率的关系。

实验 24 物理仿真实验简介

在目前的物理实验教学中，由于实验器材复杂、精密且昂贵，往往不能允许学生自行设计实验参量、反复调整仪器，这对剖析仪器性能和结构、理解实验的设计思想和方法是很不利的。大学物理仿真实验可在相当程度上弥补实验教学上这方面的缺陷。

一、大学物理仿真实验的基本概念

大学物理仿真实验是用数字建模设计虚拟仪器，虚拟实验环境，通过计算机把实验设备、教学内容、教师指导和学生的操作有机地融合为一体。

通过对实验环境的模拟，学生可在这个环境中自行设计实验方案、拟定实验参量、操作仪器，模拟真实的实验过程。通过仿真实验可以加强学生对实验方法、仪器结构及原理的理解，并加强学生对仪器功能和使用方法的训练，培养设计思考能力和比较判断能力，可以达到真实实验难以实现的效果，实现了培养动手能力，学习实验技能，深化物理知识的目的，同时加强了学生对物理实验的兴趣，克服了真实实验带来的各种限制，大大提高了物理实验教学水平，是物理实验教学改革的有力工具。大学物理仿真实验营造了学生自主学习的环境，在大面积开设开放性、设计性、研究性实验教学中发挥着重要作用。

二、大学物理仿真实验的优点

(1) 通过对实验环境的模拟，使未做过实验的学生能通过仿真软件对实验的整体环境、所用仪器的整体结构建立起直观的认识。仪器的关键部位可拆卸，可进行调整并实时观察仪器的各种指标和内部结构的变化，增强了学生对仪器功能和使用方法的熟悉程度。

(2) 在实验中仪器实现了模块化，学生可对提供的仪器进行选择和组合，用不同的方法操作同一实验，培养学生的设计思考能力和对不同实验方法的优劣、误差大小的比较和判断能力。

(3) 学生必须深入解剖仿真实验的教学过程，在理解的基础上认真思考才能正确操作，克服了真实实验中出现的盲目操作和实验“走过场”现象的缺点，使学生切实受益。

(4) 对实验的相关理论进行了讲解，对实验的历史背景和意义以及现代应用等方面都作了介绍，使仿真实验成为培养学生理论与实践相结合思维的一种崭新模式。

(5) 实验中待测的物理量可以随机产生，以适应同时实验的不同学生和同一学生的不同次操作。对实验误差也进行了模拟，以评价实验质量的优劣。

(6) 配有多媒体配音解说和操作指导，易于使用。

三、大学物理仿真实验对系统运行环境的要求

1. 服务器

- 操作系统

Windows Server 2003 中文版企业版

- 数据库服务器

Microsoft SQL server 2005 中文版

- net framework

net framework 3.5 SP1 中文版

- 其他

Internet 信息服务(IIS)6.0

Microsoft Word 2007 中文版

Excel 2007 中文版

2. 用户机

- 操作系统

Microsoft Windows XP 及以上中文版

- 浏览器

Internet Explore 6.0 及以上

- net framework

net framework 3.5 SP1 中文版

四、大学物理仿真实验(Online 版)部署方法

1. 大学物理仿真实验(Online 版)安装

在确保服务器的推荐软件环境后,运行安装程序。安装过程中的相关设置如下:

(1) 在用户信息输入界面,输入学校完整名称,如图 3.24-1 所示。完成后点击“下一步”按钮。

(2) 在数据库服务器设置页面,用户需要在“数据库服务器”输入框内输入数据库服务器的 IP 地址,并选择登录模式,输入登录用户名和密码,如图 3.24-2 所示。完成后点击“下一步”按钮。

(3) 在目标文件夹选择界面,保证上一步输入正确的情况下,用户可选择文件的存放位置,如图 3.24-3 所示。选择完成后点击“下一步”按钮。

(4) 其他操作根据程序提示进行,即可完成系统安装。

2. 大学物理仿真实验(Online 版)服务器 Web 服务配置

在运行完安装程序后,用户还需要对 IIS 进行一些设置,并在程序中写入服务器的 IP 地址。

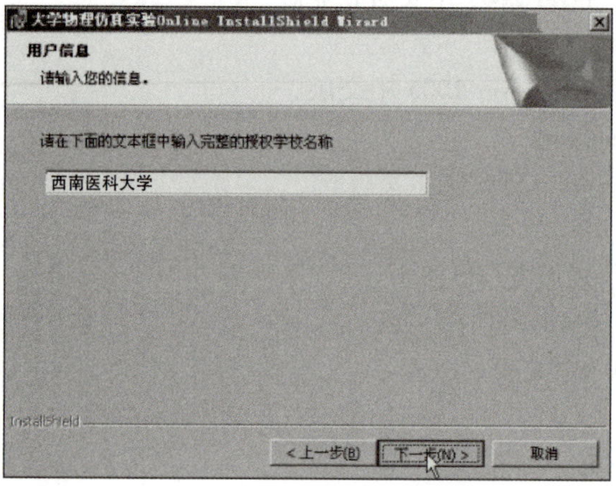

图 3.24-1 大学物理仿真实验安装界面

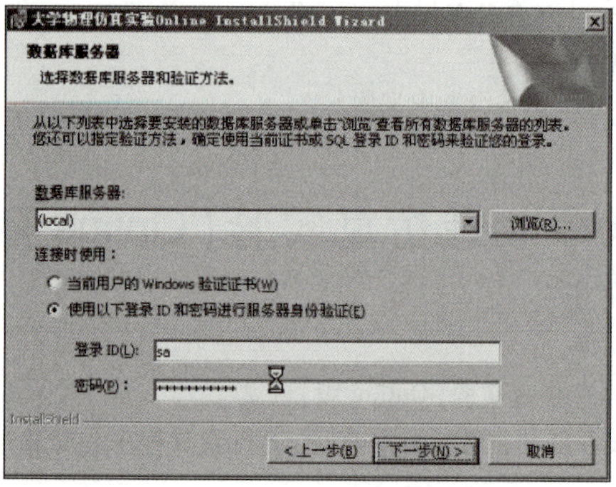

图 3.24-2 大学物理仿真实验安装界面

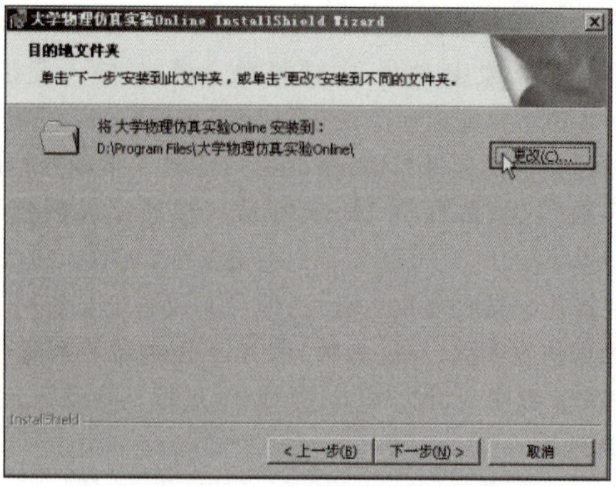

图 3.24-3 大学物理仿真实验安装界面

右键点击我的电脑/管理/服务和应用程序/Internet 信息服务,找到由安装程序建立的站点 ExamSystem,右击该站点点击属性,如图 3.24-4 所示。

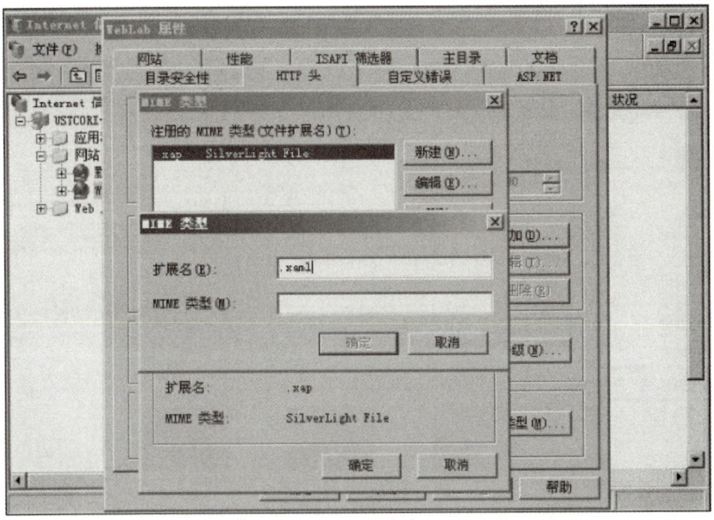

图 3.24-4 大学物理仿真实验服务器 Web 服务配置界面

选择 HTTP 头,在 MIME 类型中增加:

扩展名:.xaml MIME 类型:application/xaml+xml 和 .xap

扩展名:.xap MIME 类型:application/x-silverlight-app

扩展名:.lab MIME 类型:lab 文件

将 asp.net 设置为 2.0

3. 用户端 Web 部署

在浏览器中访问“大学物理仿真实验(Online 版)”时,如浏览器的 Silverlight 插件未安装或 Sliverlight 版本过低,浏览器会自动跳转到插件安装页面,如图 3.24-5 所示。在此页面选择安装插件进行安装。

图 3.24-5 浏览器插件下载页面

浏览器的插件安装完毕后,关闭浏览器。重新启动浏览器,就可正常访问“大学物理仿真实验(Online 版)”,如图 3.24-6 所示。

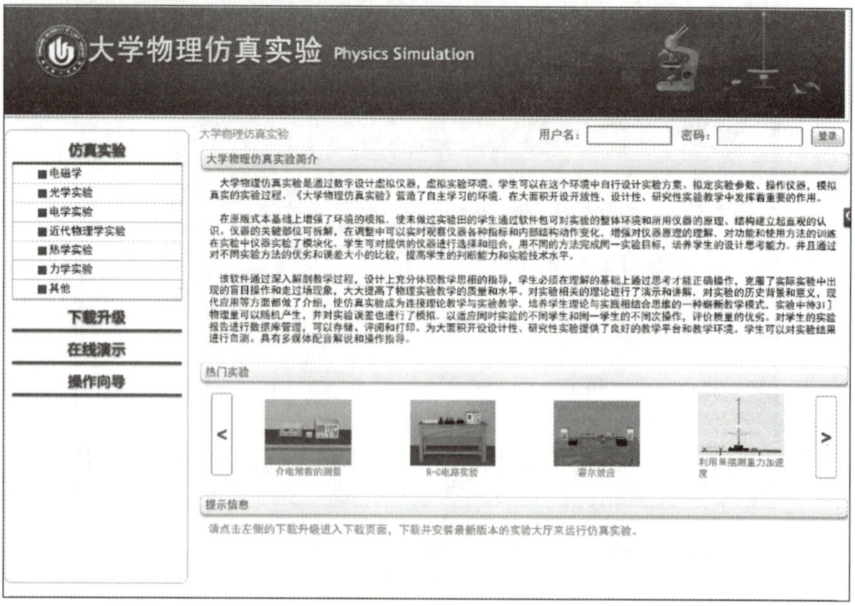

图 3.24-6 “大学物理仿真实验(Online 版)”登录页面

默认的管理员用户:

用户名:admin

密码:admin

默认的学生用户:

用户名:student

密码:123 * * *

4. 用户端实验大厅的安装

(1) net framework 3.5 SP1 中文版安装 学生可自行安装 net framework 3.5 SP1 中文版,或者通过“大学物理仿真实验(Online 版)”的“下载升级”页面下载 net framework 3.5 SP1 中文版并安装,如图 3.24-7 所示。

(2) 实验大厅安装 学生登录“大学物理仿真实验(Online 版)”后,通过“下载升级”页面可以下载实验大厅并安装(注意:在安装实验大厅前,请先安装 net framework 3.5 SP1 中文版)。

(3) 实验大厅登录 用户运行实验大厅,进入登录界面,如图 3.24-8 所示。首先选择“网络设置”按钮设置“大学物理仿真实验(Online 版)”服务器的网络地址和端口号,网络设置完毕后,在登录界面输入用户名和密码,进入实验大厅,如图 3.24-9 所示。

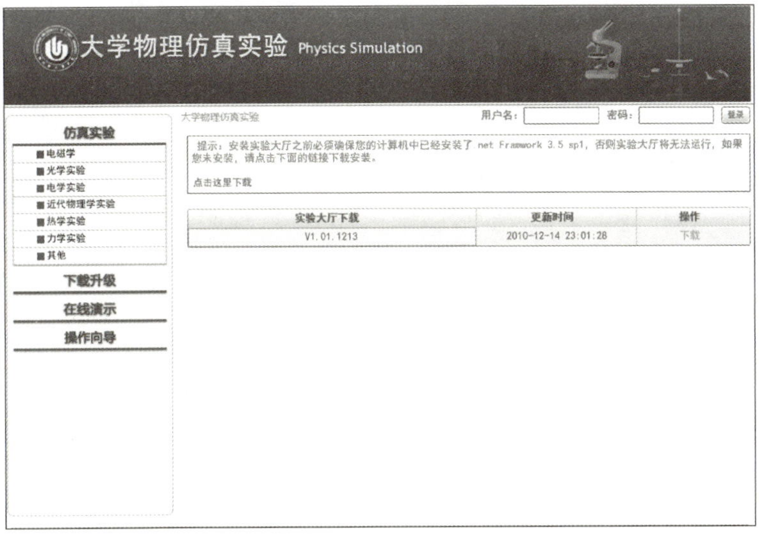

图 3.24-7　“大学物理仿真实验(Online 版)”的“下载升级”页面

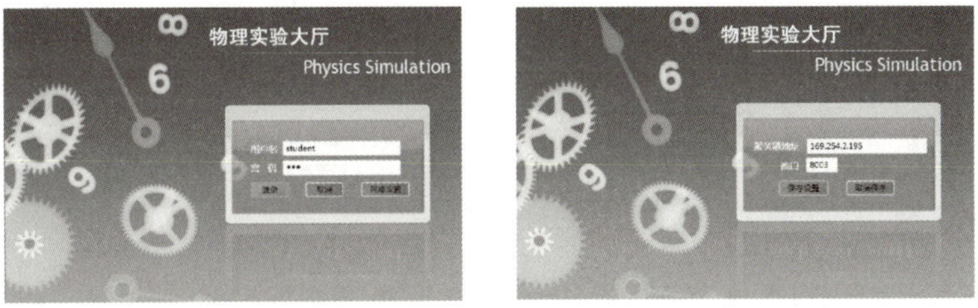

图 3.24-8　实验大厅登录页面

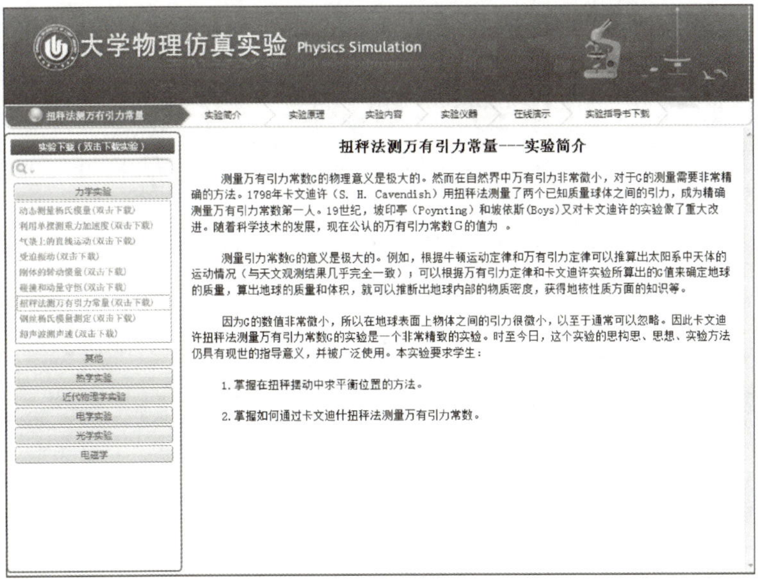

图 3.24-9　实验大厅页面

鼠标双击实验列表中的实验(图3.24-9中框线所标示的实验),下载相应的实验内容后,再次双击对应实验,即可打开实验,进行操作。

五、常见问题处理

1. 数据库连接错误导致无法登录

解决方法:打开 SQL server 外围配置器,选择“服务和连接的外围配置器”点击远程连接,将连接类型修改为“本地连接和远程连接”,选择“同时使用 TCP/IP 和 named pipes”模式,并确定,完成后重新启动数据库。

2. 弹出窗口被浏览器阻止

解决方法:设置浏览器弹出窗口阻止程序。

第 4 章　医用电子学实验

实验 25　TD-AS+型模拟电路实验箱的使用

【实验目的】

1. 了解 TD-AS+模拟电路实验箱的结构和功能。
2. 了解 TD-AS+模拟电路实验箱中的电路。
3. 熟悉 TD-AS+模拟电路实验箱的使用。

【实验器材】

TD-AS+模拟电路实验箱。

【预习要求】

1. 了解 TD-AS+实验系统的电路构成。
2. 熟悉 TD-AS+实验系统的操作。

【仪器描述】

(一) TD-AS+实验系统的硬件环境

1. 系统电路结构

TD-AS+实验系统主要由模拟电路基本实验单元、恒压源、直流信号源、高品质信号发生器和模拟信号测量专用仪器等几部分构成。

(1) 基本实验单元

该单元包括基本放大电路、差动放大电路、集成运算电路、功率放大器、串联稳压电路和集成稳压电路 6 个实验单元。

(2) 恒压源单元

该单元提供±5 V、±12 V、-10～-1.5 V 连续可调和+1.5～+10 V 连续可调共 6 路电压源,通过调节电位器可得到在-10～-1.5 V、+1.5～+10 V 范围内的任意电压值。

(3) 直流信号源单元

该单元提供两路直流可调信号源,通过两路开关可以选择-0.5～+0.5 V 或-5～+5 V 两挡连续可调,调节电位器可在其范围内任意调节。

(4) 波形发生器单元

该单元提供方波和正弦波两种信号源。通过两路开关的两个挡位可以选择方波或正弦波信号。选择三路开关三个挡位可以得到 1～200 Hz、200 Hz～20 kHz、20～80 kHz 三挡频率范围。另外还有一个开关选择 0～100 mV 或者 100 mV～10 V 输出。调节调幅电位器可以调整输出波形的幅值。调整调频电位器可以调整输出波形的频率。

(5) 电位器单元

该单元提供了独立的电位器 5 个:470 k、220 k、100 k、20 k 和 1 k。

(6) 集成测量与分析仪器单元

该单元包括两路数字存储示波器、XY 测量、数字万用表、频率特性分析仪和静态工作点观测,采用 5 寸液晶显示和屏幕触控操作,测量结果的波形及数据可保存到 U 盘。数字存储示波器参量:采样率 2 MHz,输入阻抗 1 MΩ,输入通道 2 通道,存储深度 1 kB,扫描范围 2.5 μs/DIV～20 s/DIV,垂直挡位 10 mV/DIV～5 V/DIV,模拟输入带宽 500 kHz,边沿触发类型,触发方式包括单次、普通和自动。数字万用表参量:电阻 0～2 MΩ,电容 0.001～100 μF,电压-15～+15 V,电流 0～200 mA。

2. 系统电源介绍

TD-AS+系统采用高性能的稳压电源作为系统工作和实验的电源。

(1) 主要指标:

输入电压:AC 220V。

输出电压/电流:

DC:① +1.5～+10 V、0.2 A;-10～-1.5 V、0.2 A;

② +12 V、0.2 A; -12 V、0.2 A;

③ +5 V、1.5 A; -5 V、0.2 A。

AC:7.5 V、0.2 A。

(2) 系统电源安装在机箱内,电源开关在实验箱主板上,电源输出在供系统使用的同时还可以用导线的方式引出。

(3) 当关闭电源后,不能立即重新开启,从关闭到重启需要至少 30 s

的间隔。

（二）TD-AS+实验系统的操作

1. 集成分析仪器单元构成说明

集成分析仪器单元构成如图 4.25-1 所示。包括显示触控屏、多功能旋钮、U 盘插座、示波器输入通道、复位按键、万用表输入通道。

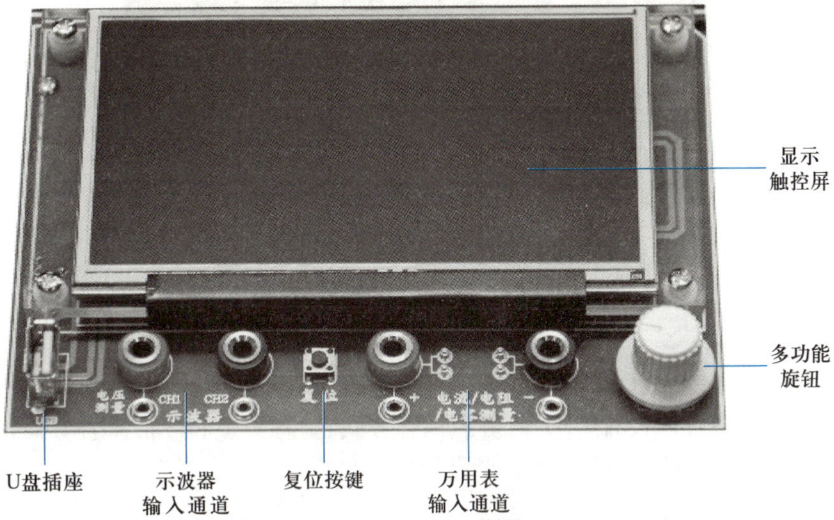

图 4.25-1　集成分析仪器单元构成图

2. 集成分析仪器操作说明

集成分析仪器采用全触控操作方式，提供示波器、万用表、XY 测量和频率特性分析四大功能。如图 4.25-2 所示，在主界面按“仪器功能选择”按键，可以选择需要启动的仪器功能。

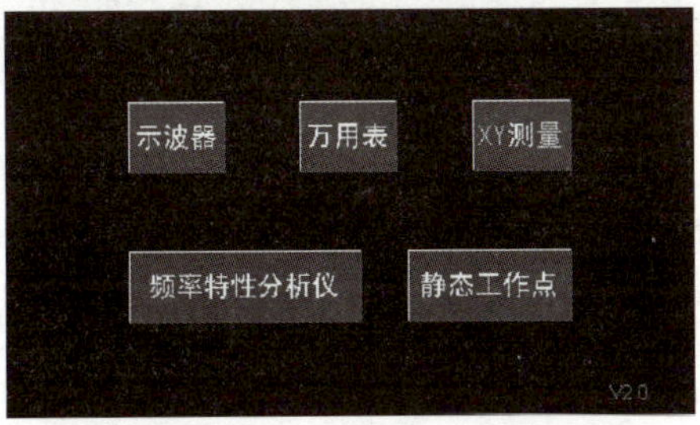

图 4.25-2　仪器功能选择

（1）示波器

按“仪器功能选择”按钮，选择示波器后即进入示波器主界面。在示波器主界面上，主要包含波形显示区、主菜单和一些状态指示，如图 4.25-3 所示。点击主菜单上各项按钮，可进入相应菜单项设置。在主菜单下，多功能旋钮为设置水平扫描时基。

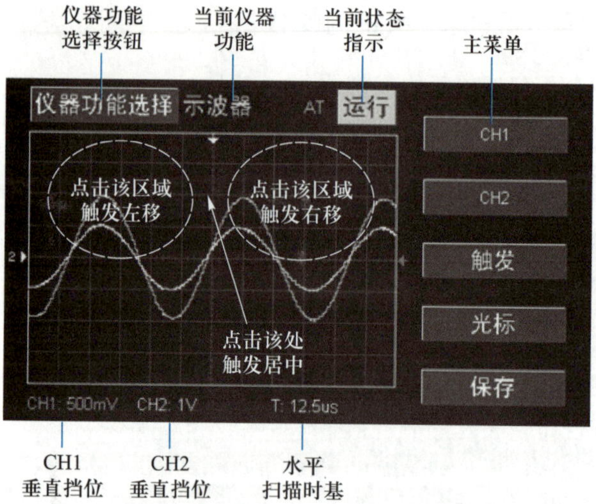

图 4.25-3 示波器主界面

在主菜单按“CH1”，进入 CH1 通道设置菜单，如图 4.25-4 所示。在该菜单项中可以设置 CH1 通道的耦合方式、垂直挡位和波形垂直方向位置偏移，还能设置 CH1 通道波形显示打开和关闭。

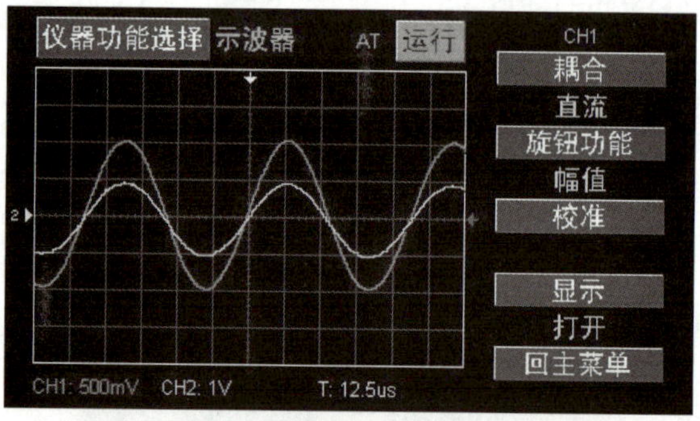

图 4.25-4 CH1 设置菜单

按下“耦合”按钮可以切换通道的耦合方式。“直流”表示通过输入信号的交流和直流成分，“交流”表示阻隔输入信号的直流成分。如 1 V 的脉冲波，选择耦合为“直流”如图 4.25-5 所示。选择耦合为“交流”则如图 4.25-6 所示。

按下“旋钮功能”按钮，使得按钮下方显示“幅值”，如图 4.25-7 所示。此时旋转多功能旋钮可以改变通道波形的垂直挡位。

按下“旋钮功能”按钮，使得按钮下方显示“位置”，如图 4.25-8 所示。此时旋转多功能旋钮可以改变通道波形的垂直位置偏移，即改变通道波形的水平中心线使其上下移动。

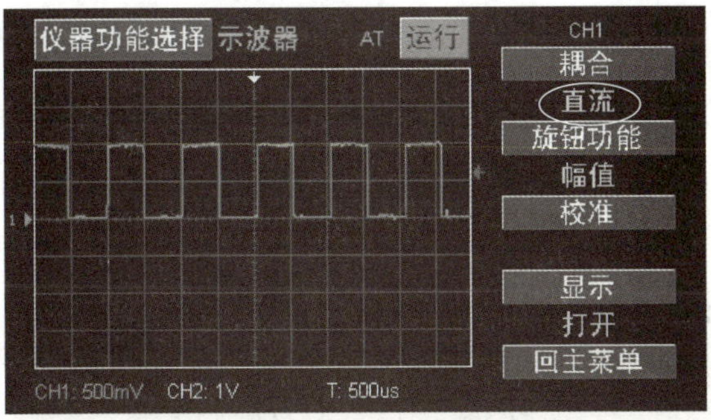

图 4.25-5　直流耦合

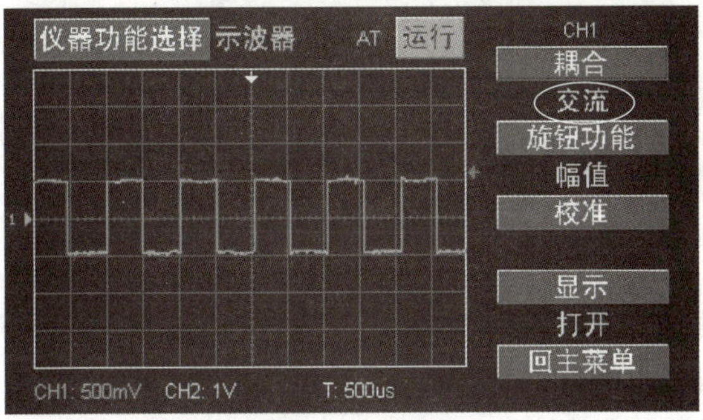

图 4.25-6　交流耦合

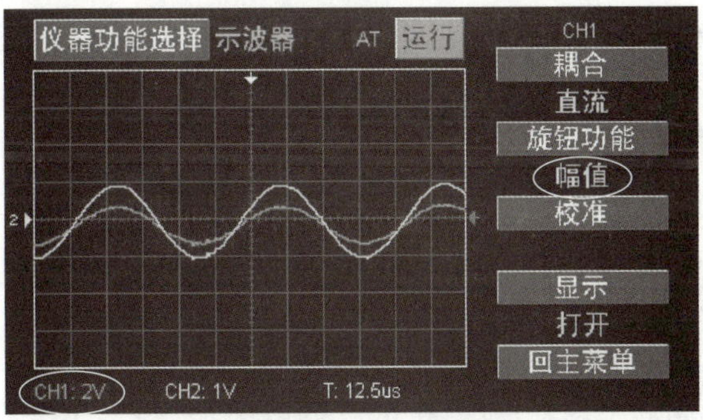

图 4.25-7　幅值调节

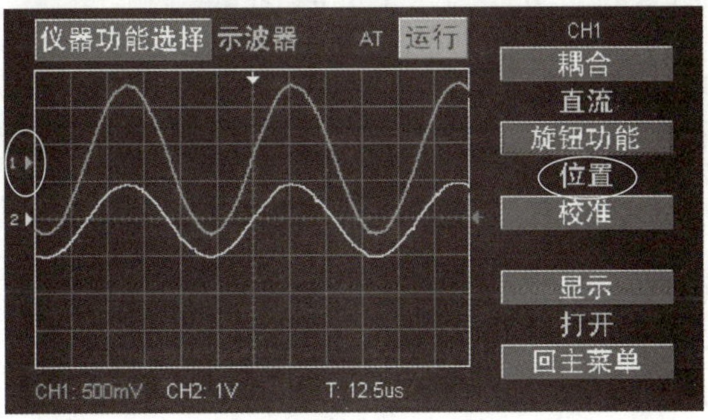

图 4.25-8　位置调节

“校准”功能主要对通道的零基准进行调节，需要校准时首先将通道信号接到实验箱上的接地信号(GND)，然后按校准按钮即完成校准。

按下“显示”按钮，可以设置通道波形显示是打开还是关闭。如要关闭 CH1 通道波形的显示，在 CH1 菜单中按显示按钮，状态指示为“关闭”，波形显示区中 CH1 通道的波形即被隐藏起来，如图 4.25-9 所示。

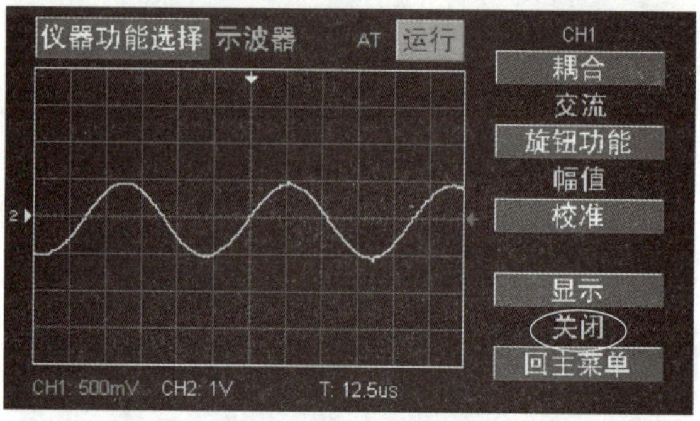

图 4.25-9 显示设置

在主菜单按“CH2”，进入 CH2 通道设置菜单。该菜单和 CH1 通道设置菜单项目及操作方法一致，具体详见 CH1 菜单操作说明。

在主菜单按“触发”，进入触发设置菜单。在触发菜单中可以设置触发通道、边沿选择及触发方式。按触发通道按钮，可以选择 CH1 还是 CH2 作为触发通道。按边沿选择按钮，可以设置是上升沿触发还是下降沿触发。触发方式按钮是设置触发的类型为自动、普通还是单次。在触发菜单状态下，多功能旋钮为设置触发电平。系统默认为 CH1 上升沿的自动触发，如图 4.25-10 所示。

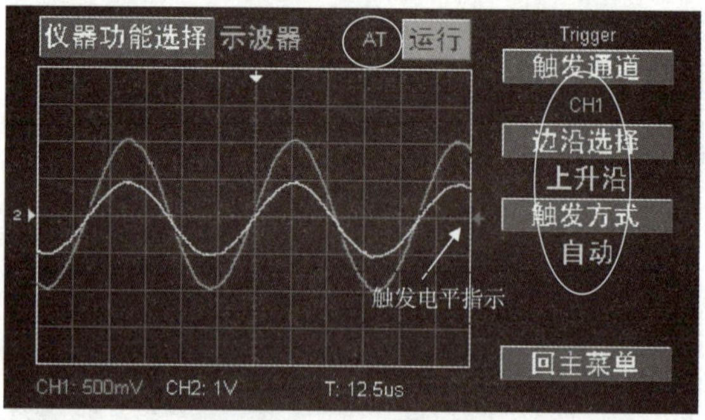

图 4.25-10 触发设置

自动：在没有检测到触发条件下也能启动采样。

普通：只有满足触发条件时才启动采样。

单次：当检测到一次触发时启动一次采样，然后停止。

在主菜单按“光标”，进入光标菜单。在光标菜单项中主要通过光标模式的设置，对通道波形进行相应的测量。进入光标菜单项，光标模式默认是关闭，按“光标模式”按钮，即可选择光标的测量模式，选择“幅度”或是“时间”。如图 4.25-11 所示。

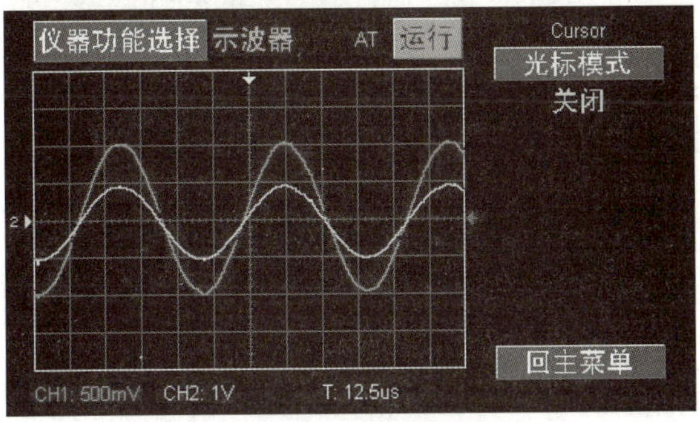

图 4.25-11 光标设置

在幅度模式下，光标用于测量通道波形的幅值。光标显示为上下两条水平线。通过按“A”或“B”按钮，选择不同的光标，旋转多功能旋钮可以对选中的光标进行上下移动。“CH1：|A-B|”按钮下显示相应通道的测量结果。如图 4.25-12 所示。

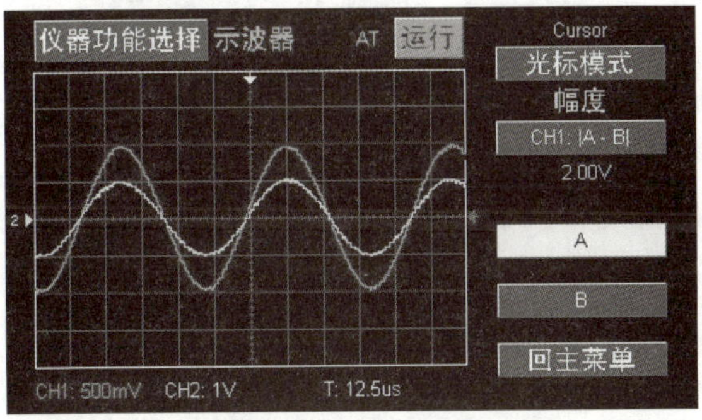

图 4.25-12 幅度模式

时间模式下，光标用于测量通道波形的时间及频率。光标显示为左右两条竖线。通过按“A”或“B”按钮，选择不同的光标，旋转多功能旋钮可以对选中的光标进行左右移动。“｜A-B｜”按钮下显示对应的时间间隔及频率。如图 4.25-13 所示。

在主菜单按“保存”，进入保存菜单。将 U 盘插入 U 盘插座后，按保存，画面显示“保存中…”，保存成功后，显示“保存完成”和所存图片文件名称。文件名称自动累计命名。

（2）万用表

按仪器功能选择按钮，选择万用表后即进入万用表主界面。在万用表测量界面中，有 4 个选项：电压、电阻、电容和电流，用来切换相应的测量功

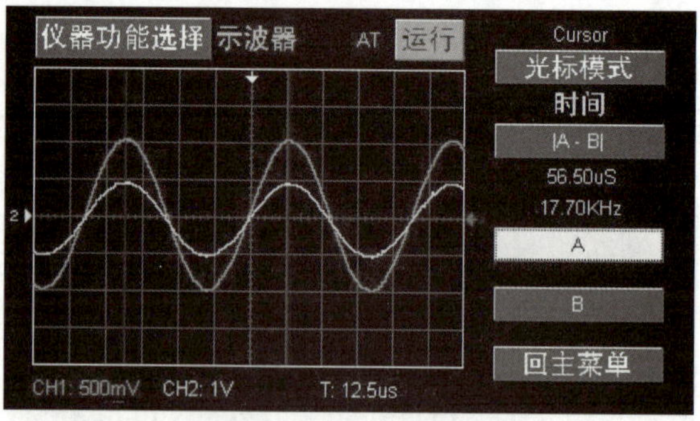

图 4.25-13 时间模式

能。在下方的空白表格中,实时显示着测量结果。

电压测量范围是-15~+15 V,测量电压时请注意是用 CH1 和 CH2 通道插座作为电压表的"+""-"端接入。电压测量效果如图 4.25-14 所示。

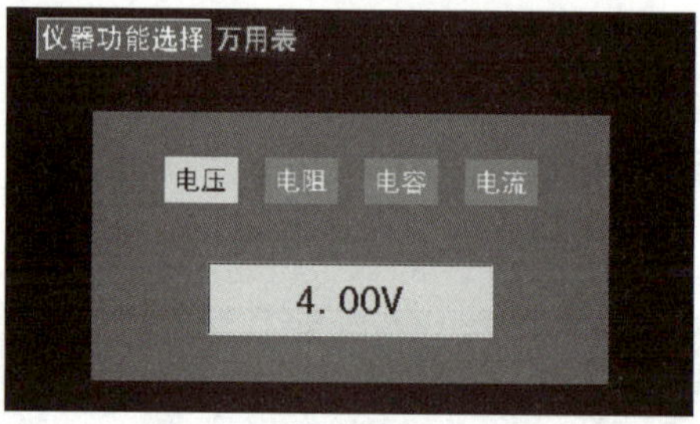

图 4.25-14 电压测量

电阻测量范围是 0~2 MΩ。电容测量范围是 0.001~100 μF。电流测量范围是 0~200 mA。

(3) XY 测量

按"仪器功能选择"按钮,选择 XY 测量后即进入 XY 测量主界面。在 XY 测量界面中,包含 CH1、CH2 和保存 3 个菜单项,如图 4.25-15 所示。这 3 个菜单项和示波器中对应的 3 个菜单项一致。具体操作说明可以参考示波器中的说明。

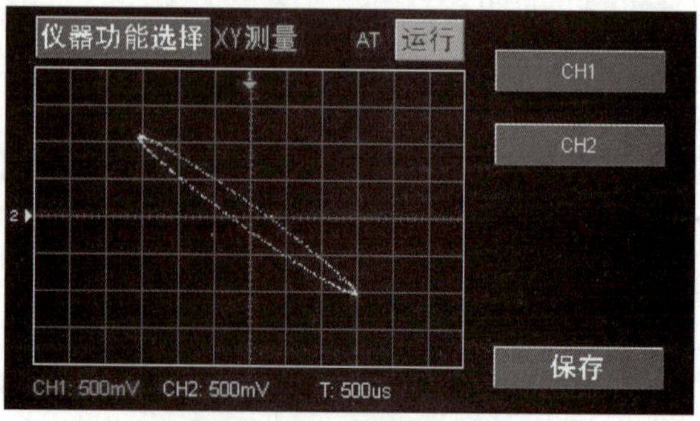

图 4.25-15 XY 测量界面

在 XY 测量界面下,多功能旋钮为设置扫描时基。在波形显示区,横坐标指示 CH1 通道垂直挡位,纵坐标指示 CH2 通道垂直挡位。

(4) 频率特性分析仪

按仪器功能选择按钮,选择频率特性分析仪后即进入频率特性分析主界面。在频率特性分析界面中,主要包括一个设置界面和一个波特图界面。选择频率特性分析仪功能后,默认进入设置界面。

在设置界面中通过移动游标,测量输出与输入信号之间幅度和相位的变化,从而得到一系列频率特性点(这里规定,CH1 连接的是输入信号,CH2 连接的是输出信号)。

设置方法如下:通过调节多功能旋钮改变水平扫描时基,使波形显示区中包含至少 2 个周期的信号(如图 4.25-16 所示)。

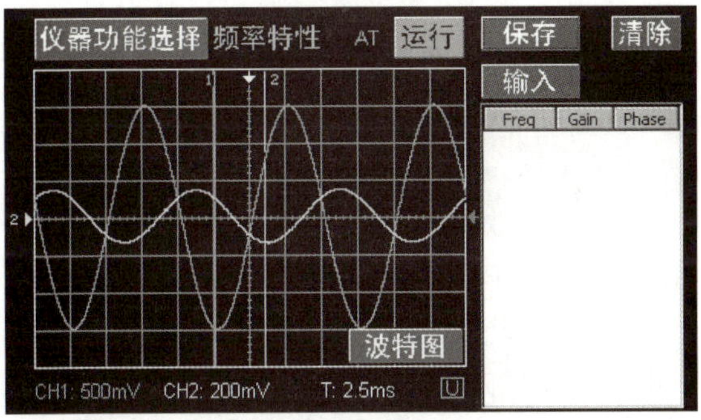

图 4.25-16 频率特性分析设置界面

然后点击"输入"按钮,信号源会重新发送两个周期的输入信号,如图 4.25-17 所示,发现输出信号相比输入信号滞后。在波形显示区中通过点击游标 1 或游标 2(点中后显示为红色),然后通过图中所示移动方法,将游标 1 和游标 2 分别移动到输入信号和输出信号对应的测量点上。

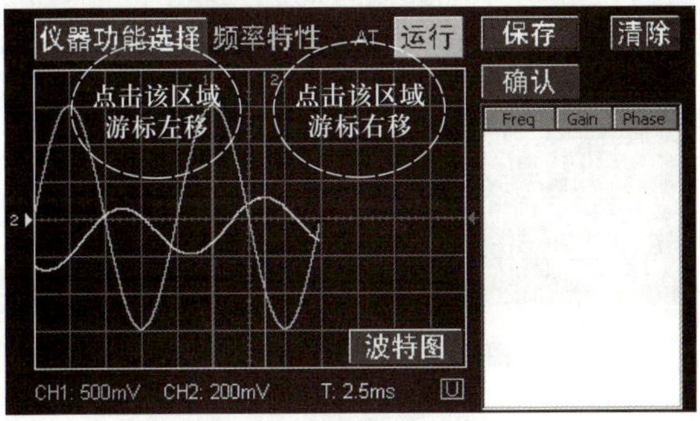

图 4.25-17 信号输入

然后点击右边的"确认"按钮,在按钮下方的表格中就会显示出所选测量点的测量信息。包括信号的频率、输出相对于输入的增益和相位差,如图 4.25-18 所示。如果想删除一组数据，可以点击该组数据，然后点击“清除”按钮即可。

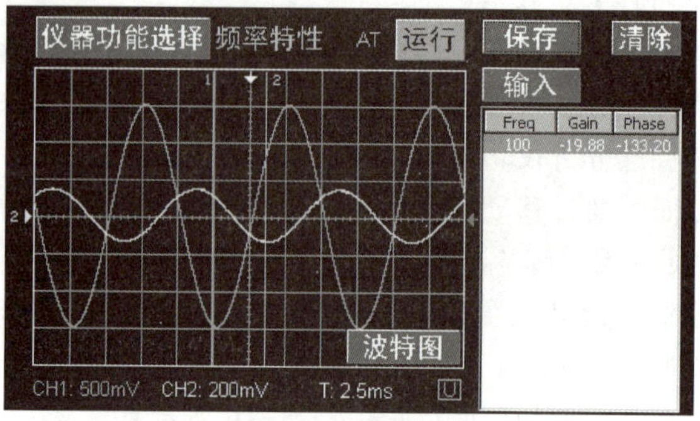

图 4.25-18 测量信息显示

在设置界面上点击“波特图”按钮，即进入波特图界面。这个波特图是将幅-频特性和相-频特性合在一幅图上。横坐标是频率坐标，纵坐标是增益和相位差共用坐标，左边黄色数字显示是增益坐标，描出的幅-频特性点也为黄色。右边蓝色数字显示是相位差坐标，描出的相-频特性点也为蓝色。如果在设置界面中设置好一系列频率特性点，则进入波特图界面后会自动描出这些点，如图 4.25-19 所示。在波特图界面中同样有两个游标，横向的游标用来测量增益和相位，纵向的游标用于测量频率位置。操作游标需要先点击选中(选中为红色)，然后点击屏幕进行移动，移动方法和前面讲述移动游标方法类似。测量结果显示在界面上方。另外，在该界面还有保存按钮，可以将描出的波特图以图形格式保存，点击返回可以返回到设置界面。

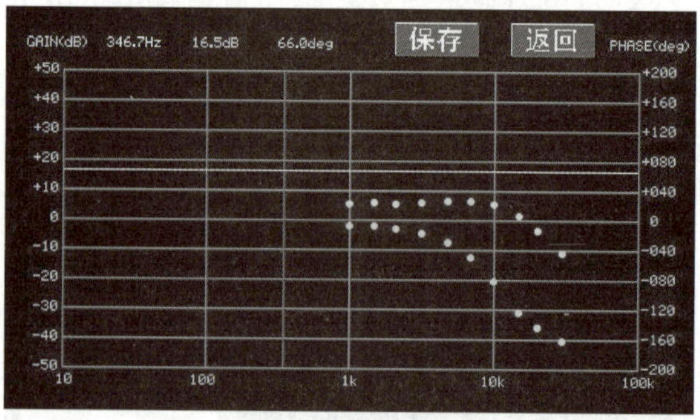

图 4.25-19 波特图界面

(5) 静态工作点观测

按仪器功能选择按钮，选择“静态工作点”后即进入三极管放大电路静态工作点的静态特性观测界面(这里规定，CH1 连接的是电路中三极管的 C 端，CH2 连接的是电路中三极管的 E 端)。

在“静态特性”观测界面中，左上角为静态工作点相关参量，U_{ceq}为静态工作点的横坐标，R_C为晶体管 C 端电阻值，I_{cq}为静态工作点的纵坐标；红点为静态工作点 Q，Q 点只会在直流负载线上运动，如图 4.25-20 所示：

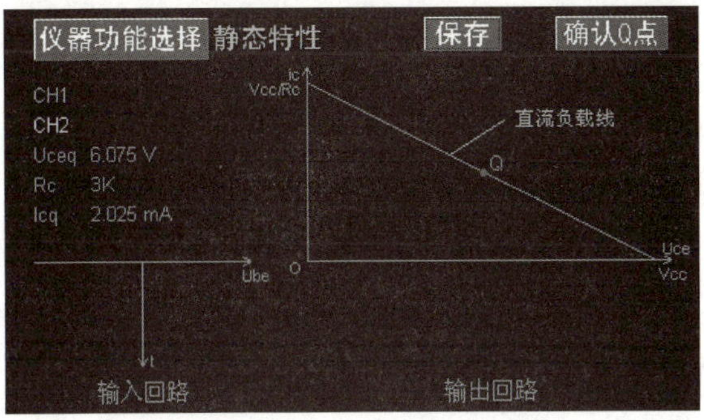

图 4.25-20 静态特性界面

点击“确认 Q 点”后，界面从静态特性观测转换为动态特性观测（这里规定，CH1 连接的是输入信号，CH2 连接的是输出信号），在动态特性观测界面中，左下角为输入波形，右边是输出波形，如图 4.25-21 所示。

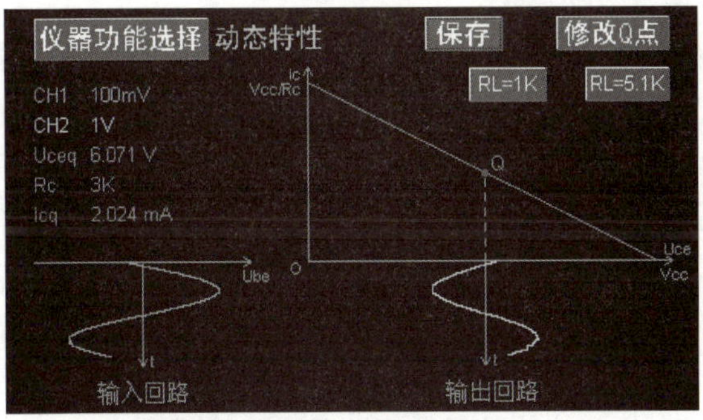

图 4.25-21 动态特性界面

CH1、CH2 后面的数字为当前的表笔测量挡位，U_{ceq}为静态工作点的横坐标，R_C为晶体管 C 端电阻值，I_{cq}为静态工作点的纵坐标，左下角显示输入信号，右下角显示输出信号。

点击“RL=X”选项后，出现交流负载线，如图 4.25-22 所示。CH1、CH2 后面的数字为当前的表笔测量挡位，U_{ceq}为静态工作点的横坐标，R_L'为负载 R_L和 C 端电阻 R_C的并联值，U_{cem}为最大不失真电压峰值。

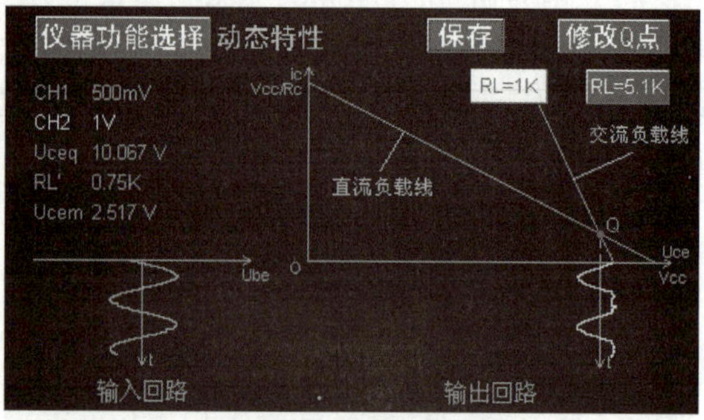

图 4.25-22 交流负载线

【实验步骤】

1. 熟悉 TD-AS+实验系统电路结构。

2. 集成分析仪器操作：

（1）示波器界面操作；

（2）万用表界面操作；

（3）XY 测量界面操作；

（4）频率特性分析仪界面操作；

（5）静态工作点界面操作。

【注意事项】

1. 关闭电源后，不能立即重启电源，从关闭到重启至少需要 30 s 的间隔时间。

2. 实验箱中的插接件及元件不能随意放置或带走。

3. 实验结束，关闭主机电源。

实验 26 晶体管单级放大电路

【实验目的】

1. 掌握放大电路静态工作点的调整方法及其对放大电路性能的影响。

2. 掌握放大电路各动态性能指标的测量方法,了解共射极电路特性。

3. 熟悉放大电路的失真,频率特性的测量方法。

4. 通过图解法,了解静态工作点对放大电路性能的影响。

【实验器材】

TD-AS+实验箱。

【预习要求】

1. 如何合理设置放大电路的静态工作点?

2. 判断输出电压在什么情况下可能产生饱和失真,在什么情况下可能产生截止失真?

3. 改变静态工作点对放大器的输入电阻 R_i 是否有影响? 改变外接负载电阻 R_L 对输出电阻 R_0 是否有影响?

【实验原理】

电阻分压式工作点稳定放大电路是常用的单管交流电压放大电路,电路原理图如图 4.26-1 所示。偏置电路采用 R_{b1-1} 和 R_{b1-2} 组成的分压电路,适当选择偏置电阻,保证三极管基极直流电位基本固定;发射极电路中接有电阻 R_{e1},以稳定放大电路的静态工作点。当在放大电路的输入端加入输入信号 u_i 后,在放大电路的输出端便可得到一个与 u_i 相位相反、幅值被放大了的输出信号 u_o,从而实现电压放大。

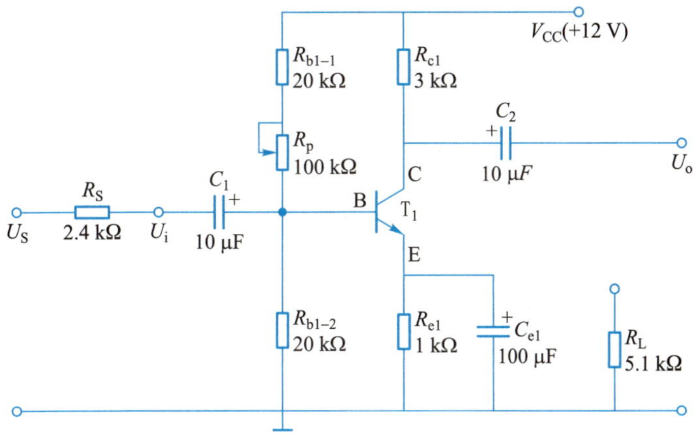

图 4.26-1　共射极单管放大电路

（一）静态工作点的测量与调试

1. 静态工作点的计算

在图 4.26-1 电路中，适当选择 R_{b1-1} 和 R_{b1-2}，使流过偏置电阻 R_{b1-1} 和 R_{b1-2} 的电流远大于晶体管 T_1 的基极电流 I_b（一般为 5~10 倍）时，则放大电路的静态工作点估算如下：

$$U_b \approx \frac{R_{b1-2}}{R_{b1-1}+R_{1-2}} V_{CC} \tag{4.26-1}$$

$$I_e \approx \frac{U_b - U_{be}}{R_{e1}} \approx I_c \tag{4.26-2}$$

$$U_{ce} = V_{CC} - I_c(R_{c1}+R_{e1}) \tag{4.26-3}$$

2. 静态工作点的测量

在放大电路输入信号 $U_i=0$ 的情况下，即将放大电路输入端与地端短接，分别测量三极管的集电极电流 I_c 以及各电极对地的电势 U_b、U_c 和 U_e。一般实验中，为了避免断开集电极，所以采用测量电势 U_e 或 U_c，则可用 $I_c \approx I_e \approx \frac{U_e}{R_{e1}}$ 算出 I_c（也可根据 $I_c = \frac{V_{CC}-U_c}{R_{c1}}$，由 U_c 确定 I_c），同时算出 $U_{be}=U_b-U_e$，$U_{ce}=U_c-U_e$。

3. 静态工作点的调试

放大电路静态工作点的调试是指对三极管集电极电流 I_c（或集电极与发射极间的电压 U_{ce}）的调整与测试。

静态工作点是否合适，对放大电路的性能和输出波形都有很大影响。如图 4.26-2 所示，若工作点偏高，选在 Q_1 点靠近饱和区，则放大电路在加

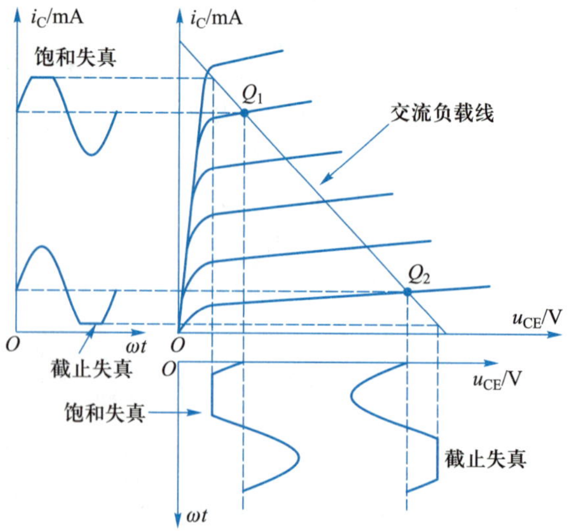

图 4.26-2 静态工作点对 u_o 波形失真的影响

入交流信号以后易产生饱和失真，此时 u_o 的负半周将被削底；若工作点偏低，选在 Q_2 点靠近截止区，则易产生截止失真，即 u_o 的正半周被缩顶（一般截止失真不如饱和失真明显）。所以在选定工作点以后还必须进行动态调试，即在放大电路的输入端加入一定的输入电压 u_i，测试输出电压 u_o 的大小和波形是否满足不失真的要求。如不满足，则应调节静态工作点的位置。

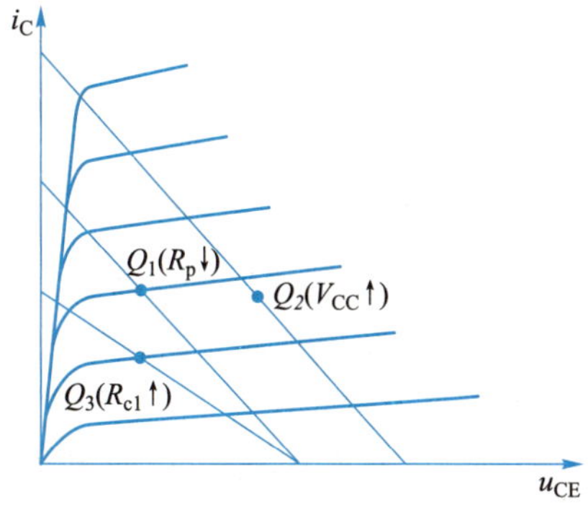

图 4.26-3 电路参量对静态工作点的影响

改变电路参量 V_{CC}、R_{c1}、R_b（R_{b1-1}、R_p、R_{b1-2}）都会引起静态工作点的变化，如图 4.26-3 所示。但通常采用调节偏置电阻 R_p 的方法来改变静态工作点，如减小 R_p，可使静态工作点提高等。

静态工作点“偏高”或“偏低”不是绝对的，是相对输入信号的幅度而言，如输入信号幅度很小，即使工作点较高或较低也不一定会出现失真。所以产生波形失真是信号幅度与静态工作点设置配合不当所致。为了保证不失真地放大信号，要求静态工作点合适，且输入信号不宜过大。如需满足较大信号幅度的要求，静态工作点最好尽量靠近交流负载线的中点。

（二）放大电路动态指标的计算和测试

放大电路动态指标包括电压放大倍数、输入电阻、输出电阻、最大不失真输出电压（动态范围）和通频带等。

1. 电压放大倍数 A_u 的计算和测量

对图 4.26-1 电路，经理论推导，电压放大倍数计算公式为

$$A_u=-\beta\frac{R_{c1}/\!/R_L}{r_{be}} \tag{4.26-4}$$

其中

$$R_{be}=R_{bb}+(1+\beta)\frac{U_T}{I_e}=200(\Omega)+(1+\beta)\frac{26(\mathrm{mV})}{I_e(\mathrm{mA})} \tag{4.26-5}$$

测量电压放大倍数 A_u 时，将放大电路调整到合适的静态工作点，然后输入正弦波信号 u_i，在输出电压 u_o 不失真的情况下，用示波器测量 u_i 和 u_o 的峰-峰值 U_{ipp} 和 U_{opp}，比较 u_i 和 u_o 的幅值和相位变化，保证输出不失真的情况下计算放大倍数 $A_u=\dfrac{U_{opp}}{U_{ipp}}$。

2. 输入电阻 R_i 的计算和测量

输入电阻 R_i 是从放大电路输入端看进去的等效电阻，它表明放大电路对信号源的影响程度。对图 4.26-1 所示电路，经理论分析，输入电阻为

$R_i \approx R_{be}$。

测量输入电阻 R_i时，采用串联电阻法。在放大器的输入端与信号源之间串入一已知电阻 R_s，如图 4.26-4 所示。在保证输出不失真的情况下，用示波器测量 U_s 和 U_i 的幅值，则输入电阻 $R_i = \dfrac{U_i}{U_s - U_i} R_s$。

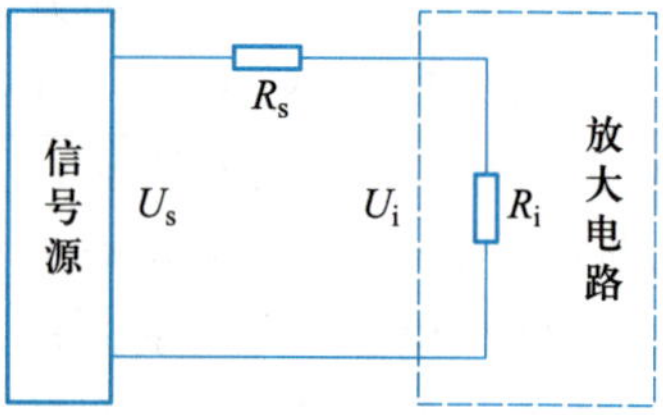

图 4.26-4 输入电阻的测量

3. 输出电阻 R_o的计算和测量

输出电阻 R_o是从放大电路输出端看进去的等效电阻。对负载电阻而言，放大电路等效为信号源（电压源或电流源），若采用电压源形式，即为一个理想电压源 U_o和电阻 R_o的串联组合，R_o的大小直接影响到负载上的电压和电流，R_o称为放大器的输出电阻，它表明放大电路带负载的能力。对图 4.26-1 电路，经理论分析，输出电阻为 $R_o \approx R_{c1}$。

测量输出电阻 R_o时，采用单负载电阻法，如图 4.26-5 所示。在放大电路正常工作情况下，用示波器测出输出端不接负载电阻 R_L的输出电压幅值 U_o和接入负载电阻 R_L的输出电压幅值 U_o'，则输出电阻 $R_o = \left(\dfrac{U_o}{U_o'} - 1\right) R_L$。

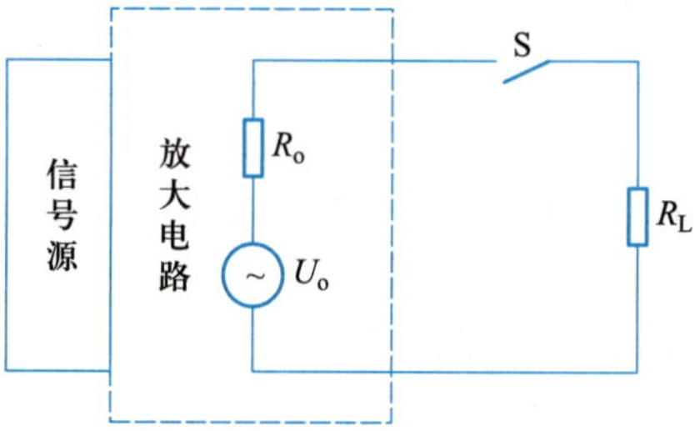

图 4.26-5 输出电阻的测量

4. 最大不失真输出电压 U_{opp}的测量（最大动态范围）

在图 4.26-1 所示放大电路中，输入正弦交流信号，逐步增大输入信号的幅度，并同时调节电位器 R_p（即改变静态工作点），用示波器观察输出电压信号 u_o，当输出波形同时出现削底和缩顶现象时，如图 4.26-6 所示，说明静态工作点已调至交流负载线的中点。然后反复调整输入信号，使波形输出幅度最大，且无明显失真时，用示波器测出 u_o的峰-峰值 U_{opp}就是动态范围。

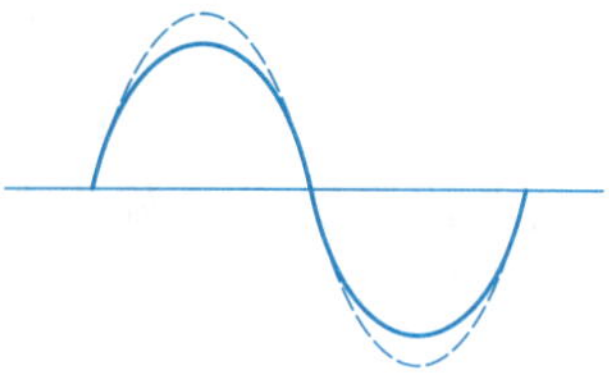
图 4.26-6 同时出现削底和缩顶现象

5. 放大电路幅频特性的测量

放大电路的幅频特性是指放大电路的电压放大倍数 A_u 与输入信号频率 f 之间的关系曲线。单管阻容耦合放大电路的幅频特性曲线如图 4.26-7 所示，A_{um} 为中频电压放大倍数，通常规定电压放大倍数随频率变化下降到中频放大倍数的 $1/\sqrt{2}$ 倍，即 $0.707A_{um}$ 所对应的频率分别称为下限频率 f_L 和上限频率 f_H，则通频带宽 $f_{BW}=f_H-f_L$。

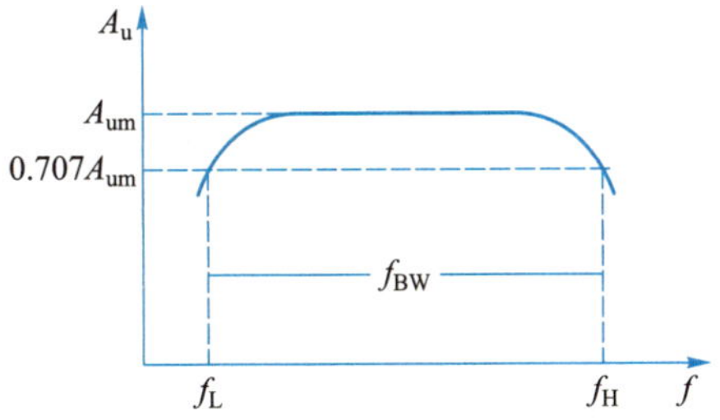

图 4.26-7 幅频特性曲线

通过测量不同频率信号时的电压放大倍数 A_u 可以得到放大电路的幅频特性。为此，可采用前述测 A_u 的方法，每改变一个信号频率，测量其相应的电压放大倍数，测量时应注意取点要恰当，在低频段与高频段应多测几点，在中频段可以少测几点。此外，在改变频率时，要保持输入信号的幅度不变，且输出波形不失真。

【实验步骤】

（一）近似计算法分析放大电路

1. 按图 4.26-1 连接电路。TD-AS+实验箱的地线已全部连接好，实验中不需要将地线另外接入到各实验单元。而各实验单元中的电源都需另外接入。在连接线路时，有些线路是可以直接通过短路块进行跨接，不用通过连接线进行连接。

2. 静态工作点的测量

将恒压源中的+12 V 电源接入到 V_{CC}（+12 V）端，将 U_i 接地。调节 R_p 使 $U_c=5$ V 左右，此状态下三极管处于放大区内，用万用表测量 U_b、U_e 和 U_c，将数据记录于表 4.26-1 中。

3. 放大倍数的测量

（1）将频率为 500 Hz、幅值为 10 mV 左右的正弦波信号接到放大电路的输入端，用示波器测量 U_i 和 U_o 的幅值，并比较 U_i 和 U_o 的幅值及相位变化，保证输出不失真的情况下计算放大倍数 $A_u=\dfrac{U_o}{U_i}$，将数据记录于表 4.26-2 中。

（2）输出端 U_o 接 5.1 kΩ 的负载，U_i 幅值和频率保持不变，测量此时放大倍数，比较带 5.1 kΩ 负载和空载时的放大倍数。改变 R_{c1} 为 5.1 kΩ，

调节 R_p 使 $U_c=4$ V 左右，此状态下三极管处于放大区内，再次测量带 5.1 kΩ 负载和空载时的放大倍数，将数据记录于表 4.26-3 中。

4. 研究静态工作点对波形的影响

R_{c1} 重新接 3 kΩ，去掉负载，U_i 幅值适当。调节 R_p，观察 U_o 波形，观察静态工作点对波形的影响，将结果记录于表 4.26-4 中。

5. 放大电路输入、输出电阻的测量

（1）输入电阻

在输入端串入大小为 2.4 kΩ 的电阻，调节 R_p 使 $U_c=5$ V 左右。将频率为 500 Hz、幅值适当的正弦波信号接到放大电路的 U_s 端。在保证输出不失真的情况下用示波器测量 U_s 和 U_i 的幅值，通过公式 $R_i=\frac{U_i}{U_s-U_i}R_s$ 测算 R_i 的值，将结果记录于表 4.26-5 中。

（2）输出电阻

去掉 2.4 kΩ 电阻，将上述信号接入 U_i，调节 R_p 使 $U_c=5$ V 左右。测量输出端空载时的幅值 U_o 和接入 5.1 kΩ 负载后的幅值 U'_o，通过公式 $R_o=\left(\frac{U_o}{U'_o}-1\right)R_L$ 测算 R_o 的值，将结果记录于表 4.26-6 中。

（二）图解法分析放大电路

1. 按图 4.26-8 连接电路。

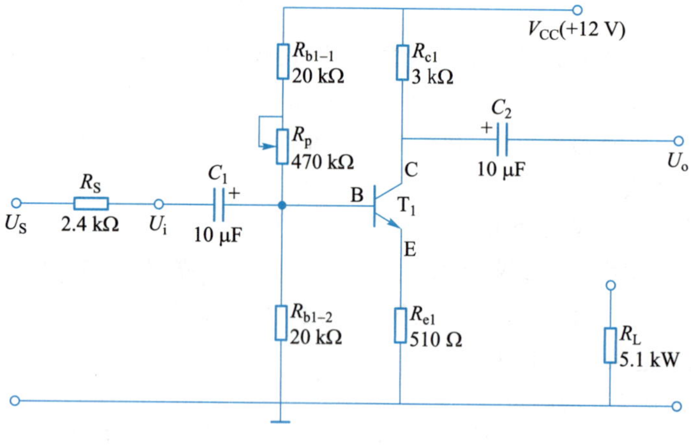

图 4.26-8 单级放大电路

2. 静态工作点的选择

将恒压源中的+12 V 电源接入到 V_{CC}（+12 V）端，将 U_i 接地。将集成的分析仪器 CH1 探头接三极管的 c 端，CH2 接三极管的 e 端。

点击仪器功能选择“静态工作点”，进入三极管静态工作点的静态特性观测界面，左上角为静态工作点相关参量，U_{ceq} 为静态工作点的横坐标，

R_c为晶体管 c 端电阻值,I_{cq}为静态工作点的纵坐标;红点为静态工作点 Q。

调节 R_p,可以观测到红色的静态工作点 $Q(U_{ceq},I_{cq})$在直流负载线上运动,观察左边的"数据观测区",选择合适的 Q 点位置,点击"确认 Q 点",就可以进入三极管动态特性的观测,如图 4.26-9 所示。

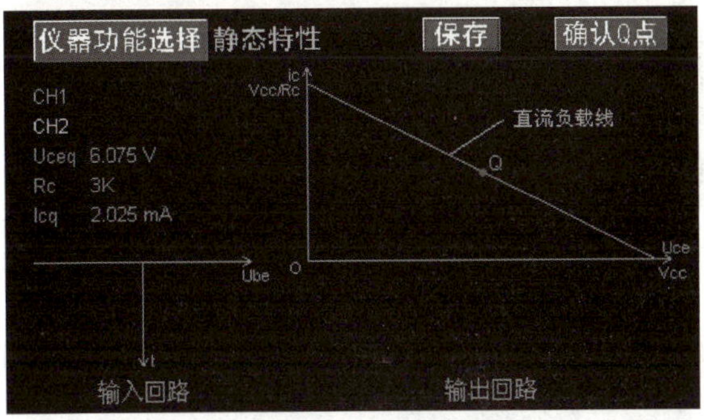

图 4.26-9 静态工作点的选择

3. 非线性失真的观测

(1) 点击仪器功能选择"示波器",将 CH1、CH2 耦合方式设置为交流耦合,CH1 纵轴刻度设置为 500 mV/DIV,CH2 纵轴刻度设置为 1 V/DIV。将频率为 100 Hz、幅值为 600 mV 左右的正弦波信号接到放大器的输入端 U_i,如图 4.26-10 所示。

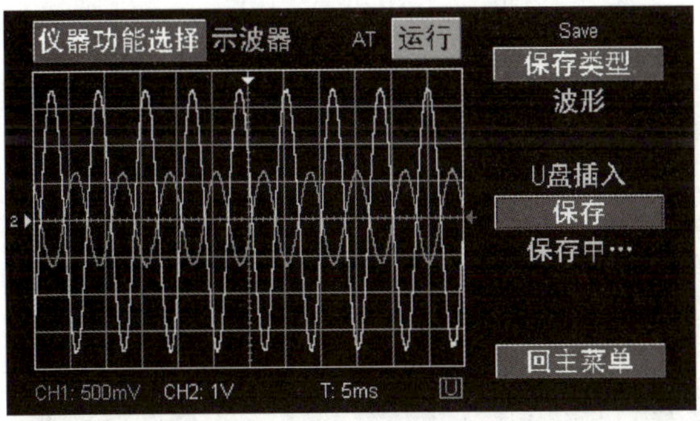

图 4.26-10 示波器界面选择

点击仪器功能选择静态工作点界面,可以看到输出回路波形 U_o与输入信号 U_i反向,如图 4.26-11 所示,三极管工作在线性放大区,几乎没有失真。

(2) 重复"静态工作点的选择"步骤,使 Q 点偏低,例:$U_{ceq}=10$ V。观察输出回路波形,可观测到 U_o波形顶部失真,即为截止失真,如图 4.26-12 所示。

(3) 重复"静态工作点的选择"步骤,使 Q 点偏高,例:$U_{ceq}=2$ V。观察输出回路波形,可观测到 U_o波形底部失真,即为饱和失真,如图 4.26-13 所示。

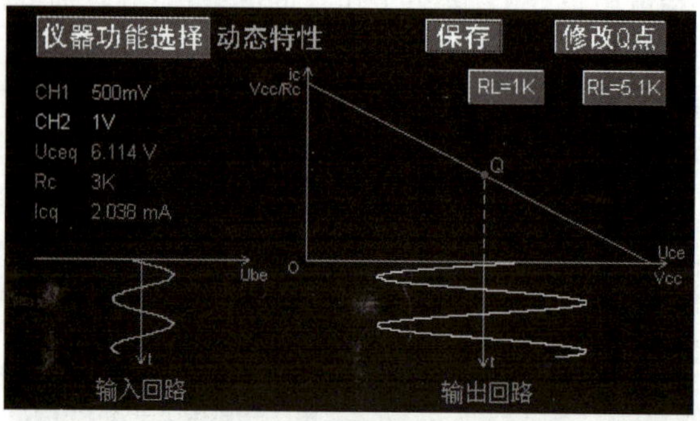

图 4.26-11 静态工作点选择恰当无波形失真界面

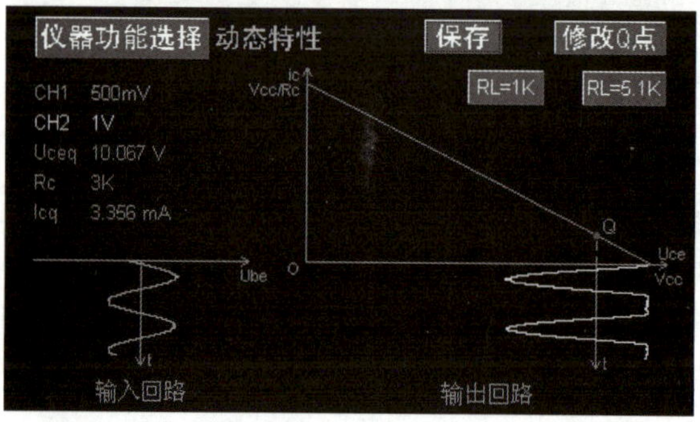

图 4.26-12 静态工作点偏低截止失真界面

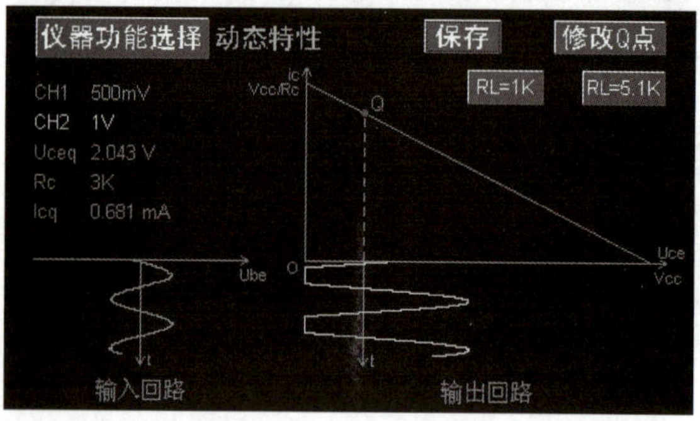

图 4.26-13 静态工作点偏高饱和失真界面

4. 交流特性

重复“静态工作点的选择”步骤，调节合适的 Q 点。点击仪器功能选择示波器，将 CH1、CH2 耦合方式设置为交流耦合，CH1 纵轴刻度设置为 500 mV/DIV，CH2 纵轴刻度设置为 2 V/DIV。将频率为 100 Hz、幅值为 1.5 V 左右的正弦波信号接到放大器的输入端 U_i。

将 5.1 kΩ 负载电阻加入电路中，在仪器面板中点击“R_L = 5.1 K”，此时屏幕中出现交流负载线。观察输出波形和左边的“数据观测区”，对比

$(U_{ceq}-U_{ces})$ 和 $I_{cq}(R_e /\!/ R_L)$，得出最大不失真输出电压峰值 U_{cem}，有效值 U_{om} 为 $\dfrac{U_{cem}}{\sqrt{2}}$，如图 4.26-14 所示。

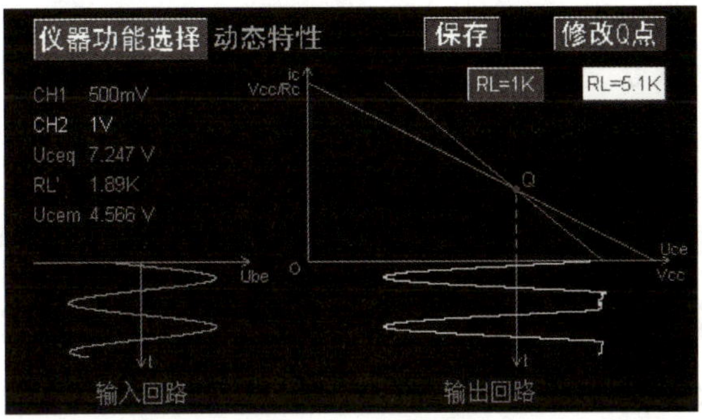

图 4.26-14　最大动态范围界面

【数据记录及处理】

1. 测量静态工作点

表 4.26-1　静态工作点测量记录表

实测值			实测计算值			
U_b/V	U_e/V	U_c/V	U_{be}/V	U_{ce}/V	I_b/μA	I_c/mA

测算公式：$U_{be}=U_b-U_e$，$U_{ce}=U_c-U_e$，$I_c=\dfrac{V_{CC}-U_c}{R_{c1}}$，$I_b=\dfrac{I_c}{\beta}$

2. 测量放大倍数

实验箱中三极管电流放大系数 $\beta=200$，$R_{bb}=200\ \Omega$。

表 4.26-2　放大电路空载放大倍数测量记录表

实测值		实测计算值	估算值
U_i/mV	U_o/V	A_u	A_u

估算公式：$A_u=-\beta\dfrac{R_{c1}/\!/R_L}{R_{be}}$，其中，$R_{be}=R_{bb}+(1+\beta)\dfrac{26\ \text{mV}}{I_e(\text{mA})}$。

表 4.26-3 放大电路带不同负载放大倍数测量记录表

参数		实测值		实测计算值	估算值
R_{c1}/Ω	R_L/Ω	U_i/mV	U_o/V	A_u	A_u
3 k	5.1 k				
3 k	∞				
5.1 k	5.1 k				
5.1 k	∞				

估算公式：$A_u=-\beta\dfrac{R_{c1}//R_L}{R_{be}}$，由于静态工作点改变，所以 R_{be} 随之改变，故此情况下 R_{be} 理论值需要重新计算。

3. 观察静态工作点对波形的影响

表 4.26-4 静态工作点对波形的影响测量记录表

R_p	U_{ce}/V	U_o 波形	失真类型

4. 测量放大电路输入、输出电阻

表 4.26-5 输入、输出电阻影响测量记录表

输入电阻 $R_s=2.4\ k\Omega$				输出电阻 $R_L=5.1\ k\Omega$			
实测值		实测计算值	估算值	实测值		实测计算值	估算值
U_s/mV	U_i/mV	R_i/kΩ	R_i/kΩ	U_o/V	U_o'/V	R_o/kΩ	R_o/kΩ

估算公式：$R_i\approx R_{be}$，$R_o\approx R_{c1}$。

5. 测量放大电路频率特性

表 4.26-6 频率特性测量记录表

f_H/Hz	f_L/Hz	f_{BW}/Hz

【注意事项】

1. 仔细连接实验线路，确认无误后才能接通电源。
2. 实验过程中应注意观察，若发现异常现象（如元件冒烟、发烫或异味），应立即关断电源，找出原因、排除故障，经指导教师同意后再继续做实验。

3. 实验过程中需要改接线时，必须关断电源后才能拆线和接线。

4. 实验结束后，必须关断实验箱电源，并按规定整理好实验箱和连接导线等。

【思考题】

1. 将实测的静态工作点、电压放大倍数与估算值比较，分析产生误差的原因。

2. 改变静态工作点对放大电路的输入电阻 R_i 是否有影响？改变外接负载电阻 R_L 对输出电阻 R_o 是否有影响？

3. 为什么实验中要采用测量 U_b 和 U_e，再间接算出 U_{be} 的方法？

4. 调节偏置电阻 R_p，使放大电路输出信号波形出现饱和或截止失真，三极管的管压降 U_{ce} 怎样变化？

5. 分析放大电路空载和接入负载电阻后，电压放大倍数不同的原因。

实验 27　负反馈放大电路

【实验目的】

1. 加深理解负反馈放大电路的工作原理。
2. 理解负反馈对放大电路各项性能指标的影响。
3. 进一步掌握放大器性能指标的测量方法。

【实验器材】

TD-AS+实验箱。

【预习要求】

1. 复习负反馈对放大器性能的影响。
2. 试判断如图 4.27-2 所示电路的反馈类型、反馈元件。
3. 分别计算图 4.27-2 中有 R_f 和无 R_f 时，放大器的电压放大倍数 A_u，设 $\beta_1=\beta_2=50$。

【实验原理】

所谓反馈，是指将输出量(电压或电流)的一部分或全部，通过一定的方式送回到输入端，并对输入和输出造成一定影响的过程。按照反馈极性的不同，反馈分为正反馈和负反馈两种。在实用的放大电路中都适当地引入了负反馈，用以改善放大电路的一些性能指标。负反馈放大电路由基本放大电路和反馈网络组成，如图 4.27-1 所示。净输入量 X_{id} 是输入量 X_i 与反馈量 X_f 的差值信号，即 $X_{id}=X_i-X_f$。基本放大电路的增益(开环增益)为

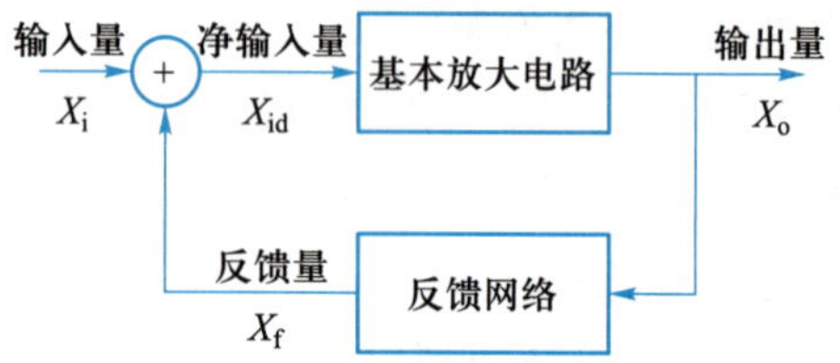

图 4.27-1 反馈放大电路框图

$$A=\frac{X_o}{X_{id}} \tag{4.27-1}$$

反馈系数为

$$F=\frac{X_f}{X_o} \tag{4.27-2}$$

负反馈放大电路的增益(闭环增益)为

$$A_f=\frac{X_o}{X_i} \tag{4.27-3}$$

将式(4.27-1)、(4.27-2)代入式(4.27-3)，可得负反馈放大电路闭环增益的一般表达式为

$$A_f=\frac{X_o}{X_i}=\frac{X_o}{X_{id}+X_f}=\frac{X_o}{\frac{X_o}{A}+FX_o}=\frac{A}{1+AF} \tag{4.27-4}$$

从式(4.27-4)可以看出，引入负反馈后，放大电路的闭环增益 A_f 下降了，其大小和(1+AF)有关。(1+AF)是衡量负反馈程度的重要指标，负反馈放大电路性能改变的程度都与(1+AF)有关。通常(1+AF)的大小称为反馈深度，而将 AF 称为环路增益。

反馈网络在放大电路输出端有电压和电流两种取样方式，在输入端有串联和并联两种连接方式，因此，负反馈放大电路有四种基本组态，即电压串联、电压并联、电流串联和电流并联负反馈放大电路。

下面以电压串联负反馈为例讨论负反馈对放大电路性能的影响。图 4.27-2 为两级阻容耦合的电压串联负反馈放大电路。反馈电阻 R_f 把输出

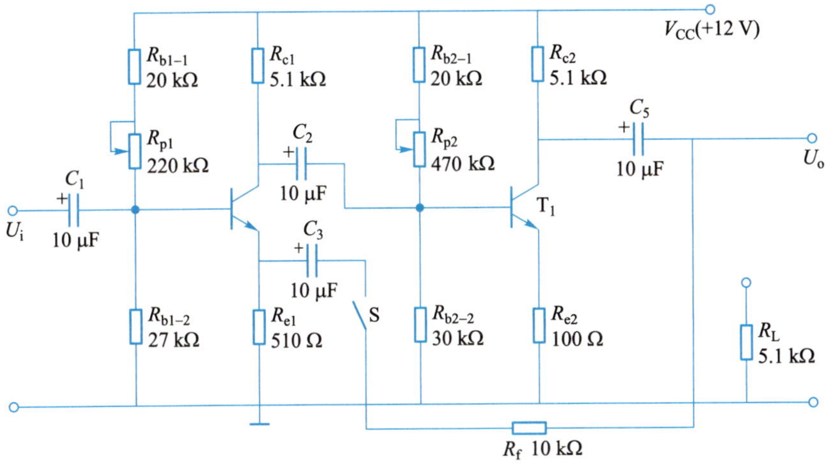

图 4.27-2 负反馈放大电路

电压 U_o 引回到输入端，加在晶体管 T_1 的发射级上，在发射级电阻 R_{e1} 上形成反馈电压 $U_f=R_{e1}U_o/(R_{e1}+R_f)$。由反馈系数定义 $F=X_F/X_o$ 可得

$$F=\frac{U_f}{U_o}=\frac{R_{e1}}{R_{e1}+R_f} \tag{4.27-5}$$

在放大电路中引入电压串联反馈后，使闭环增益下降，但是使输出电压稳定，同时还会改善放大电路的其他性能。

1. 提高放大倍数（增益）的稳定性

元件参数改变、环境温度变化、电源电压波动、负载变化等因素都将引起放大电路增益的不稳定，引入负反馈后，可提高闭环增益的稳定性。

在深度负反馈下，即 $(1+AF)\gg1$ 时，由式(4.27-4)得

$$A_f=\frac{A}{1+AF}\approx\frac{1}{F} \tag{4.27-6}$$

由式(4.27-6)可知，引入深度负反馈后，放大电路的增益取决于反馈系数，与基本放大电路几乎无关。图 4.27-2 电路中反馈系数只和 R_f 与 R_{e1} 有关，而 R_f 与 R_{e1} 不受环境温度、电压变化等因素影响，因此闭环增益是比较稳定的。同时反馈深度越深，$(1+AF)$ 越大，闭环增益的稳定性越好。

2. 减小非线性失真

当放大电路输入信号幅度比较大时，在动态过程中，晶体三极管可能工作在输出特性曲线的饱和区或者截止区，因而使输出波形产生非线性失真。引入负反馈后，可使非线性失真减小。

图 4.27-2 电路中的开环电压传输特性如图 4.27-3 中曲线 1 所示，该曲线斜率的变化反映了增益随输入信号的大小而变化。当输入信号幅度较大时，输出会产生非线性失真。引入深度负反馈后，由式(4.27-6)可知，闭环增益近似为 $1/F$，所以该电路的闭环电压传输特性可近似为一

条直线，如图4.27-3中曲线2所示。曲线2与曲线1相比，在输出电压幅度相同的情况下，斜率（即增益）虽然变小了，但增益受输入信号的影响程度大为减小，说明 U_o 和 U_i 之间几乎成线性关系，亦即减小了非线性失真。负反馈减小非线性失真的程度与反馈深度 $(1+AF)$ 有关。

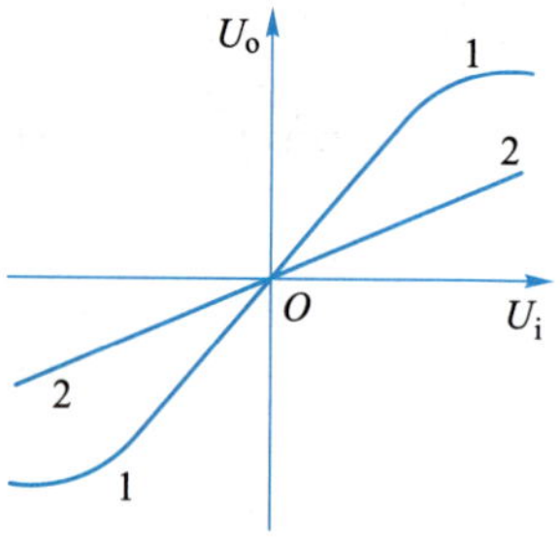

图4.27-3 放大电路的传输特性

1—开环特性；2—闭环特性

【实验步骤】

1. 开环电路放大倍数的测量

按图4.27-2连接实验电路，R_f 先不接入使系统开环（开关K断开），将恒压源中的+12 V电源接入到 V_{CC}（+12 V）端，将频率为500 Hz、幅值适当的正弦波信号接到 U_i。用示波器测量此时的 U_i、U_o，计算开环放大倍数 $A_u=U_o/U_i$。将数据记录于表4.27-1中。

2. 闭环电路放大倍数的测量

（1）在以上基础上将 R_f 接入使系统闭环（开关K闭合），形成负反馈。用示波器测量此时的 U_i、U_o，计算闭环放大倍数 $A_{uf}=U_o/U_i$。将数据记录于表4.27-2中。

（2）将测量值与理论值进行比较。说明图4.27-1所示电路中的负反馈是如何影响放大电路的 A_u。

3. 负反馈对非线性失真的改善

（1）将实验电路开环，在 U_i 加500 Hz的正弦波信号，逐渐增大 U_i 幅值，用示波器观察 U_o 波形直到失真，记下此时 U_i 的幅值。

（2）将实验电路闭环形成负反馈，在相同输入情况下观察输出波形。观察负反馈对波形失真的改善。

【数据记录及处理】

表4.27-1 开环电路放大倍数的测量

实测		测算
U_i/mV	U_o/V	A_u

测算公式：$A_u=\dfrac{U_o}{U_i}$

表 4.27-2　闭环电路放大倍数的测量

实测		测算	估算
U_i/mV	U_o/V	A_u	A_{uf}

估算参考公式：$A_{uf}=\frac{1}{F}=\frac{R_f+R_{e1}}{R_{e1}}$

【注意事项】

1. 仔细连接实验线路，确认无误后才能接通电源。
2. 实验过程中需要改接线时，必须关断电源后才能拆线和接线。
3. 进行动态测试时务必给放大电路设置恰当的静态工作点。
4. 实验结束后，必须关断实验箱电源，按规定整理好实验箱和连接导线等。

【思考题】

1. 如输入信号存在失真，能否用负反馈来改善？
2. 能否说(1+AF)越大，负反馈效果越好？对多级放大器应从末级向输入级引负反馈，这样做可以吗？为什么？
3. 如果实验电路的第一级为共集电极组态、第二级为共射级组态，则电路可以引入电压串联负反馈吗？如果不能，则可以引入何种组态的负反馈？

实验 28　差动放大电路

【实验目的】

1. 了解差动放大电路的工作原理、产生零漂的原因及抑制方法。
2. 熟悉差放电路的性能和特点。
3. 掌握差动放大电路的测试方法。

【实验器材】

TD-AS+实验箱。

【预习要求】

1. 复习差动放大电路的工作原理。

2. 按图 4.28-1 所给的电路参量，分别计算电路的静态工作点，双端输入、(单)双端输出的差模电压放大倍数，单端输入、(单)双端输出的差模电压放大倍数，共模电压放大倍数。

【实验原理】

差动放大器是一种特殊的直接耦合放大器，能有效地抑制零点漂移。基本性能是放大差模信号，抑制共模信号，常用共模抑制比表征其对共模信号的抑制能力。差动放大器的工作模式有双端输入双端输出、双端输入单端输出、单端输入单端输出、单端输入双端输出四种连接方式。

如图 4.28-1 所示是具有恒流源的差动放大电路。该电路由两个对称的，且元件参量相同的共射极三极管（T_1、T_2）放大电路组成，T_3管所在部分电路构成恒流源，为两个对称三极管放大电路的发射极提供恒定电流。

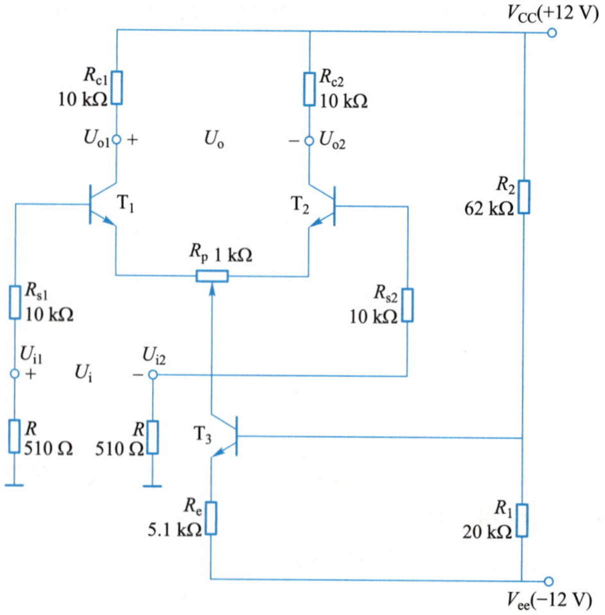

图 4.28-1 差动放大电路

实际电路总是存在元件参量不完全对称的情况，从而产生失调漂移。为了消除失调漂移，实验电路采用了发射极调零电阻 R_p 用于调节 T_1、T_2 管的静态工作点，使 $U_{i1}-U_{i2}=0$ 时，$U_o=0$。由于调零电阻引入了负反馈，所以电路以牺牲增益为代价获得了线性范围的扩展。

1. 静态工作点的估算

$$I_{c3}\approx I_{e3}\approx\frac{\frac{R_2}{R_1+R_2}(V_{CC}+|V_{ee}|)-U_{be}}{R_{e3}} \tag{4.28-1}$$

$$I_{c1}=I_{c2}=\frac{1}{2}I_{c3} \tag{4.28-2}$$

2. 差模电压放大倍数、共模电压放大倍数和共模抑制比 K_{CMRR}

（1）差模电压放大倍数 A_d

差模电压放大倍数 A_d 由输出方式决定，而与输入方式无关。

双端输出：R_p 在中心位置时，

$$A_d=\frac{\Delta U_o}{\Delta U_i}=\frac{\beta R_C}{R_{s1}+R_{be}+\frac{1}{2}(1+\beta)R_p}=A_{d1}=-A_{d2} \tag{4.28-3}$$

单端输出：

$$A_{d1}=\frac{\Delta U_{c1}}{\Delta U_i}=\frac{1}{2}A_d \tag{4.28-4}$$

$$A_{d2}=\frac{\Delta U_{c2}}{\Delta U_i}=-\frac{1}{2}A_d \tag{4.28-5}$$

（2）共模电压放大倍数 A_c

$$A_c=\frac{\Delta U_o}{\Delta U_i} \tag{4.28-6}$$

在理想情况下，$A_c=0$。在实际电路中，由于元件参量不可能完全对称，因此 A_c 不会等于零。

（3）共模抑制比 K_{CMRR}

为了衡量差动放大器对差模信号的放大作用和对共模信号的抑制能力，通常用共模抑制比 K_{CMRR} 来表示，其大小等于差模信号的电压放大倍数 A_d 与共模信号的电压放大倍数 A_c 之比，即

$$K_{CMRR}=\frac{A_d}{A_c} \tag{4.28-7}$$

【实验步骤】

1. 按照图 4.28-1 连接电路，电路中信号源和电源暂不连接。
2. 静态调整和测量

（1）调节放大电路零点

将恒压源中的+12 V 和-12 V 电源分别接入到 V_{CC}(+12 V)和 V_{ee}(-12 V)端，将输入端 U_{i1} 和 U_{i2} 短接并接地。调节电位器 R_p，用万用表测量 U_o，使其为 0（即 $U_{o1}=U_{o2}$）。

（2）测量静态工作点，将数据记录于表 4.28-1 中。通过静态工作点，观察三极管是否工作于放大区，并且是否满足 $I_{c1}=I_{c2}=\frac{1}{2}I_{c3}$，根据测量值计算 R_{be}。

3. 差模电压放大倍数的测量

（1）双端输入—单端输出、双端输出组态

① 在输入端 U_{i1}、U_{i2} 分别加直流差模信号 $U_{i1}=+50$ mV、$U_{i2}=-50$ mV。用万用表测量单端输出 U_{o1}、U_{o2} 和双端输出 U_{od}（$U_{id}=U_{i1}-U_{i2}=0.1$ V、$U_{od}=U_{o1}-U_{o2}$）。

② 重复步骤①使 $U_{i1}=-50$ mV、$U_{i2}=+50$ mV，测量单端输出 U_{o1}、U_{o2} 和双端输出 U_{od}。（$U_{id}=U_{i1}-U_{i2}=-0.1$ V。）

③ 计算这两种情况下的 $A_{d1}=\frac{U_{o1}-U_{c1}}{U_{id}}$、$A_{d2}=\frac{U_{o2}-U_{c2}}{U_{id}}$、$A_d=\frac{U_{od}}{U_{id}}$，与理论值比较，将数据记录于表 4.28-2 中。

（2）单端输入—单端输出、双端输出组态

① 将 U_{i2} 接地，在 U_{i1} 分别加直流信号 $U_{id}=U_{i1}=\pm0.1$ V，用万用表测量单端输出 U_{o1}、U_{o2} 和双端输出 U_{od}。

② 计算 A_{d1}、A_{d2}、A_d，并与理论估算值比较，将数据记录于表 4.28-3 中。

4. 共模电压放大倍数的测量

将 U_{i1}、U_{i2} 相连，在 U_{i1} 分别加直流共模信号 $U_{i1}=U_{i2}=U_{ic}=\pm0.1$ V，用万用表测量双端输出 U_{oc}。按式(4.28-6)计算共模放大倍数 A_c，将数据记录于表 4.28-4 中。

【数据记录及处理】

1. 静态工作点测量

表 4.28-1 静态工作点测量记录表

实测		实测计算	实测		实测计算	实测		实测计算
U_{e1}/V	U_{c1}/V	I_{c1}/mA	U_{e2}/V	U_{c2}/V	I_{c2}/mA	U_{e3}/V	U_{c3}/V	I_{e3}/mA

2. 差模电压放大倍数的测量

表 4.28-2　双端输入电压放大倍数测量记录表

差模信号	实测/V			测算			估算		
	U_{o1}	U_{o2}	U_{od}	A_{d1}	A_{d2}	A_d	A_{d1}	A_{d2}	A_d
$U_{id}=+0.1\ \text{V}$									
$U_{id}=-0.1\ \text{V}$									

估算公式：$A_{d1}=A_{d2}=\frac{1}{2}A_d$，$A_d=\dfrac{-\beta R_{c1}}{R_{s1}+R_{be}+\frac{1}{2}(1+\beta)R_p}$

表 4.28-3　单端输入电压放大倍数测量记录表

差模信号	实测/V			测算			估算		
	U_{o1}	U_{o2}	U_{od}	A_{d1}	A_{d2}	A_d	A_{d1}	A_{d2}	A_d
$U_{id}=+0.1\ \text{V}$									
$U_{id}=-0.1\ \text{V}$									

估算公式：$A_{d1}=A_{d2}=\frac{1}{2}A_d$，$A_d=\dfrac{-\beta R_{c1}}{R_{s1}+R_{be}+\frac{1}{2}(1+\beta)R_p}$

3. 共模电压放大倍数测量

表 4.28-4　共模电压放大倍数测量记录表

共模信号	实测/V			测算			估算		
	U_{o1}	U_{o2}	U_{oc}	A_{c1}	A_{c2}	A_d	A_{c1}	A_{c2}	A_c
$U_{ic}=+0.1\ \text{V}$									
$U_{ic}=-0.1\ \text{V}$									

估算公式：在理想条件下 $A_c=0$。

4. 计算单端和双端输入时共模抑制比

$K_{CMRR1}=\left|\dfrac{A_{d1}}{A_{c1}}\right|=$____________，$K_{CMRR2}=\left|\dfrac{A_{d2}}{A_{c2}}\right|=$____________，$K_{CMRR}=\left|\dfrac{A_d}{A_c}\right|=$____________。

【注意事项】

1. 接入信号源及电源之前,务必认真检查电路连接是否正确。

2. 实验过程中需要改接线时,必须关断电源后才能拆线和接线。

3. 实验结束后,必须关断实验箱电源,按规定整理好实验箱和连接导线等。

【思考题】

1. 为什么共模抑制比可以衡量差动放大电路的性能好坏?

2. 本实验中的电压放大倍数为什么只与输出方式有关,而与输入方式无关?

实验 29 比例求和运算电路

【实验目的】

1. 进一步了解运算放大器的性质和特性,用运算放大器组成基本的运算电路。

2. 理解集成运算放大器的工作原理。

3. 掌握反相比例运算电路、同相比例运算电路和加法运算电路的测试和分析方法。

【实验器材】

TD-AS+实验箱。

【预习要求】

1. 复习由集成运算放大器组成的反相比例、同相比例和加法运算等电路的工作原理。

2. 根据实验电路写出各运算电路输出电压和输入电压关系表达式。

3. 根据实验电路参量计算各运算电路输出电压的理论值。

【实验原理】

集成运算放大器是一种具有高电压放大倍数、高输入阻抗和低输出阻抗的直接耦合多级放大电路。当外部接入不同的线性或非线性元器件组成输入和负反馈电路时,可以灵活地实现输出信号和输入信号各种特定的函数关系。在线性应用方面,可组成比例、加法、减法、积分、微分、对数等模拟运算电路。

(一) 理想集成运算放大器

1. 理想运算放大器特性

在大多数情况下,将运放视为理想运放,就是将运放的各项技术指标理想化,满足下列条件的运算放大器称为理想运放。(1) 开环电压增益 $A_{ud}=\infty$;(2) 输入阻抗 $R_i=\infty$;(3) 输出阻抗 $R_o=0$;(4) 带宽 $f_{BW}=\infty$;(5) 失调与漂移均为零等。在对各种运算电路进行分析时,都将实际运算放大器看成理想运放。

2. 理想运放在线性应用时的两个重要概念

(1) 输出电压 U_o与输入电压之间满足关系式

$$U_o=A_{ud}(U_+-U_-) \tag{4.29-1}$$

由于 $A_{ud}=\infty$,而 U_o为有限值,因此,$U_+-U_-\approx 0$。即 $U_+\approx U_-$,称为"虚短"。

(2) 由于 $R_i=\infty$,故运放两个输入端的电流可视为零,即 $I_+=I_-=0$,称为"虚断"。上述两个特性是分析理想运放应用电路的基本原则,可简化运放电路的计算。

(二) 集成运算放大器基本运算电路

1. 反相比例运算电路

图 4.29-1 所示是反相比例运算电路,根据理想运算放大器模型,可得该电路的电压增益为 $A_{uf}=\dfrac{U_o}{U_i}=-\dfrac{R_8}{R_3}$,输出电压与输入电压之间的关系为

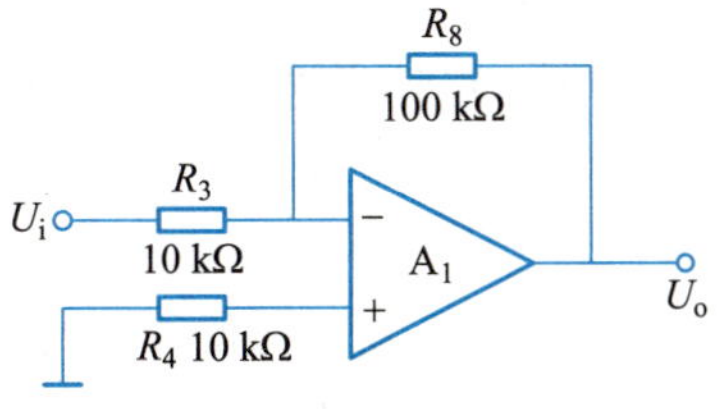

图 4.29-1 反相比例放大电路

$$U_o=-\frac{R_8}{R_3}U_i \tag{4.29-2}$$

说明输出电压与输入电压的相位是相反的。选用不同的 R_8和 R_3时,可得不同的电压放大倍数 A_{uf}。为了减小输入级偏置电流引起的运算误差,在同相输入端应接入平衡电阻 $R_4=R_3/\!/R_8$。实际应用中反馈电阻不能取得太大,否则产生较大的噪声和漂移,其值一般取几十千欧到几百千欧。

2. 同相比例运算电路

图 4.29-2 所示是同相比例运算电路，根据理想运算放大器模型，当运算放大器开环增益足够大时，可得该电路的闭环电压增益为 $A_{uf}=\dfrac{U_o}{U_i}=1+\dfrac{R_8}{R_3}$，输出电压与输入电压之间的关系为

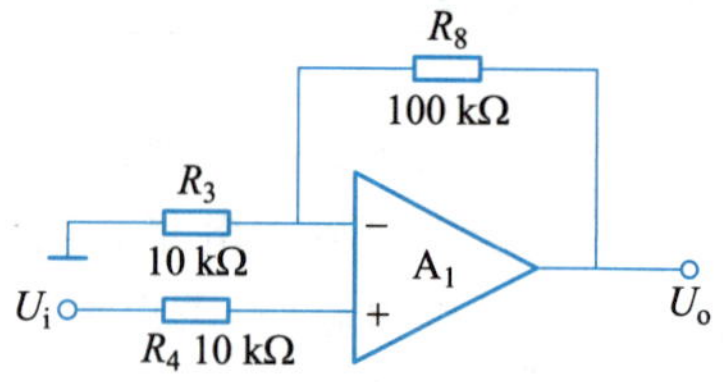

图 4.29-2 同相比例放大电路

$$U_o=\left(1+\frac{R_8}{R_3}\right)U_i \tag{4.29-3}$$

说明输出电压与输入电压的相位是相同的，电压放大倍数 A_{uf} 恒大于 1。

3. 电压跟随器

图 4.29-3 所示是电压跟随器电路，根据理想运算放大器模型，可得 $U_o=U_i$，电压放大倍数 $A_{uf}\approx1$。电压跟随器输出电压全部引到反相输入端，信号从同相端输入。此电路是电压串联负反馈，输入电阻大，输出电阻小，在电路中常作为阻抗变换器或缓冲器，作用与三极管射极输出器相似。

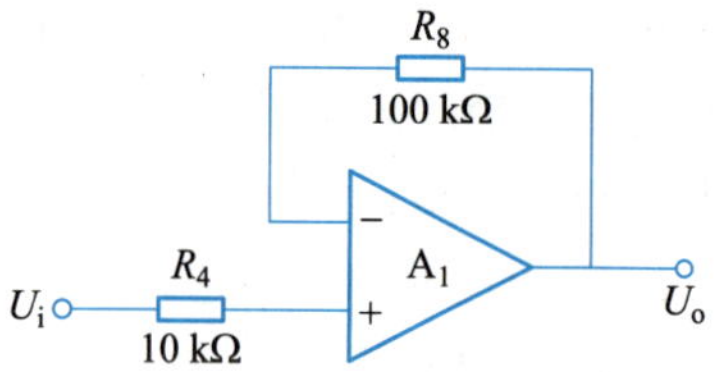

图 4.29-3 电压跟随器

4. 反相加法运算电路

图 4.29-4 所示是反相加法运算电路，根据理想运放在线性应用时“虚短”和“虚断”的两个重要特性，可得该电路输出电压与输入电压之间的关系为

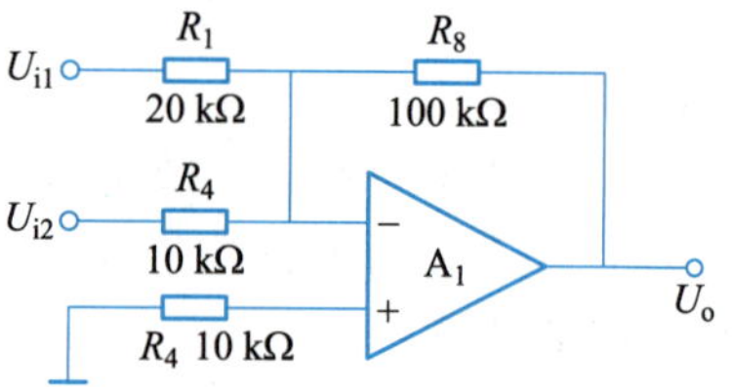

图 4.29-4 反相加法运算电路

$$U_o=-\left(\frac{R_8}{R_1}U_{i1}+\frac{R_8}{R_3}U_{i2}\right) \tag{4.29-4}$$

为了平衡运放静态偏置电流在两输入端产生的电压，在同相输入端应接入平衡电阻 $R_4=R_1/\!/R_3/\!/R_8$，确保运放处于平衡对称工作状态，实验中可取 $R_4=10\ \text{k}\Omega$。

5. 集成差动放大电路

集成差动放大电路又称为减法运算电路，如图 4.29-5 所示。根据理想运放在线性应用时“虚短”和“虚断”的两个重要特性，可得该电路输出电压与输入电压之间的关系为

$$U_o=\frac{R_8}{R_1}(U_{i2}-U_{i1}) \tag{4.29-5}$$

减法运算电路对共模信号无放大作用，共模放大倍数为零，因此可广泛地应用于放大具有强烈共模干扰的微小信号。在实际电路中，为了提高减法运算电路运算精度，必须选用共模抑制比 K_{CMRR} 高的运算放大器。

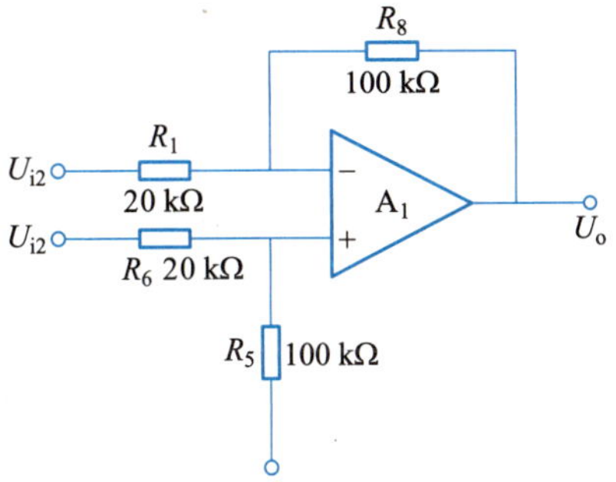

图 4.29-5　减法运算电路

【实验步骤】

1. 反相比例运算电路

(1) 按图 4.29-1 连接反相比例运算电路。注意集成运算放大器反相输入端为 2 脚，同相输入端为 3 脚，6 脚为输出端。

(2) 将信号源的直流信号从反相输入端 U_i 接入。

(3) 调节不同的 U_i 幅值，用万用表测量 U_o，将结果记录于表 4.29-1 中。

2. 同相比例运算电路

(1) 按图 4.29-2 连接同相比例运算电路。

(2) 将信号源的直流信号从同相输入端 U_i 接入。

(3) 调节不同的 U_i 幅值，用万用表测量 U_o，将结果记录于表 4.29-2 中。

3. 电压跟随器

(1) 按图 4.29-3 连接电压跟随器电路。

(2) 将信号源的直流信号从同相输入端 U_i 接入。

(3) 调节不同的 U_i 幅值，用万用表测量 U_o，将结果记录于表 4.29-3 中。

4. 反相加法运算电路

(1) 按图 4.29-4 连接反相加法运算电路。

(2) 将信号源的直流信号分别从反相输入端 U_{i1} 和同相输入端 U_{i2} 接入。

(3) 调节 U_{i1}、U_{i2} 不同的幅值，用万用表测量 U_o，将结果记录于表 4.29-4 中。

5. 集成差动放大电路

(1) 按图 4.29-5 连接减法运算电路。

(2) 将信号源的直流信号分别从反相输入端 U_{i1} 和同相输入端 U_{i2} 接入。

(3) 调节 U_{i1}、U_{i2} 不同的幅值，用万用表测量 U_o，将结果记录于表 4.29-5 中。

【数据记录及处理】

1. 反相比例运算电路

表 4.29-1 反相比例运算电路测量记录表

直流输入电压 U_i/mV		-200	-400	300	500	700
输出电压 U_o	实测值/V					
	估算值/V					

估算公式：$U_o=-\frac{R_8}{R_3}U_i$

2. 同相比例运算电路

表 4.29-2 同相比例运算电路测量记录表

直流输入电压 U_i/mV		-200	-400	300	500	800
输出电压 U_o	实测值/V					
	估算值/V					

估算公式：$U_o=\left(1+\frac{R_8}{R_3}\right)U_i$

3. 电压跟随器

表 4.29-3 电压跟随器测量记录表

直流输入电压 U_i/V		-4	-3	2	3	4
输出电压 U_o	实测值/V					
	估算值/V					

4. 反相加法运算电路

表 4.29-4 反相加法运算电路测量记录表

直流输入电压	U_{i1}/V	-0.3	-0.4	0.2	0.1
	U_{i2}/V	1	-0.2	-1	0.4
输出电压 U_o	实测值/V				
	估算值/V				

估算公式：$U_o = -\left(\frac{R_8}{R_1}U_{i1} + \frac{R_8}{R_3}U_{i2}\right)$

5. 集成差动放大电路

表 4.29-5　减法运算电路测量记录表

直流输入电压	U_{i1}/V	−0.3	−0.4	0.2	0.1
	U_{i2}/V	0.5	2	−1	4
输出电压 U_o	实测值/V				
	估算值/V				

估算公式：$U_o = \frac{R_8}{R_1}(U_{i2} - U_{i1})$

【注意事项】

1. 必须在关断实验箱电源后，再连接或拆除导线。
2. 实验时切忌将运算放大器输出端短路，否则会损坏集成块。
3. 做每一个实验项目前，须经教师检查同意后再通电。
4. 比例放大电路输入信号不宜过大，否则会使集成运放工作在非线性区。
5. 实验结束后，关断实验箱电源后再拆除各种连线，按规定整理好实验箱和连接导线等。

【思考题】

1. 将各运算电路理论计算值与实验测量值比较，分析产生误差的原因。
2. 运算放大器在什么条件下工作于线性放大状态和非线性工作状态？
3. 理想运放满足哪些条件？
4. 集成运放处于什么状态时，可运用“虚短”和“虚断”概念？
5. 反相比例运算电路和同相比例运算电路有什么区别？

实验 30 积分与微分电路

【实验目的】

1. 进一步了解运算放大器的性质和特点，用运算放大器组成积分运算电路和微分运算电路。
2. 掌握积分与微分运算电路的测试和分析方法。
3. 掌握积分与微分运算电路的工作原理和理论计算方法。

【实验器材】

TD-AS+实验箱。

【预习要求】

1. 复习由集成运算放大器组成的积分与微分运算电路的工作原理。
2. 根据实验电路写出积分与微分运算电路输出电压和输入电压关系表达式。
3. 积分与微分运算电路所依据的基本概念是什么？

【实验原理】

积分与微分运算电路是模拟计算机中的基本单元，也是控制和测量系统中的重要单元，利用它的充放电过程可以实现延迟、定时以及产生各种波形。

1. 积分运算电路

积分运算电路如图 4.30-1 所示。在电容器 C_3 的初始电压为零时，根据理想运放在线性应用时“虚短”和“虚断”的两个重要特性，可得该电路输出电压与输入电压之间的关系为

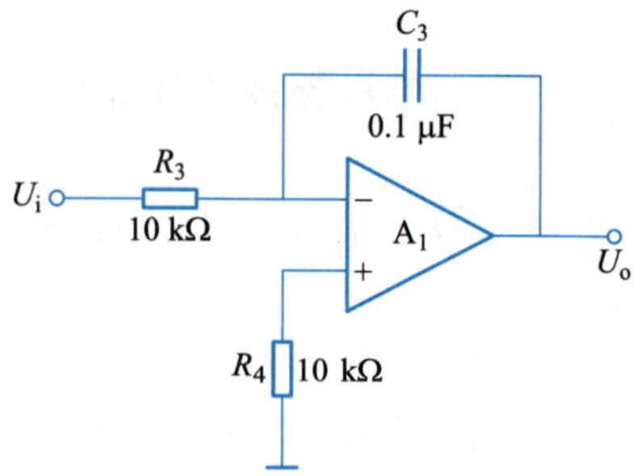

图 4.30-1 积分运算电路

$$U_o = -\frac{1}{R_3 C_3}\int_0^t U_i(t)\,dt \tag{4.30-1}$$

说明输出电压是输入电压对时间的积分，负号表示信号是从反相端输入，R_3C_3称为积分时间常量。

如果输入电压 $U_i(t)$ 是幅值为 U_I的阶跃电压，并设 $U_c(0)=0$，则

$$U_o=-\frac{U_i}{R_3C_3}t \tag{4.30-2}$$

即输出电压 $U_o(t)$ 随时间线性下降。显然 R_3C_3的数值越大，达到给定的 U_o值所需的时间越长。积分输出电压所能达到的最大值受集成运放最大输出范围的限制。

由于运放存在失调电压、失调电流、输入偏置电流及温漂等，所以实际积分电路输出电压 U_o可能存在误差，产生“积分漂移”现象。因此，在积分电路中，常选用失调和温漂小的集成运放，或将时间常量适当选大些。在误差很严重时（存在严重的削顶现象），可以在电容两端并联一个 100 kΩ 的电阻，利用它引入反馈来抑制上述各种原因引入的“积分漂移”现象。

2. 微分运算电路

微分运算电路如图 4.30-2 所示。在电容器 C 的初始电压为零时，根据理想运算放大器模型，可得该电路输出电压与输入电压之间的关系为

$$U_o=-R_2C\frac{\mathrm{d}U_i(t)}{\mathrm{d}t} \tag{4.30-3}$$

说明输出电压是输入电压的微分，R_2C 称为微分时间常量。

当输入阶跃电压，在 $t=0$ 时，输出电压仍为一个有限值；随着电容器 C 的充电，输出电压将逐渐地按指数规律衰减，最后趋于零，如图 4.30-3 所示。

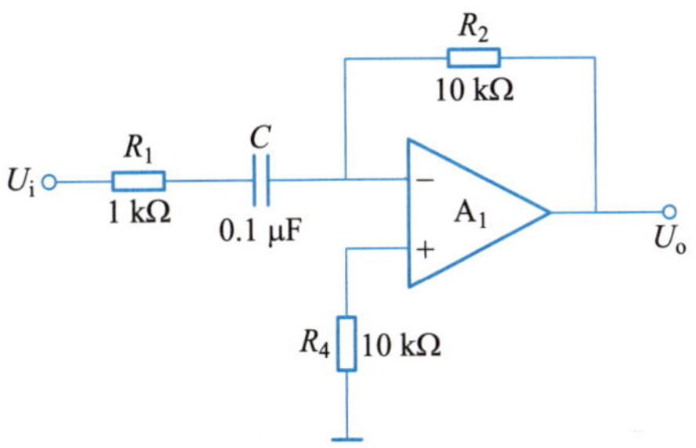

图 4.30-2　微分运算电路

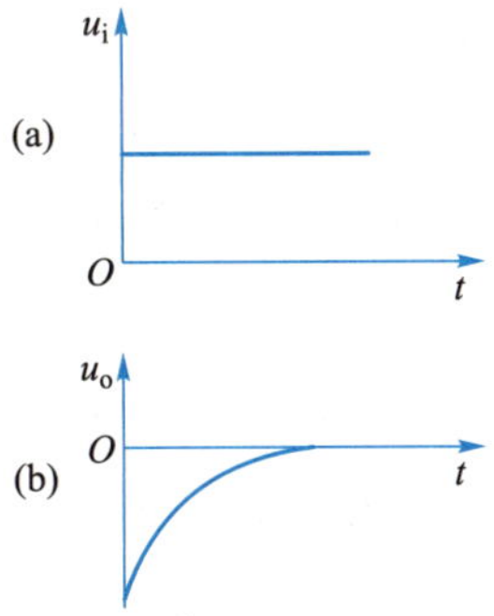

图 4.30-3　微分电路的输入、输出波形

微分运算电路在输入信号为正弦函数 $u_i=\sin\omega t$，则输出信号 $u_o=-RC\omega\cos\omega t$。$u_o$的输出幅度随频率的增大而线性增加。因此微分电路对高频噪声和干扰特别敏感，在实际微分电路中要采取一定的补偿措施。

【实验步骤】

1. 积分运算电路

（1）按图 4.30-1 连接积分运算电路。

（2）将频率为 500 Hz（T=2 ms）、幅值为 4 V 的方波接入 U_i。

（3）用示波器测量输出电压 U_o波形的幅值并与理论值相比较，将结果记录于表 4.30-1 中。

（4）将输入波形换成同频率、幅值适当的正弦波，在输出不失真的情况下，观察其相位变化和幅值随频率的变化，将结果记录于表 4.30-2 中。

2. 微分运算电路

（1）按图 4.30-2 连接微分运算电路。

（2）将频率为 500 Hz（T=2 ms）的正弦波接入 U_i，在输出不失真的情况下，观察 U_o的相位变化和幅值随频率的变化，将结果记录于表 4.30-3 中。

【数据记录及处理】

1. 积分运算电路

表 4.30-1 积分运算电路测量记录表

	幅值/V		波形
$U_i(t)$			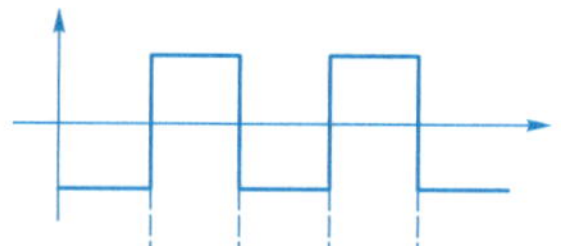
$U_o(t)$	测量值	估算值	

理论计算公式：$U_o=-\dfrac{1}{R_3C_3}\int_0^t U_i(t)\,dt$

U_o幅值计算公式：$U_o=\dfrac{U_i}{R_3C_3}\cdot\dfrac{T}{4}$

表 4.30-2 观察积分电路输出信号相位和幅值随频率变化记录表

U_o相位变化	U_o幅值变化	
	U_i频率增大	
	U_i频率减小	

理论计算公式：$\dot{U}_o = j\dfrac{\dot{U}_i}{\omega R_3 C_3}$

此式说明 U_o的相位比 U_i超前 90°，且幅值随频率升高而下降。

2. 微分运算电路

表 4.30-3　微分运算电路测量记录表

U_o相位变化	U_o幅值变化	
	U_i频率增大	
	U_i频率减小	

理论计算公式：$U_o = -R_2 C\dfrac{dU_i(t)}{dt}$

此式说明 U_o的相位比 U_i滞后 90°，且幅值随频率升高而增加。

【注意事项】

1. 仔细连接实验线路，确认无误后才能接通电源。
2. 每次改接电路时，必须断开电源。
3. 实验前应先对运放调零，若失调电压对输出影响不大，可以不调零。
4. 实验结束后，断开实验箱电源，按规定整理好实验箱和连接导线等。

【思考题】

1. 集成运放用作积分和微分运算电路时，运算放大器工作在哪个区？
2. 为了减少积分电路的积分误差，应选用何种运放？
3. 利用虚短、虚断的概念求积分和微分电路输出电压与输入电压的关系。
4. 在积分电路中，如 $R_1 = 100\ k\Omega$，$C = 4.7\ \mu F$，求时间常量。假设 $U_i = 0.5\ V$，若电容器 C 的初始电压为零，要使输出电压 U_o达到 5 V，需多长时间？

实验31 功率放大电路

【实验目的】

1. 了解互补对称功率放大电器的调试方法。
2. 测量互补对称功率放大电器的最大输出功率、效率。
3. 熟悉改善互补对称功率放大电器性能的方法。

【实验仪器】

TD-AS+实验箱。

【预习要求】

1. 复习有关功率放大电路(OTL)工作原理。
2. 为了不损坏输出管,调试中应注意什么问题?

【实验原理】

1. 甲乙类互补对称功率放大器工作原理

图4.31-1所示为互补对称低频功率放大器。其中由晶体三极管T_3组成推动级(也称前置放大级),T_1、T_2是一对参量对称的NPN和PNP型晶体三极管,它们组成互补对称功放电路。由于每一个管子都接成射极输出器形式,因此具有输出电阻低、负载能力强等优点,适合于作功率输出级。T_3管工作于甲类状态,它的集电极电流I_{C3}由电位器R_p进行调节。二极管D_1、D_2,给T_1、T_2提供偏压,可以使T_1、T_2得到合适的静态电流而工作于甲、乙类状态,以克服交越失真。由于R_P的一端接T_1、T_2的输出端,因此在电路中引入交、直流电压并联负反馈,一方面能够稳定放大器的静态工作点,同时也改善了非线性失真。

当输入正弦交流信号U_i时,经T_3放大、倒相后同时作用于T_1、T_2的基极,U_i的负半周使T_1管导通(T_2管截止),有电流通过负载R_L(可用喇叭作为负载),在U_i的正半周,T_2导通(T_1截止),则已充好电的电容器C_2起着电源的作用,通过负载R_L放电,这样在R_L上就得到完整的正弦波。

2. 电路的主要性能指标

(1) 最大不失真输出功率P_{om}

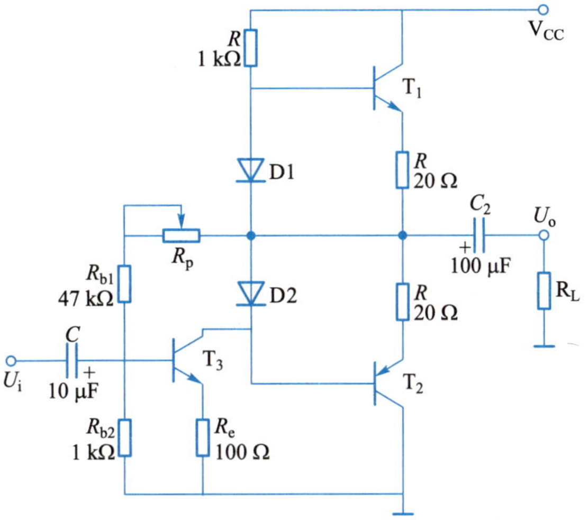

图 4.31-1　互补功率放大器

理想情况下，

$$p_{om}=\frac{1}{8}\frac{V_{CC}^2}{R_L} \tag{4.31-1}$$

在实验中可通过测量 R_L 两端的电压有效值，来求得实际的 P_{om}。

$$P_{om}=\frac{U_o^2}{R_L} \tag{4.31-2}$$

（2）效率 η

$$\eta=\frac{P_{om}}{P_v}\cdot 100\% \tag{4.31-3}$$

其中 P_v 是直流电源供给的平均功率。

理想情况下 $\eta=\frac{P_{om}}{P_v}=\left(\frac{1}{2}\cdot\frac{\frac{V_{CC}^2}{4}}{R_L}\right)\Bigg/\left(\frac{2}{\pi}\cdot\frac{\frac{V_{CC}^2}{4}}{R_L}\right)=\frac{\pi}{4}=78.5\%$。在实验中，可测量电源供给的平均电流 I_{dc}（多测几次 I 取其平均值），从而求得 P_v：

$$P_v=V_{CC}\cdot I_{dc} \tag{4.31-4}$$

负载上实际的交流功率由式（4.31-2）求出，直流电源供给的功率由式（4.31-4）求出，因而可以计算出实际效率 η。

【实验步骤】

1. 静态工作点的调整

按图 4.31-1 连接实验电路，将恒压源中的+1.5～+10 V 调到+10 V，然后接入到 V_{CC} 端，将 U_i 端接地。

（1）调节电位器 R_p，用直流电压表测量 A 点电势，使 $U_A=\frac{1}{2}V_{CC}$。

（2）将频率 $f=1$ kHz、幅值较小的正弦波信号接到功放电路的 U_i 端，在 U_o 端接入负载。用示波器观察 U_o 的波形，逐渐增大 U_i 幅值使 U_o 达到最大且不失真。

2. 功率放大倍数的测量

（1）P_{om} 的测量

将频率 $f=1$ kHz、幅值较小的正弦波信号接到功放电路的 U_i 端，在 U_o 端接入负载。用示波器观察 U_o 的波形，逐渐增大 U_i 幅值使 U_o 达到最大且不失真，测量此时负载上的电压值 U_{om}（最大不失真时的峰值），并计算最大输出功率 P_{om}，将结果记录于表 4.31-1 中。

（2）P_v 的测量

直流电源提供电功率为 $P_v=V_{CC}\cdot I_{dc}$。其中 V_{CC} 是此电路的供电电压，但由于该功放电路是采用一个电源的互补对称电路，每个晶体三极管的工作电压为电压源的一半，即 $\frac{1}{2}V_{CC}$；I_{dc} 为直流电源供给的平均电流。其测量方法按图 4.31-1 所示接入毫安电流表，在最大不失真输出的情况下，读出电流表的电流值即为 I_{dc}，将结果记录于表 4.31-1 中。

（3）η 的测量

利用表 4.31-1 中数据计算电路效率 η，将结果记录于表 4.31-1 中。

（4）将负载转换成喇叭，保证输出不失真，用正弦波模拟音频信号，对比正弦波信号被功放放大前后对喇叭的驱动能力。

【数据记录及处理】

表 4.31-1　OTL 功率放大电路实验数据记录表

R_L/kΩ	U_o/V	I_{dc}/mA	V_{CC}/V	P_{om}/W	P_v/W	η
5.1						

最大输出功率：$P_{om}=\frac{U_{om}^2}{2R_L}$

直流电源供电功率：$P_v=\frac{1}{2}V_{CC}\cdot I_{dc}$

电路的效率：$\eta=\frac{P_{om}}{P_v}$

当 U_{om} 达到其理论最大值的一半，即 $\frac{1}{2}V_{CC}$ 时，电路的效率达到最大，为 78.5%。

【注意事项】

1. 仔细连接实验线路，确认无误后才能接通电源。
2. 每次改接电路时，必须关断电源。
3. 实验结束后，关断实验箱电源，并按规定整理好实验箱和连接导线等。

【思考题】

1. 功率放大电路常有哪些类型？各有什么特点？
2. 简述 OTL 互补对称功率放大电路的工作原理。
3. 无输入信号时，T_1、T_2的管耗是多少？
4. 实验参考电路中各个电容有何作用？

实验 32　直流稳压电源电路

【实验目的】

1. 熟悉半波、桥式整流电路结构和工作原理。
2. 了解电容滤波电路的作用，观察电容滤波电路的输出波形。
3. 掌握串联稳压电路的工作原理及其主要技术指标的测试方法。
4. 掌握集成稳压电路的特点和性能指标的测试方法。

【实验器材】

TD-AS+实验箱。

【预习要求】

1. 熟悉半波、全波整流的电路结构。
2. 熟悉常见滤波电路。
3. 常见的稳压电路有哪些？

【实验原理】

（一）直流稳压电源基本原理

直流稳压电源由电源变压器、整流、滤波和稳压电路 4 个部分组成，其原理框图如图 4.32-1 所示。电网供给的交流电压 U_1(220 V,50 Hz) 经电源变压器降压后，得到符合电路需要的交流电压 U_2，然后由整流电路变换成方向不变、大小随时间变化的脉动电压 U_3，再用滤波器滤去其交流分量，就可得到比较平直的直流电压 U_f。但这样的直流输出电压还会随交流电网电压的波动或负载的变动而变化，在对直流供电要求较高的场合，还需要使用稳压电路，以保证输出的直流电压 U_o 更加稳定。

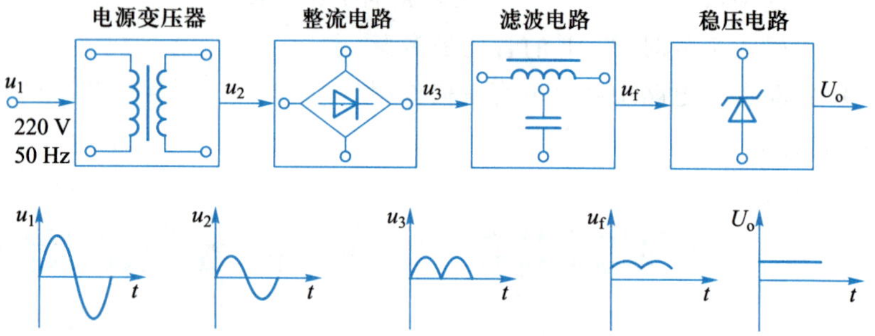

图 4.32-1 直流稳压电源结构框图

（二）整流滤波电路

利用二极管的单向导电作用，可将交流电变为直流电。常见的整流电路有单相半波整流电路和桥式整流电路等。

1. 半波整流电路

整流电路通常利用整流二极管的单相导电性来实现整流输出。根据整流输出电压波形特点的不同，分为半波整流和全波整流两种类型，半波整流电路的典型电路如图 4.32-2 所示。

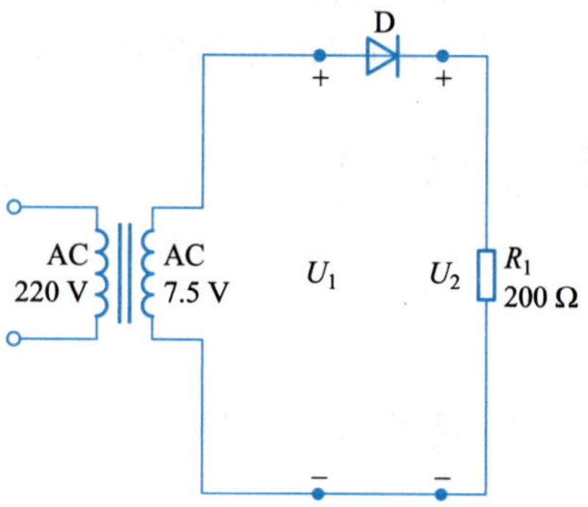

图 4.32-2 半波整流电路

整流电路的主要性能指标有两个：整流电路输出电压平均值和输出电流平均值。

（1）整流输出电压的平均值

若变压器副边电压的有效值为 U_1，输出电压的平均值为

$$U_{2(AV)} = \frac{1}{2\pi}\int_0^{\pi}\sqrt{2}U_1\sin\omega t = \frac{\sqrt{2}}{\pi}U_1 \approx 0.45U_1 \tag{4.32-1}$$

(2) 整流电路电流平均值

$$I_{L(AV)} = \frac{U_{2(AV)}}{R_L} \approx \frac{0.45U_1}{R_L} \tag{4.32-2}$$

(3) 二极管的选择

当变压器副边电压有效值和负载电阻值确定以后，整流电路对二极管的要求也随之确定。一般根据流过二极管电流的平均值和它所承受的最大反相电压来选择二极管的型号。

在单相半波整流电路中，二极管的正向平均电流等于负载电流的平均值，即

$$I_{D(AV)} = I_{L(AV)} \tag{4.32-3}$$

二极管承受的最大反向电压等于变压器副边电压的峰值电压，即

$$U_{R,max} = \sqrt{2}U_1 \tag{4.32-4}$$

一般允许电网电压有±10%的波动，因此在选用二极管时，对于最大整流平均电流 I_F 和最高反向工作电压 U_R 均应至少留有 10%的余地，以保证二极管的安全工作，故选取

$$I_F > 1.1I_{L(AV)} \tag{4.32-5}$$

$$U_R > 1.1\sqrt{2}U_1 \tag{4.32-6}$$

2. 全波桥式整流电路

由于半波整流电路输出电压低，交流分量大，效率低。因此在实用电路中多采用单相桥式整流电路，如图 4.32-3 所示。

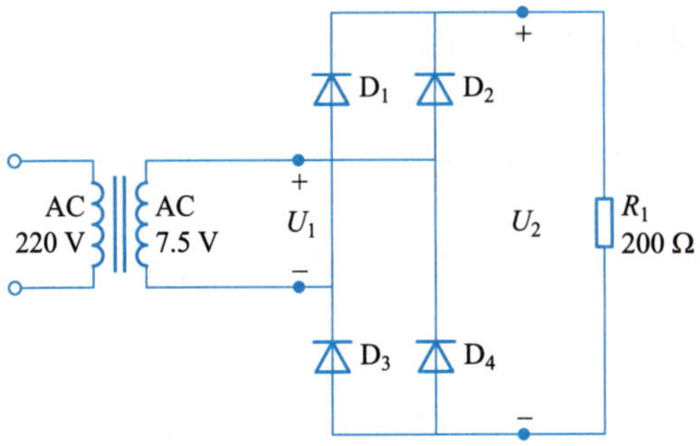

图 4.32-3 桥式整流电路

(1) 整流输出电压的平均值

若变压器副边电压的有效值为 U_1，输出电压的平均值为

$$U_{2(AV)} = \frac{1}{\pi}\int_0^{\pi}\sqrt{2}U_1\sin\omega t = \frac{2\sqrt{2}}{\pi}U_1 \approx 0.9U_1 \tag{4.32-7}$$

(2) 整流电路电流平均值

$$I_{L(AV)}=\frac{U_{2(AV)}}{R_L}\approx\frac{0.9U_1}{R_L} \tag{4.32-8}$$

(3) 二极管的选择

在桥式全波整流电路中,每个二极管的正向平均电流等于负载电流的平均值的一半,即

$$I_{D(AV)}=\frac{I_{L(AV)}}{2} \tag{4.32-9}$$

二极管承受的最大反向电压等于变压器副边电压的峰值电压,即

$$U_{R,max}=\sqrt{2}U_1 \tag{4.32-10}$$

由此可见,单相桥式整流电路与半波整流电路相比,在相同的变压器副边电压下,对二极管的参量要求是一样的,并且具有输出电压高、变压器利用率高、脉动小等优点。

3. 滤波电路

在整流电路输出端与负载电阻 R_L 并联一个较大电容 C,构成电容滤波电路。整流电路接入滤波电容后,不仅使输出电压变得平滑、纹波显著减小,同时还可增大输出电压的平均值。

(三) 串联型稳压电源电路

图 4.32-4 是由分立元件组成的串联型稳压电路,它由调整元件(复合管 T_1 和 T_2)、比较放大器 T_3、取样电路 R_5、R_6、R_p、基准电压 D_{Z2}、R_4 等组成。当电网电压或负载变动引起输出电压 U_o 变化时,取样电路将输出电压 U_o 的一部分反馈回比较放大器和基准电压进行比较,产生的误差电压经放大后去控制调整管的基极电流,自动地改变调整管集-射极间的电压,补偿 U_o 的变化,从而维持输出电压基本不变。

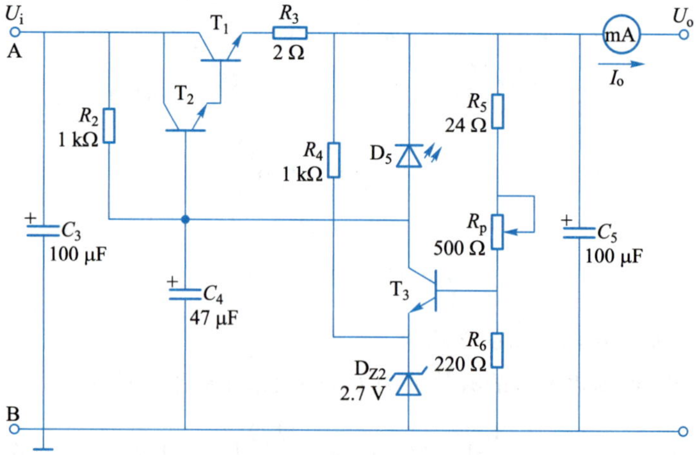

图 4.32-4 串联型稳压电路

稳压电源的主要性能指标：

1. 输出电压 U_o 及其输出电压调节范围：$U_o=\frac{R_5+R_p+R_6}{R_6}(U_Z+U_{be3})$，其中 U_Z 是参考电压（稳压二极管稳压值），U_{be3} 是比较放大管 T_3 发射结电压。调节 R_p 可以改变输出电压 U_o 的范围。

2. 额定输出电流 $I_{o,max}$：额定输出电流是指电源正常工作时的最大输出电流。在测量 U_o 的基础上，逐渐减小 R_L，直到 U_o 下降 5%，此时负载 R_L 中的电流即为 $I_{o,max}$。

3. 输出电阻 R_o：当电压和温度不变时，因 R_L 变化，导致负载电流变化了 ΔI_o，相应的输出电压变化了 ΔU_o，两者比值的绝对值称为输出电阻 R_o，即 $R_o=\frac{\Delta U_o}{\Delta I_o}\Big|_{\Delta U_i=0}$，其单位为 Ω。$R_o$ 的大小反映了直流稳压电源带负载能力的大小，其值越小，带负载能力越强。

4. 稳压系数 S_r（电压调整率）：指在负载电流，环境温度不变的情况下，输入电压 U_i 变化 ±10% 时引起输出电压的相对变化，即 $S_r=\frac{\Delta U_o/U_o}{\Delta U_i/U_i}\Big|_{I_o=\text{常量}}$。

5. 纹波电压：输出纹波电压是指在额定负载条件下，输出电压中所含交流分量的有效值（或峰值）。在额定输出电压和输出直流电流的情况下，输出电压的交流分量的总有效值 ΔU_o 与输出直流电压 U_o 之比，定义为纹波因数，表示为 $\gamma=\frac{\Delta U_o}{U_o}=\frac{\text{交流分量总有效值}}{\text{直流分量}}$。

（四）集成稳压电路

稳压过程实质上是一个闭环的电压负反馈过程。目前已广泛采用集成电路稳压器来完成稳压过程。由于集成稳压器具有体积小、外接线路简单、使用方便等优点，因此在各种电子设备中应用十分普遍。在这种类型的器件中，三端式稳压器应用最为广泛。三端式稳压器有两种，一种输出电压是固定的，称为固定输出三端稳压器，另一种输出电压是可调的，称为可调输出三端稳压器。

1. 78、79 系列三端固定输出稳压电路

78、79 系列三端式集成稳压器的输出电压为固定值，78 系列输出电压为正极性，79 系列输出电压为负极性。一般有 5 V、6 V、9 V、12 V、15 V、18 V、24 V 七个电压挡，最大输出电流常用的有 1.5 A、0.1 A、0.5 A 三挡。

78、79 系列集成稳压器的常见外形示意图如图 4.32-5 所示，具有三个引脚：输入端标为“1”，输出端标为“2”，公共端（接地端）标为“3”。

7805 集成稳压器典型应用电路如图 4.32-6 所示：电容 C_1 用于抵消输入线较长时的电感效应，防止电路产生自激振荡，容量取值一般小于

1 μF。C_2 用于消除输出电压中的高频噪声，可取容量小于 1 μF 的电容，也可取容量为几μF 甚至几十μF 的电容，以便输出较大的脉冲电流。但若 C_2 容量较大，一旦 7805 输入端断开，C_2 将从 7805 的输出端向其放电，极易导致 7805 损坏，为此在集成稳压器的输入端和输出端之间跨接一个二极管，可起到正向导通、控制电压的保护作用。

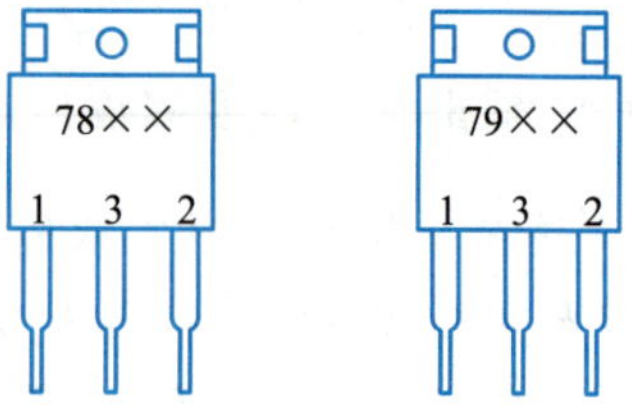

图 4.32-5 78、79 系列集成稳压器外形图

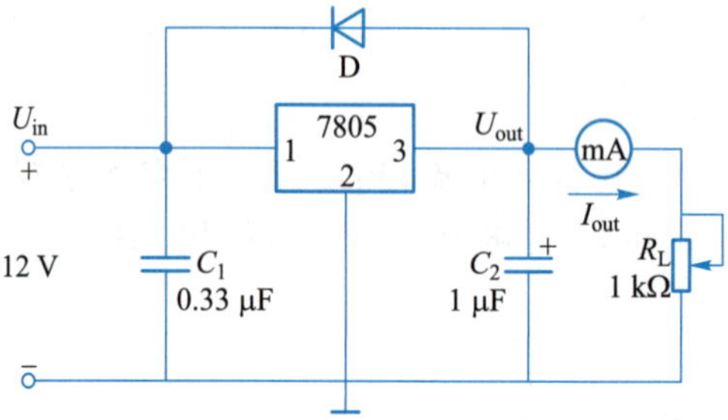

图 4.32-6 7805 集成稳压器典型应用电路

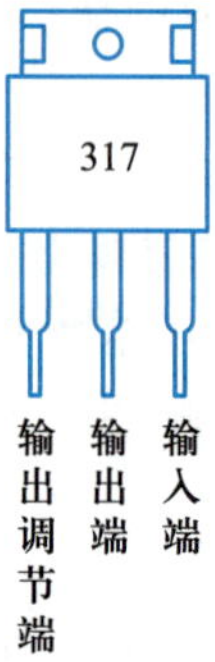

图 4.32-7 LM317 外形示意图

2. 三端可调集成稳压电路

对于输出端电压大小可调的三端式集成稳压器也有输出正负之分，输出正极性电压的常见型号有 117、217、317 等；输出负极性电压的常见型号有 137、237、337 等。本实验选用输出电压可调节范围为 1.25~37 V，可调最大输出电流为 100 mA 的 317，其外形示意图如图 4.32-7 所示。

317 典型应用电路如图 4.32-8 所示：R 为其泄放电阻，其最大阻值可由 317 的最小负载电流计算：$R_{max}=\frac{1.25}{I_{L,min}}=\frac{1.25\ V}{5\ mA}=250\ \Omega$。

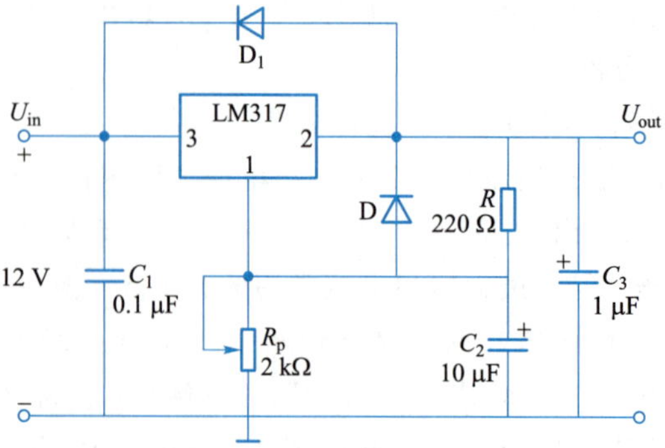

图 4.32-8 317 典型应用电路

实际选用阻值略小于计算的最大阻值。调节 R_p 即可实现输出电压大小可调。电容 C_2 的作用在于减小 R_p 两端的纹波电压，二极管 D_2 的作用是为电容 C_2 提供一放电回路，对 317 起到保护作用。

【实验步骤】

1. 半波整流、桥式整流电路的测试

（1）连接半波整流电路，如图 4.32-2 所示。用示波器测量 U_1、U_2 输出波形的变化（将电路中 U_2 的“-”端接地）。将波形绘入表 4.32-1 中。

（2）连接桥式整流电路，如图 4.32-3 所示。用示波器测量 U_2 输出波形的变化（将电路中 U_2 的“-”端接地）。将波形绘入表 4.32-1 中。

2. 电容滤波电路

分别选择 C_1 和 C_2 连接入电路，如图 4.32-9 所示。用示波器观察 U_2 是否被滤波为与 U_1 幅值基本相同的直流信号（将电路中 U_2 的“-”端接地），并比较滤波效果。

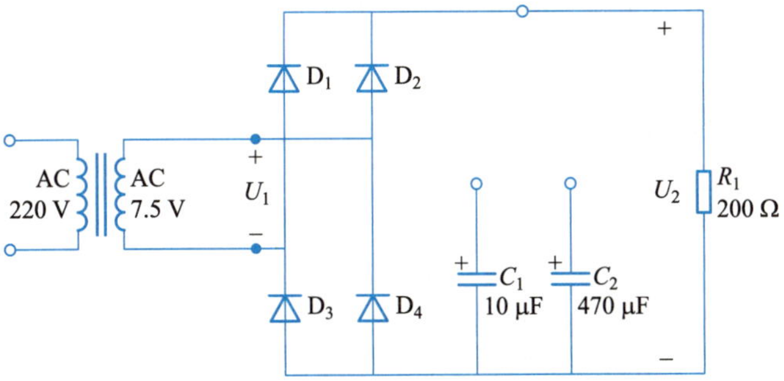

图 4.32-9　电容滤波电路

3. 串联稳压电路测试

（1）连接电路，如图 4.32-4 所示（此实验电路除信号源和电流表外其余电路已连接完成）。将+1.5～+10 V 可调恒压源调至最大接到 U_i 端，调节电位器 R_p，用万用表观察 U_o 的变化。如果 U_o 能跟随 R_p 线性变化，说明稳压电路各反馈环路工作正常；否则，找出电路不正常的原因，排除故障。

（2）输出电压可调范围测量

将 U_i 调为 10 V，调节 R_p 测量 U_o 的最大变化范围。将测量结果记录于表 4.32-2 中。

（3）输出电阻测量

调节 R_p 使 U_i 为 9 V 时，输出电压为 $U_o=6$ V。分别测量加 1 kΩ 和 5.1 kΩ 负载时 U_o 和 I_o 的值，并计算电路的输出电阻。将测量结果记录于表 4.32-3 中。

（4）稳压系数 S 的测量

输出空载，调节 R_p 使 U_i 为 9 V 时，输出电压为 $U_o=6$ V。然后改变整流电路输入电压 U_i（模拟电网电压波动），使 U_i 分别为 8 V 和 10 V，测出相应稳压器输出电压 U_o，并计算稳压系数 S。将测量结果记录于表 4.32-4 中。

4. 三端稳压器 7805 测试

（1）连接电路，如图 4.32-6 所示。将 12 V 电源接到 U_{in}。改变不同的负载值（在调节电阻值时不可为 0），用万用表测量集成稳压器输出电压 U_{out} 和输出电流 I_{out}。将测量数据记录于表 4.32-5 中。

（2）将 12 V 电源换成 +1.5 ~ +10 V 可调恒压源，测量保持输出电压为 5 V 的最小输入电压。

（3）重新接回 12 V 电源，不断减小负载 R_L 值，测量保持输出电压为 5 V 的负载值。并测量此时输出电流 I_{out}。此电流即最大输出电流。

5. 三端可调集成稳压器测试

连接电路，如图 4.32-8 所示。将 +12 V 电压源接入到 U_{in}，用万用表测量输出电压 U_{out}，将测量结果记录于表 4.32-6 中。

【数据记录及处理】

1. 整流电路测试

表 4.32-1 半波、桥式整流电路测试记录表

	输入波形 $U_1(t)$	输出波形 $U_2(t)$
半波整流		
桥式整流		

理论参考公式：

半波整流 当 $U_1(t)>0$ 时，$U_2(t)=U_1(t)$；当 $U_1(t)<0$ 时，$U_2(t)=0$。

全波整流 当 $U_1(t)>0$ 时，$U_2(t)=U_1(t)$；当 $U_1(t)<0$ 时，$U_2(t)=-U_1(t)$。

2. 串联型晶体管稳压电路测试

（1）输出电压可调范围测量

表 4.32-2 输出电压可调范围记录表

R_p/Ω	实测 U_o/V	估算 U_o/V
最大(330)		
最小(0)		

估算公式：$U_o=\frac{R_5+R_p+R_6}{R_6}(U_Z+U_{be3})$

(2) 输出电阻测量

表 4.32-3 输出电阻测量记录表

负载/kΩ	实测		计算
	U_o/V	I_o/mA	R_o/Ω
1			
5.1			

测算公式：$R_o=\frac{\Delta U_o}{\Delta I_o}$

(3) 稳压系数测量

表 4.32-4 稳压系数测量记录表

测量值		计算值
U_i/V	U_o/V	S/%
8		
9	6	
10		

测算公式：$S=\frac{\Delta U_o/U_o}{\Delta U_i/U_i}$

3. 集成稳压器测量

(1) 三端稳压器 7805 测试

表 4.32-5 稳压器 7805 测试记录表

R_p/Ω	实测	
	U_o/V	I_o/mA
500		
100		
50		

7805 在正常工作时，输出应该是 5 V。

(2) 三端可调 LM317 测试

表 4.32-6 稳压器 LM317 测试记录表

R_p/kΩ	0.5	1	1.5	2
实测 U_{out}/V				
估算 U_{out}/V				

估算公式：$U_{out}=1.25\left(1+\dfrac{R_p}{R}\right)$

电路中的 LM317 最大输入电压为 40 V，可调范围为 1.2～37 V，本实验的输入电压为 12 V。故可调范围为 1.2～12 V。

【注意事项】

1. 实验过程中需要改接线时，必须关断电源后才能拆线和接线。

2. 实验结束后，必须断开实验箱电源，按规定整理好实验箱和连接导线等。

【思考题】

1. 分析半波整流电路和全波整流电路各自有何特点？

2. 滤波电路在电路中起什么作用？

3. 单相桥式整流电路如果出现二极管极性接反，会出现什么情况？

4. 为了使稳压电源的输出电压 $U_o=12$ V，则其输入电压的最小值 $U_{i,min}$ 应等于多少？交流输入电压 $U_{2\,min}$ 又怎样确定？

附　录

1. 国际单位制与我国法定计量单位

1948 年召开的第 9 届国际计量大会作出了决定，要求国际计量委员会创立一种简单而科学的、供所有米制公约组织成员国均能使用的实用单位制。1954 年第 10 届国际计量大会决定，采用米(m)、千克(kg)、秒(s)、安培(A)、开尔文(K)和坎德拉(cd)作为基本单位。1960 年第 11 届国际计量大会决定，将以这六个单位为基本单位的实用计量单位制命名为“国际单位制”，并规定其国际简称为“SI”。1974 年第 14 届国际计量大会又决定，增加一个基本单位——“物质的量”的单位摩尔(mol)。因此，目前国际单位制共有七个基本单位(见表 1)。SI 导出单位是由 SI 基本单位按定义式导出的，以 SI 基本单位代数形式表示的单位，其数量很多，有些单位具有专门名称(见表 2)。SI 单位的倍数单位包括十进倍数单位与十进分数单位，它们由 SI 词头(见表 3)加上 SI 单位构成。

1985 年 9 月 6 日，我国第六届全国人民代表大会常务委员会第十二次会议通过了《中华人民共和国计量法》。这一法律明确规定国家实行法定计量单位制度。国际单位制计量单位和国家选定的其他计量单位(见表 4)为国家法定计量单位，国家法定计量单位的名称、符号由国务院公布。

2018 年第 26 届国际计量大会通过的“关于修订国际单位制的 1 号决议”将国际单位制的七个基本单位全部改为由常数定义。此决议自 2019 年 5 月 20 日(世界计量日)起生效。这是改变国际单位制采用实物基准的历史性变革，是人类科技发展进步中的一座里程碑。对国际单位制七个基本单位的中文定义的修订是我国科学技术研究中的一个重要活动，对于促进科技交流、支撑科技创新具有重要意义。

表 1　SI 基本单位及其定义

量的名称	单位名称	单位符号	单位定义
时间	秒	s	当铯频率 $\Delta\nu_{Cs}$，也就是铯-133 原子不受干扰的基态超精细跃迁频率，以单位 Hz 即 s^{-1} 表示时，将其固定数值取为 9 192 631 770 来定义秒。
长度	米	m	当真空中光速 c 以单位 $m\cdot s^{-1}$ 表示时，将其固定数值取为 299 792 458 来定义米，其中秒用 $\Delta\nu_{Cs}$ 定义。
质量	千克(公斤)	kg	当普朗克常量 h 以单位 $J\cdot s$ 即 $kg\cdot m^2\cdot s^{-1}$ 表示时，将其固定数值取为 $6.626\ 070\ 15\times10^{-34}$ 来定义千克，其中米和秒分别用 c 和 $\Delta\nu_{Cs}$ 定义。
电流	安[培]	A	当元电荷 e 以单位 C 即 $A\cdot s$ 表示时，将其固定数值取为 $1.602\ 176\ 634\times10^{-19}$ 来定义安培，其中秒用 $\Delta\nu_{Cs}$ 定义。

续表

量的名称	单位名称	单位符号	单位定义
热力学温度	开[尔文]	K	当玻耳兹曼常量 k 以单位 $J\cdot K^{-1}$ 即 $kg\cdot m^2\cdot s^{-2}\cdot K^{-1}$ 表示时,将其固定数值取为 $1.380\ 649\times10^{-23}$ 来定义开尔文,其中千克、米和秒分别用 h、c 和 $\Delta\nu_{Cs}$ 定义。
物质的量	摩[尔]	mol	1 mol 精确包含 $6.022\ 140\ 76\times10^{23}$ 个基本单元。该数称为阿伏伽德罗数,为以单位 mol^{-1} 表示的阿伏伽德罗常量 N_A 的固定数值。一个系统的物质的量,符号为 n,是该系统包含的特定基本单元数的量度。基本单元可以是原子、分子、离子、电子及其他任意粒子或粒子的特定组合。
发光强度	坎[德拉]	cd	当频率为 540×10^{12} Hz 的单色辐射的光视效能 K_{cd} 以单位 $lm\cdot W^{-1}$ 即 $cd\cdot sr\cdot W^{-1}$ 或 $cd\cdot sr\cdot kg^{-1}\cdot m^{-2}\cdot s^3$ 表示时,将其固定数值取为 683 来定义坎德拉,其中千克、米和秒分别用 h、c 和 $\Delta\nu_{Cs}$ 定义。

表 2　包括 SI 辅助单位在内的具有专门名称的 SI 导出单位

量的名称	单位名称	单位符号	用 SI 基本单位和 SI 导出单位表示
[平面]角	弧度	rad	1 rad = 1 m/m = 1
立体角	球面度	sr	$1 sr = 1\ m^2/m^2 = 1$
频率	赫[兹]	Hz	$1\ Hz = 1 s^{-1}$
力	牛[顿]	N	$1\ N = 1 kg\cdot m/s^2$
压强,应力	帕[斯卡]	Pa	$1\ Pa = 1\ N/m^2$
能[量],功,热量	焦[耳]	J	$1\ J = 1 N\cdot m$
功率,辐[射能]通量	瓦[特]	W	1 W = 1J/s
电荷[量]	库[仑]	C	$1C = 1A\cdot s$
电压,电动势,电势(电位)	伏[特]	V	1V = 1W/A
电容	法[拉]	F	1F = 1C/V
电阻	欧[姆]	Ω	1Ω = 1V/A
电导	西[门子]	S	$1S = 1\Omega^{-1}$
磁通[量]	韦[伯]	Wb	$1Wb = 1V\cdot s$
磁感应强度,磁通[量]密度	特[斯拉]	T	$1T = 1\ Wb/m^2$
电感	亨[利]	H	1H = 1Wb/A
摄氏温度	摄氏度	℃	1℃ = 1 K
光通量	流[明]	lm	$1lm = 1cd\cdot sr$
[光]照度	勒[克斯]	lx	$1lx = 1\ lm/m^2$

续表

量的名称	单位名称	单位符号	用 SI 基本单位和 SI 导出单位表示
[放射性]活度	贝可[勒尔]	Bq	$1\ \mathrm{Bq} = 1\mathrm{s}^{-1}$
吸收剂量	戈[瑞]	Gy	$1\ \mathrm{Gy} = 1\mathrm{J/kg}$
剂量当量	希[沃特]	Sv	$1\ \mathrm{Sv} = 1\mathrm{J/kg}$

表 3　SI 词头

因数	词头名称		符号	因数	词头名称		符号
	英文	中文			英文	中文	
10^{1}	deca	十	da	10^{-1}	deci	分	d
10^{2}	hecto	百	h	10^{-2}	centi	厘	c
10^{3}	kilo	千	k	10^{-3}	milli	毫	m
10^{6}	mega	兆	M	10^{-6}	micro	微	μ
10^{9}	giga	吉[咖]	G	10^{-9}	nano	纳[诺]	n
10^{12}	tera	太[拉]	T	10^{-12}	pico	皮[可]	p
10^{15}	peta	拍[它]	P	10^{-15}	femto	飞[母托]	f
10^{18}	exa	艾[可萨]	E	10^{-18}	atto	阿[托]	a
10^{21}	zetta	泽[它]	Z	10^{-21}	zepto	仄[普托]	z
10^{24}	yotta	尧[它]	Y	10^{-24}	yocto	幺[科托]	y
10^{27}	ronna	容[那]	R	10^{-27}	ronto	柔[托]	r
10^{30}	quetta	昆[它]	Q	10^{-30}	quecto	亏[科托]	q

表 4　国际单位制单位以外的我国法定计量单位

量的名称	单位名称	单位符号	与 SI 单位的关系
时间	分	min	$1\ \mathrm{min} = 60\ \mathrm{s}$
	[小]时	h	$1\ \mathrm{h} = 60\ \mathrm{min} = 3\ 600\ \mathrm{s}$
	日(天)	d	$1\ \mathrm{d} = 24\ \mathrm{h} = 86\ 400\ \mathrm{s}$
[平面]角	度	°	$1° = (\pi/180)\ \mathrm{rad}$
	[角]分	′	$1' = (1/60)° = (\pi/10\ 800)\ \mathrm{rad}$
	[角]秒	″	$1'' = (1/60)' = (\pi/648\ 000)\ \mathrm{rad}$
体积	升	L(l)	$1\ \mathrm{L} = 1\ \mathrm{dm}^3 = 10^{-3}\mathrm{m}^3$
质量	吨 原子质量单位	t u	$1\ \mathrm{t} = 10^3\ \mathrm{kg}$ $1\ \mathrm{u} \approx 1.660\ 539 \times 10^{-27}\ \mathrm{kg}$
旋转速度	转每分	r/min	$1\ \mathrm{r/min} = (1/60)\ \mathrm{r/s}$

续表

量的名称	单位名称	单位符号	与 SI 单位的关系
长度	海里	n mile	1 n mile = 1 852 m(只用于航行)
速度	节	kn	1 kn = 1 n mile/h = (1 852/3 600) m/s (只用于航行)
能[量]	电子伏	eV	1 eV ≈ $1.602\ 177\times10^{-19}$ J
级差	分贝	dB	
线密度	特[克斯]	tex	1 tex = 10^{-6} kg/m
面积	公顷	hm^2	1 hm^2 = 10^4 m^2

2. 常用物理常量表

名称	符号	数值	单位	相对标准不确定度
真空中的光速	c	299 792 458	$m\cdot s^{-1}$	精确
普朗克常量	h	$6.626\ 070\ 15\times10^{-34}$	J · s	精确
约化普朗克常量	$h/2\pi$	$1.054\ 571\ 817\cdots\times10^{-34}$	J · s	精确
元电荷	e	$1.602\ 176\ 634\times10^{-19}$	C	精确
阿伏伽德罗常量	N_A	$6.022\ 140\ 76\times10^{23}$	mol^{-1}	精确
玻耳兹曼常量	k	$1.380\ 649\times10^{-23}$	$J\cdot K^{-1}$	精确
摩尔气体常量	R	$8.314\ 462\ 618\cdots$	$J\cdot mol^{-1}\cdot K^{-1}$	精确
理想气体的摩尔体积(标准状况下)	V_m	$22.413\ 969\ 54\cdots\times10^{-3}$	$m^3\cdot mol^{-1}$	精确
洛施密特常量	n_0	$2.686\ 780\ 111\cdots\times10^{25}$	m^{-3}	精确
斯特藩-玻耳兹曼常量	σ	$5.670\ 374\ 419\cdots\times10^{-8}$	$W\cdot m^{-2}\cdot K^{-4}$	精确
维恩位移定律常量	b	$2.897\ 771\ 955\cdots\times10^{-3}$	m · K	精确
引力常量	G	$6.674\ 30(15)\times10^{-11}$	$m^3\cdot kg^{-1}\cdot s^{-2}$	2.2×10^{-5}
真空磁导率	μ_0	$1.256\ 637\ 061\ 27(20)\times10^{-6}$	$N\cdot A^{-2}$	1.6×10^{-10}
真空电容率	ε_0	$8.854\ 187\ 818\ 8(14)\times10^{-12}$	$F\cdot m^{-1}$	1.6×10^{-10}
电子质量	m_e	$9.109\ 383\ 713\ 9(28)\times10^{-31}$	kg	3.1×10^{-10}
质子质量	m_p	$1.672\ 621\ 925\ 95(52)\times10^{-27}$	kg	3.1×10^{-10}
中子质量	m_n	$1.674\ 927\ 500\ 56(85)\times10^{-27}$	kg	5.1×10^{-10}
氘核质量	m_d	$3.343\ 583\ 776\ 8(10)\times10^{-27}$	kg	3.1×10^{-10}
氚核质量	m_t	$5.007\ 356\ 751\ 2(16)\times10^{-27}$	kg	3.1×10^{-10}

续表

名称	符号	数值	单位	相对标准不确定度
玻尔磁子	μ_B	$9.274\ 010\ 065\ 7(29)\times10^{-24}$	$J\cdot T^{-1}$	3.1×10^{-10}
核磁子	μ_N	$5.050\ 783\ 739\ 3(16)\times10^{-27}$	$J\cdot T^{-1}$	3.1×10^{-10}
里德伯常量	R_∞	$1.097\ 373\ 156\ 815\ 7(12)\times10^{7}$	m^{-1}	1.1×10^{-12}
精细结构常数	α	$7.297\ 352\ 564\ 3(11)\times10^{-3}$		1.6×10^{-10}
玻尔半径	a_0	$5.291\ 772\ 105\ 44(82)\times10^{-11}$	m	1.6×10^{-10}
康普顿波长	λ_C	$2.426\ 310\ 235\ 38(76)\times10^{-12}$	m	3.1×10^{-10}
原子质量常量	m_u	$1.660\ 539\ 068\ 92(52)\times10^{-27}$	kg	3.1×10^{-10}

注:①表中数据为国际科学理事会(ISC)国际数据委员会(CODATA)2022 年的国际推荐值.

②标准状况是指 $T=273.15\ K$,$p=101\ 325\ Pa$.

参 考 文 献

扫描二维码获取参考文献